中西部重点城市
国际交往研究报告
2022—2023

Research Report on
International Exchanges
of Key Cities in Central and Western China
(2022—2023)

西部陆海新通道智库联盟秘书处
编著

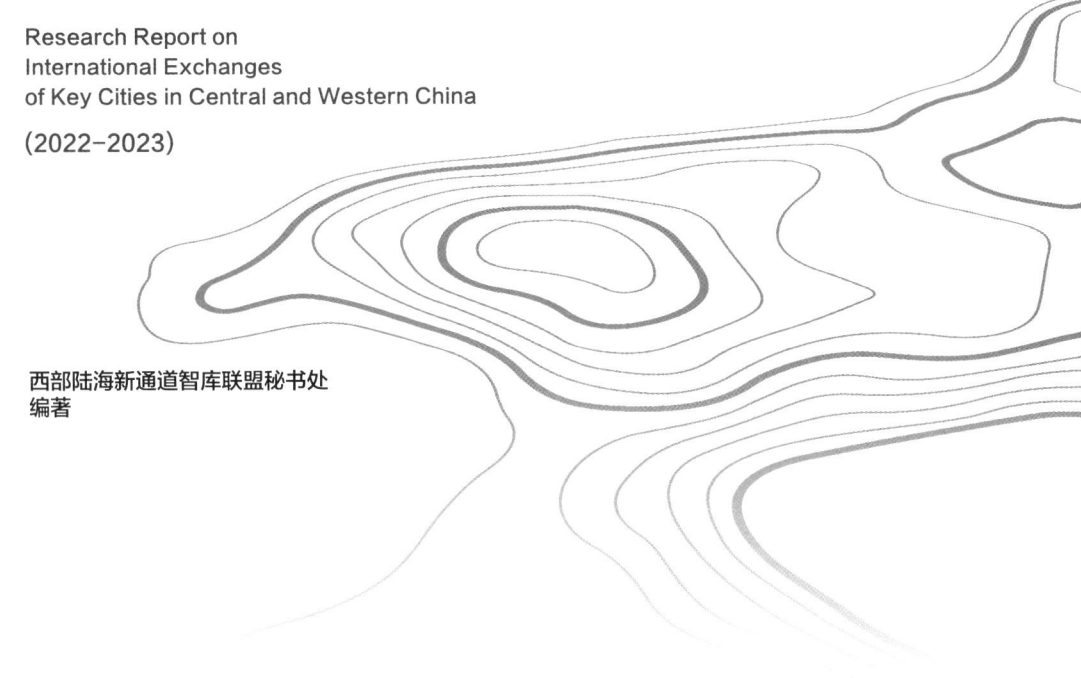

中国社会科学出版社

图书在版编目（CIP）数据

中西部重点城市国际交往研究报告：2022-2023／西部陆海新通道智库联盟秘书处编著. -- 北京：中国社会科学出版社, 2024.10. --（中社智库年度报告）.
ISBN 978-7-5227-4177-2

Ⅰ. F299.21

中国国家版本馆 CIP 数据核字第 2024GY7215 号

出 版 人	赵剑英
责任编辑	郭曼曼
责任校对	韩天炜
责任印制	李寡寡

出　　版	中国社会科学出版社
社　　址	北京鼓楼西大街甲 158 号
邮　　编	100720
网　　址	http://www.csspw.cn
发 行 部	010-84083685
门 市 部	010-84029450
经　　销	新华书店及其他书店

印　　刷	北京明恒达印务有限公司
装　　订	廊坊市广阳区广增装订厂
版　　次	2024 年 10 月第 1 版
印　　次	2024 年 10 月第 1 次印刷

开　　本	710×1000　1/16
印　　张	17.25
插　　页	2
字　　数	292 千字
定　　价	98.00 元

凡购买中国社会科学出版社图书，如有质量问题请与本社营销中心联系调换
电话：010-84083683
版权所有　侵权必究

序言　西部陆海新通道智库联盟的时代担当

2023年5月17日，由重庆市人民政府和"一带一路"智库合作联盟主办的2023"一带一路"陆海联动发展论坛在渝召开。论坛期间，四川外国语大学联合14家国外智库和33家国内智库共同倡议发起成立"西部陆海新通道智库联盟"（以下简称"智库联盟"），四川外国语大学董洪川校长担任智库联盟秘书长。智库联盟旨在打造和谐包容、普惠平等的对话平台，互学互鉴、互促互进的开放平台，文明共荣、多元共进的交流平台，品牌彰显、享誉世界的合作平台。

智库联盟的成立，标志着四川外国语大学在西部陆海新通道的研究成果得到有关部门的高度肯定，更是为凝聚共建"一带一路"合作国家智库力量，打造开放共享学术合作网络，群策群力推动西部陆海新通道建设迈上新台阶搭建起一个全新的国际化平台，可谓使命光荣、责任重大。按照章程规定智库联盟将持续顺应全球互联互通伙伴关系大趋势，推动智库间的交流对话，积极推动西部陆海新通道建设成为共建"一带一路"合作国家共同认知、共同追求和共同目标，不断提升西部陆海新通道建设的国际价值和世界意义。

站在新的时代起点，《西部陆海新通道总体规划》获国务院批准上升为国家战略已逾五年，国家发展和改革委员会印发《"十四五"推进西部陆海新通道高质量建设实施方案》也已三载，重庆市多次召开建设西部陆海新通道工作推进会。智库联盟依托西部陆海新通道建设，积极配合参与共建"一带一路"合作国家大使、总领事等高端访渝活动，大力推动与陆海新通道沿线国家开展深入交流，积极推动筹建重庆国际组织学院、重庆国际传播学院、西部影视译制中心，机制化举办重庆青年电影展、重庆国际文化嘉年华等重大国际文化活动，努力打造国际智库品牌，向世界讲好陆海新通道的中国故事和新重庆故事。

西部陆海新通道位于中国西部地区腹地，北接丝绸之路经济带，南连21世纪海上丝绸之路，协同衔接长江经济带，在区域协调发展格局中具有重要战略地位。随着高质量共建"一带一路"深入推进，绝大多数中西部省份正从开放末梢跃居开放前沿，国际交往和开放发展进入崭新阶段。依托服务西部陆海新通道和中西部国际交往中心建设，智库联盟严格践行章程宗旨，充分发挥秘书处核心枢纽功能，凝聚各方研究力量，对中西部省份重点城市2022—2023年国际交往现状、进展、机遇、挑战、趋势等进行了系统梳理，形成这份研究报告。

作为国内第一份全面、系统关注中西部省份重点城市国际交往问题的研究报告，我们希望它能够成为政府部门、市场主体、研究机构的决策参考。报告写作过程中，我们借鉴吸收了中西部重点城市国际交往研究的最新成果，在此向有关部门、机构和学者致以崇高敬意！虽然我们对书中涉及的政策内容、数据文献等进行了反复核验，但难免会有疏漏之处，恳请读者予以批评指正，我们努力在未来的研究工作中认真改正！

是为序。

西部陆海新通道智库联盟秘书处

目　录

总　报　告

第一章　构建重点城市国际交往网络　加快西部陆海新通道建设 ……………………………………………（3）
　第一节　西部陆海新通道战略：缘起与进展 ……………（4）
　第二节　西部重点城市国际交往网络的形成与发展 ……（6）
　第三节　重点城市国际交往网络与西部陆海新通道建设 …………（11）
　第四节　当前面临的国内挑战与国际压力 ………………（25）
　第五节　对策方案 …………………………………………（26）

专题研究

第二章　中西部重点城市国际交往专题研究 ……………（37）
　第一节　重庆国际交往发展态势考察 ……………………（37）
　第二节　成都国际交往发展态势考察 ……………………（45）
　第三节　西安国际交往发展态势考察 ……………………（52）
　第四节　郑州国际交往发展态势考察 ……………………（59）
　第五节　武汉国际交往发展态势考察 ……………………（65）
　第六节　南宁国际交往发展态势考察 ……………………（73）
　第七节　昆明国际交往发展态势考察 ……………………（78）
　第八节　乌鲁木齐国际交往发展态势考察 ………………（88）

第九节　呼和浩特国际交往发展态势考察………………………… (95)
第十节　贵阳国际交往发展态势考察……………………………… (98)

**第三章　中西部重点城市交往国家（地区）形势考察与政策
　　　　分析** …………………………………………………………… (107)
第一节　发达国家（地区）的经济形势 ………………………………(108)
第二节　发展中国家的经济形势 ………………………………………(120)

第四章　重庆中西部国际交往中心建设：突破与挑战 ……………… (150)
第一节　国际交往设施 …………………………………………………(153)
第二节　国际交往动力 …………………………………………………(165)
第三节　国际交往载体 …………………………………………………(176)
第四节　国际交往平台 …………………………………………………(183)
第五节　国际交往环境 …………………………………………………(190)
第六节　国际交往中心建设 ……………………………………………(202)

第五章　重庆建设中西部国际交往中心城市的战略展望 …………… (213)
第一节　重庆建设中西部国际交往中心城市的必要性与
　　　　可行性 ……………………………………………………… (213)
第二节　重庆推动西部陆海新通道建设的现有成就 ………………… (215)
第三节　重庆建设中西部国际交往中心城市的当前挑战与
　　　　应对方案 …………………………………………………… (220)

附录　中西部重点城市2022年、2023年国际交往大事记 ………… (227)
第一节　重庆国际交往大事记 ………………………………………… (227)
第二节　成都国际交往大事记 ………………………………………… (238)
第三节　西安国际交往大事记 ………………………………………… (243)
第四节　郑州国际交往大事记 ………………………………………… (247)
第五节　武汉国际交往大事记 ………………………………………… (249)
第六节　南宁国际交往大事记 ………………………………………… (252)

第七节　昆明国际交往大事记 …………………………………(256)
第八节　呼和浩特国际交往大事记 ………………………………(261)
第九节　贵阳国际交往大事记 ……………………………………(262)
第十节　乌鲁木齐国际交往大事记 ………………………………(263)

主要参考文献 ……………………………………………………(267)

总报告

第一章

构建重点城市国际交往网络 加快西部陆海新通道建设

2017年8月,重庆、广西、贵州、甘肃4省区市签署"南向通道"框架协议,并建立联席会议机制。经过多年的发展,如今在党中央、国务院的坚强领导和全力支持下,该机制已升格为西部陆海新通道。作为国家总体发展大战略的一部分,其合作范围已扩展至重庆、四川、贵州、云南、广西、海南、陕西、甘肃、宁夏、青海、新疆、西藏、内蒙古13个省区市。对内,西部陆海新通道13个省区市面积总和覆盖近半个中国;对外,它们则直接对接从俄罗斯到中亚、南亚、东南亚诸国,并已经发展成为中国构建"双循环"新发展格局、推动高水平开放和高质量共建"一带一路"的新抓手、新引擎、新亮点。[1]

2019年8月15日,国家发展和改革委员会根据《国务院关于西部陆海新通道总体规划的批复》(国函〔2019〕67号),将《西部陆海新通道总体规划》印发给上述13个省区市及国务院各部委、各直属机构和中国国家铁路集团有限公司,正式拉开了西部陆海新通道建设的大幕。[2]在这热火朝天的五年建设大潮中,重庆、成都、贵阳、昆明、南宁、海口、西安、兰州、银川、西宁、乌鲁木齐、拉萨、呼和浩特13个城市,积极响应党中央号召、践行国务院《西部陆海新通道总体规划》,充分发挥其

---

[1] 丛晓男:《西部陆海新通道经济影响及其区域协作机制》,《中国软科学》2021年第2期。

[2] 《国家发展改革委关于印发〈西部陆海新通道总体规划〉的通知》,中华人民共和国中央人民政府,2019年8月15日,https://www.gov.cn/xinwen/2019-08/15/content_5421375.htm。

独有的政治、经济、文化、区位优势，不断构建其国际交往网络，为推动西部陆海新通道建设持续提供区域发展的新动能与新办法。[①]

鉴于此，本报告将全面回顾五年来上述13个城市打造国际交往网络的进程与成就，并总结其对建设西部陆海新通道所产生的推动作用。同时，本书也将结合当前国内经济社会发展形势与国际大国博弈态势，分析在下一个五年（2024—2029年）西部13个省区市及其相应城市在进一步扩大对外开放、深化国际交往、构建西部陆海大通道中所面临的重大挑战和机遇，并从省市外办的实际工作视角出发，提出具有可操作性的务实建议。

第一节　西部陆海新通道战略：缘起与进展

建设西部陆海新通道是以习近平同志为核心的党中央作出的重大战略部署，旨在加强西部地区与东南亚及其他海洋邻国连接。它是在"一带一路"倡议框架下提出的，以促进中国西部地区的开放和发展，打破西部地区相对封闭局面，提升其在国家经济发展中的地位。

一　西部陆海新通道战略的提出与实践

西部陆海新通道战略的缘起可以追溯到改革开放初期，当时中国就开始探索如何更好地开发和利用西部地区的资源，提高其经济发展水平。进入21世纪，随着中国经济的快速发展和"一带一路"倡议的提出，西部地区的战略地位日益凸显，因此，中国提出了建设西部陆海新通道的战略构想，以期通过改善交通基础设施，促进西部地区与东南亚以及其他海洋邻国的互联互通，加快区域经济一体化进程。

自西部陆海新通道战略提出以来，中国已经在多个方面取得了显著进展：在基础设施建设领域，在党中央和国务院的坚强领导下，"13+2"省区市地方政府投入巨资用于改善和扩建铁路、公路、港口等基础设施，以提高西部地区的交通运输能力。譬如，中老铁路、兰渝铁路等重要项

[①] 王景敏、崔利刚：《西部陆海新通道沿线省份物流效率的时空演进及影响因素——基于沿线省份面板数据的实证分析》，《重庆理工大学学报》（自然科学）2021年第12期。

目的建设，极大地促进了西部地区与东南亚国家的物流和人员往来。经济合作区建设领域：各省区市因地制宜，在沿线重点城市和地区陆续设立了一系列经济合作区，旨在吸引外资、促进产业集聚，推动当地经济发展。[①] 这些经济合作区为中国西部地区与东南亚国家之间的经贸往来提供了重要平台。

西部陆海新通道的实施有力推动了中国与东南亚、南亚、中亚以及北亚邻国的区域合作。通过出台系列政策措施，支持西部地区的开发开放，加强与东南亚国家的经贸合作和文化交流。同时，通过多边和双边机制，如中国—东盟自由贸易区、澜沧江—湄公河合作机制等，加强区域合作，共同应对挑战，促进共同发展。[②]

西部陆海新通道战略还为中国及邻近地区、国家的可持续发展和环境保护注入新动能。在推进西部陆海新通道建设的过程中，中央政府和地方政府高度注重可持续发展和环境保护，努力实现经济发展与生态环境保护的协调统一。

总体而言，西部陆海新通道的推动实施，不仅加强了中国西部地区与东南亚国家互联互通，促进了区域经济一体化，也为中国西部地区的长期可持续发展奠定了坚实基础。

二　西部陆海新通道与西部"13+2"省区市的跨越式发展

高水平共建西部陆海新通道对重庆、四川、贵州、云南、广西、海南、陕西、甘肃、宁夏、青海、新疆、西藏、内蒙古13个省区市的跨越式发展具有重要意义。

首先，西部陆海新通道战略的实施，有效促进了13个省区市的交通基础设施建设。西部陆海新通道的建设需要大量的交通基础设施支撑，包括铁路、公路、港口等。这些基础设施的建设和改善将极大地提升西部13个省区市的交通运输能力，缩短与东南亚以及其他地区的距离，为

---

① 廖双：《重庆外贸企业参与西部陆海新通道建设的现状、问题及对策》，《西部学刊》2024年第1期。

② 杜方鑫、黄立群：《重庆与东盟贸易现状及潜力分析——基于西部陆海新通道背景下的省际面板数据》，《重庆交通大学学报》（社会科学版）2020年第4期。

经济发展提供重要支撑。

其次,西部陆海新通道战略的推进促进了区域经济一体化进程。通过西部陆海新通道,西部13个省区市可以更加便捷地与东南亚国家进行经贸往来,促进商品、资本、技术和人员的流动,加快区域经济一体化进程,提升西部地区在国际分工中的地位。

再次,西部陆海新通道战略推动了中国13个省区市及周边合作国家的产业升级与转型。西部陆海新通道的建设将吸引更多的外资和先进技术进入西部地区,促进当地产业结构的优化升级,推动传统产业向高技术、高附加值方向转型,提升经济发展的质量和效益。

又次,西部陆海新通道战略的实施增强了中国,尤其是13个省区市的对外开放程度。西部陆海新通道是中国对外开放的重要通道之一,其建设将进一步加强西部地区与东南亚、南亚、中东欧等地区的联系,拓宽对外开放的空间,提升西部地区在全球经济中的参与度和影响力。

最后,该战略的实施也有力促进了13个省区市的社会稳定与民生改善。西部陆海新通道的建设将带动沿线地区的就业和产业发展,改善民生,促进社会稳定与和谐。特别是对经济发展稍显落后的地区,通道建设将为当地经济发展带来新的机遇,助力乡村振兴。

第二节 西部重点城市国际交往网络的形成与发展

西部陆海新通道的建设对于重庆、四川、贵州、云南、广西、海南、陕西、甘肃、宁夏、青海、新疆、西藏、内蒙古13个省区市的跨越式发展具有重要推动作用,有助于实现西部地区的全面振兴和长远发展。而在这一历史进程中,作为13个省区市深化改革、扩大开放、推进高水平建设的排头兵,重庆、成都、贵阳、昆明、南宁、海口、西安、兰州、银川、西宁、乌鲁木齐、拉萨、呼和浩特13个城市也在党中央和国务院的领导与推动下,在其既有的基础之上,进一步拓展国家交往网络,并以"城市外交/城际交往"为抓手,为各城市自身实现跨越式发展、推动西部陆海新通道建设贡献力量。

一 研究中国西部重点城市国际交往网络的重要性与紧迫性

当前，世界正经历百年未有之大变局。面对波诡云谲的国际局势，如何有效将大国博弈带来的外部压力转化为进一步推进中国高水平对外开放的新动力、新动能，是摆在各国政府和学界面前的重大且紧迫的课题。在此背景下，如何进一步夯实、打造中国西部重点城市国际交往网络，并以之为核心抓手，推动西部陆海新通道建设，亟待西部13个省区市外事工作者和学者拿出新方案、新办法。

西部重点城市国际交往网络通常指中国西部地区的重点城市在全球化背景下，通过经济合作、文化交流、科技合作、外交关系等多种国际交往活动而形成的国际联系和网络。这一研究领域的重要性主要体现在以下五个方面：一是促进区域发展。西部地区是中国经济发展的重要战略区域，通过加强国际交往，可以吸引外资、技术和人才，促进当地经济发展和产业升级。二是增强国际影响力。通过国际交往，西部重点城市可以提升自身的国际知名度和影响力，为中国在国际舞台上发挥更大的作用提供支持。三是促进文化交流。国际交往不仅限于经济领域，还包括文化、教育、科技等多个方面。这有助于增进不同国家和地区之间的相互理解和尊重，促进文化多样性。四是为共建"一带一路"高质量发展提供支持。西部重点城市在"一带一路"倡议中扮演着重要角色，通过加强与共建国家的交往，可以推动区域合作，实现共同发展。五是为中国更好应对全球挑战提供保障支持。在全球化背景下，各国面临许多共同挑战，如气候变化、公共卫生危机等。尤其是在当前美国等西方国家在朝鲜半岛、钓鱼岛归属问题、台湾问题、南海问题（中菲岛礁争端）等议题上不断加码施压，谋求在东部沿海战略方向"围堵""遏压"中国发展的新挑战、新背景下，强化、拓展中国西部重点城市的国际交往，更显必要和紧迫。[1]

综上所述，研究西部重点城市国际交往网络并提出更有针对性、建设性的政策建议，不仅有助于理解这些城市在全球化进程中的角色和作

---

[1] 杨骏：《高水平推进西部陆海新通道建设 重庆这样发力》，《重庆日报》2023年12月30日第4版。

用,对促进区域发展、增强国际合作也具有重要意义,更是为实现中国在日趋激烈的大国博弈中"向西突围"、争取战略主动的关键一招。党中央统筹中华民族伟大复兴战略全局和世界百年未有之大变局,以全国、全球、全局的战略眼光,着力打造西部重点城市国际交往网络、推动西部陆海新通道建设,具有历史意义与战略价值。

二 城市国际交往网络研究的主流理论框架与学派

在城市国际交往网络研究领域,欧美学者起步较早,取得的科研成果也较为丰富,值得中国理论与实务工作者在批判、扬弃的基础上进行借鉴。

哥伦比亚大学社会学教授、全球思想委员会(The Committee on Global Thought-Columbia University)主席萨斯基娅·萨森(Saskia Sassen)女士作为"全球城市"概念的提出者,被普遍认为是城市国际交往网络研究领域的奠基人。她凭借社会学、政治学、哲学、经济学等跨学科背景,在全球化和全球城市领域进行长期的深入观察和深刻研究。她于1991年出版《全球城市:纽约、伦敦、东京》(*The Global City: New York, London, Tokyo*)奠定了她全球性学术声誉。[1] 而她的另一部重要著作《世界经济中的城市》(*Cities in a World Economy*)也早已被翻译成中文版,并对其中国同行产生较大影响。[2]

萨森被认为是较早向人们展示并论证"全球城市"重要意义的学者。她认为,尽管城市的面貌相似,专业分工却有巨大差异,作为跨国公司总部所在地的全球城市,影响着全球事务。萨森强调了一些大城市在全球经济中扮演的关键角色,特别是在金融服务、商业服务和高级专业服务领域。比如,作为"全球城市"的上海,资源流动和集中于此,不断吸引着移民和投资,同时也带来人群分化、贫富差距等诸

---

[1] Saskia Sassen, *The Global City: New York, London, Tokyo*, Princeton University Press, 1991.

[2] [阿根廷]丝奇雅·沙森:《世界经济中的城市》(第五版),周振华等译,格致出版社2020年版。

多问题。①

彼得·泰勒（Peter J. Taylor）是城市地理学和全球网络分析领域的知名学者。他的研究集中在世界城市网络和城市间关系的量化分析上。泰勒和全球化与世界城市研究小组（Globalization and World Cities，GaWC）合作，开发了一套衡量城市在全球网络中地位的指标和方法，这在城市国际交往网络的研究中具有重要影响。

此外，约翰·弗里德曼（John Friedmann）同样是城市规划和发展领域的重要学者。他提出了"世界城市体系"理论，强调了城市在全球化过程中的层级结构。他的著作《世界城市假说》（The World City Hypothesis）对理解城市如何通过国际交往网络连接和影响全球经济产生了深远影响。②

以上这些学者的研究成果为理解城市在全球化背景下的角色、地位和相互联系提供了重要的理论框架和分析工具。

中国学界对于"城市国际交往网络"这一主题的研究成果也日渐丰富，并随着中国的持续崛起而在国际学术界产生愈加深远的影响。

中国社会科学院地理科学与资源研究所的资深学者陆大道研究员长期从事城市地理学和区域发展研究。他在城市国际交往网络方面主要关注市全球化、全球城市网络以及中国城市在全球城市体系中的地位和作用。陆大道教授的研究为理解中国城市的国际化进程和策略提供了重要的理论和实证支持。③

从国内研究来看上海交通大学国际与公共事务学院的沈建法教授也是该领域的重要学者，其研究领域涉及城市与区域发展、城市网络与全

---

① Kim K., "From Culturalisation to Individuation: The Role of Urban Spaces in Shaping Intergroup Contacts and Symbolic Boundary Perceptions", *Journal of ethnic and migration studies*, Vol. 49, No. 8, 2023, pp. 2014–2033.

② David Bassensand Michiel van Meeteren, "World Cities under Conditions of Financialized Globalization: Towards an Augmented World city Hypothesis", *Progress in Human Geography*, Vol. 39, No. 6, 2015, pp. 752–775. David A. McDonald, *World City Syndrome: Neoliberalism and Inequality in Cape Town*, 1st Edition, Routledge, 2007.

③ 陆大道：《我国的城镇化进程与空间扩张》，《城市规划学刊》2007年第4期；陆大道：《关于"点—轴"空间结构系统的形成机理分析》，《地理科学》2002年第1期；陆大道：《关于地理学的"人—地系统"理论研究》，《地理研究》2002年第2期。

球城市等。他在城市国际交往网络方面研究成果丰富，特别是对于全球城市网络的构建和中国城市在全球城市网络中的地位进行了深入分析，为理解城市间的国际交往提供了新视角。[1] 近年来，中国学者的研究成果在国内外学界的影响力稳步提升，为理解和分析城市国际交往网络提供了重要的理论框架和实证分析。[2]

三 中国西部重点城市国际交往结构化评估（2019—2023年）

国际上对城市国际交往进行定量评估通常会考虑以下主要指标。

第一，经济指标：包括城市的GDP、对外贸易额、外商直接投资额等，用以衡量城市的经济实力和对外经济联系。第二，交通运输指标：包括航空连接度、港口吞吐量、国际航班数量等，反映城市的国际交通连接情况。第三，科技创新指标：包括国际科技合作项目数量、国际科技论文发表数量、国际专利申请数量等，衡量城市的科技创新能力和国际合作水平。第四，文化交流指标：包括国际文化交流活动数量、国际姐妹城市数量、国际文化机构数量等，反映城市的国际文化交流程度。第五，教育交流指标：包括国际学生人数、国际学术会议数量、国际合作教育项目数量等，衡量城市的国际教育交流情况。第六，旅游指标：包括国际游客数量、国际旅游收入等，反映城市的国际旅游吸引力。第七，政治外交指标：包括国际组织总部数量、国际会议数量、外国领事馆数量等，衡量城市的国际政治地位。[3] 以上指标可以综合评估一个城市在国际交往中的综合实力和影响力。不同的评估体系可能会侧重不同的指标，但通常都会涵盖上述几个方面。[4]

---

[1] 沈建法：《1982年以来中国省级区域城市化水平趋势》，《地理学报》2005年第4期；沈建法：《全球化世界中的城市竞争与城市管治》，《城市规划》2001年第9期；沈建法、王桂新：《90年代上海中心城人口分布及其变动趋势的模型研究》，《中国人口科学》2000年第5期。

[2] Sui Hongguang et al., "The Impact of International Transportation Interconnection on the Quality of Urban Economic Growth", *Frontiers in Environmental Science*, Vol. 10, No. 1, June 2022, Artical 920323.

[3] 张春雨、肖珺：《内部融合与国际交往：中国跨文化城市建设路径与评估指标建构》，《新闻与传播评论》2022年第6期。

[4] Sammie Powers et al., "Exploring the Conditions that Promote Intergroup Contact at Urban Parks", *Journal of Leisure Research*, Vol. 53, No. 3, 2021, pp. 426–449.

如表1-1所示，13个市的市区面积、常住人口（2023年度）、国内生产总值（GDP，2019—2023年）等基本情况和数据已清晰列出。后文将进一步运用"城市国际交往结构化评估"的核心指标，对西部省会城市中的典型案例展开分析。

表1-1　　　　　　　　　13个省会城市基本数据

城市	市区面积（平方公里）	常住人口（2023年，百万）	GDP（亿元）				
			2019年	2020年	2021年	2022年	2023年
重庆	8237	31.24	2362.25	2496.35	2635.81	2779.74	2928.73
成都	14312	16.33	1704.70	1802.49	1905.27	2012.53	2123.16
贵阳	8046	4.85	461.14	487.55	515.25	544.30	574.73
昆明	21473	6.78	710.82	750.57	792.35	836.26	882.37
南宁	14107	7.20	540.34	570.36	602.13	635.74	671.25
海口	2280	2.32	185.22	195.50	206.30	217.64	229.55
西安	10752	12.01	1095.58	1157.39	1221.81	1288.91	1358.76
兰州	13086	3.70	300.61	317.14	334.33	352.26	371.00
银川	9554	2.38	194.71	205.47	216.76	228.63	241.11
西宁	7665	2.29	150.40	158.67	167.36	176.48	186.06
乌鲁木齐	13800	3.55	286.54	302.31	318.94	336.43	354.80
拉萨	29518	0.90	60.58	63.91	67.43	71.15	75.06
呼和浩特	17224	3.11	273.13	288.10	303.75	320.15	337.36

资料来源：国家统计局。

第三节　重点城市国际交往网络与西部陆海新通道建设

本节首先从对"城际网络"与"经贸通道"关系的一般理论及其历史实践探讨入手，然后聚焦四组典型个案（重庆、成渝、西安—乌鲁木齐、呼和浩特），深入剖析当前条件下以重点城市国际交往网络推动西部陆海新通道建设的可行路径。

一 "城际网络"与"经贸通道"关系的一般理论及其历史实践

"城际网络"与"经贸通道"之间的关系是城市地理学和区域发展研究中的重要议题。长期以来,学者重点关注此二者之间的互动性、互补性与层次性问题,并在大量经验研究的基础上总结、建构理论。

"互动性"是指,城际网络是由城市之间的各种联系和互动构成的,而经贸通道是这些互动的物理基础和重要渠道。经贸通道的建立和发展促进了城市间的交流合作,加强了城际网络的联系。而"互补性"则是指,城市在资源、产业、技术等方面的差异是城际网络形成的基础。经贸通道的建设和完善使城市之间的互补资源能够更有效地流动和交换,促进了城市间的经济合作和区域一体化。"层次性"意味着城际网络具有明显的层次结构,包括全球城市网络、区域城市网络等。经贸通道通常按照这种层次结构构建,连接不同等级的城市,形成多层次、多维度的交通网络体系。[1]

尽管"城际网络"是一个较新的学术术语,但其历史实践却非常悠久,至少可以追溯到古丝绸之路,甚至更为久远的历史时期。众所周知,作为历史上著名的经贸通道,古丝绸之路连接了亚洲、非洲和欧洲的多个城市,促进了东西方文化和商品的交流,形成了跨区域的城际网络。[2]类似地,在中世纪的欧洲,封建领主、商人、教团也构建起他们的商业网络。譬如,在中世纪的中北欧地区,汉萨同盟(Hanseatic League)就曾通过海上和陆上的贸易路线连接了北欧和中欧的多个城市,建立了一个强大的城际贸易网络。当人类历史进入近现代,交通运输系统的革命为城际交往及其网络的构建、运营注入新的动能。随着铁路、公路、航空和海运等现代交通方式的发展,全球范围内的城际网络日益密集。如今,高速铁路、国际航线和海上航运路线等经贸通道连接了世界各地的

---

[1] Peter Kearns, "Harnessing the Internet for International Exchanges on Learning Cities: The PIE Experience 2011–2013", *Journal of Adult and Continuing Education*, Vol. 20, No. 2, 2014, pp. 56–66.

[2] 郑平标:《西部陆海新通道海铁联运班列发展策略研究》,《铁道运输与经济》2021年第10期。

城市，促进了全球经济一体化。①

综上可见，城际网络与经贸通道相互依存、相互促进，共同推动了区域和全球的经济社会发展。在历史和现代社会中，它们都发挥着重要作用。②

二 重庆—东南亚城际网络与向南海上通道建设

作为国家中心城市、中西部地区唯一的直辖市，重庆历来重视国际交往，在党中央、国务院的引导和推动下，重庆市结合自身产业结构、基础条件，有重点、有计划地加强了与东南亚国家的经贸合作与人文交流，同时也强化了与东南亚国家主要城市之间的城际网络建设。③ 其主要体现在以下五个方面。

1. 中新（重庆）战略性互联互通示范项目

重庆是中新（重庆）战略性互联互通示范项目（以下简称新互联互通项目）的运营中心。该项目于2015年11月启动，旨在促进中国与新加坡之间的经贸、金融、技术和文化交流。项目涉及多个领域，包括智能城市建设、信息通信技术、物流和供应链管理等。④

2015年，中国国家主席习近平与新加坡总理李显龙就共同宣布启动中新互联互通项目。该项目是继中新苏州工业园区和中新天津生态城之后，中国和新加坡政府合作的第三个政府间项目。项目聚焦金融服务、航空产业、交通物流和信息通信技术等领域，旨在通过政策创新和制度创新，推动重庆及西部地区的开放和发展。⑤ 项目实施以来，双方在金融

---

① Ma Haitao, "Evolutionary Networks of Interurban Technological Collaboration across Chinese City-Regions", Regional Studies, Regional Science, Vol. 9, No. 2, 2022, pp. 457–460.

② Wen Hu et al., "Inter-and Intra-city Networks: How Networks Are Shaping China's Film Industry", Regional Studies, Vol. 55, No. 3, 2021, pp. 533–545.

③ 《王毅：着力打造西部陆海新通道 推动高质量共建"一带一路"》，人民网，2019年8月18日，http://politics.people.com.cn/n1/2019/0818/c1001-31301898.html。

④ 孙国栋：《重庆—新加坡集装箱多式联运路径选择研究》，《铁道货运》2022年第5期。

⑤ 杨进一：《互联互通背景下重庆与新加坡经贸合作探讨》，《全国流通经济》2023年第24期。

合作、智慧城市建设、互联互通等方面取得了积极进展。[1]

九年来，该项目建设取得了丰硕的成果，尤其是在金融、城建等领域产生的标志性成果对国内外同类项目的建设起到示范作用。譬如，在金融领域，该项目推动了人民币跨境使用，促进了重庆与新加坡之间的金融合作和金融服务创新。在智慧城市建设方面，该项目加强了重庆在智慧城市建设方面的能力，推动了信息技术和智能制造的发展。此外，该项目还有力加强了重庆与新加坡乃至东南亚国家之间的交通物流连接，促进了贸易和投资的便利化。[2]

中新互联互通项目对重庆市未来发展及国际交往也产生了重大的正面影响。该项目不仅加强了重庆与新加坡乃至东南亚国家的经贸联系，提高了重庆在国际舞台上的影响力和竞争力，而且通过引入新加坡的先进技术和管理经验，促进了重庆产业结构的优化和升级；同时，该项目还为重庆与国际社会的交流合作提供了新平台，有助于提升重庆的国际形象和影响力。[3]

2. 西部陆海新通道

重庆是中国西部陆海新通道的重要枢纽城市。该通道连接中国西部地区与东南亚、南亚、中东和欧洲，不仅为重庆与东南亚国家之间的货物运输提供了便利，也促进了区域经济一体化。

西部陆海新通道建设有力地加强了重庆与东南亚、南亚国家的贸易联系，体现在多个方面：一是提高了运输效率。通过西部陆海新通道，重庆与东南亚、南亚国家之间的货物运输更加便捷高效。这条通道利用铁路、公路和海运相结合的方式，缩短了运输时间，降低了运输成本。[4]二是增加了贸易便利性。西部陆海新通道的建设，为重庆与东南亚、南亚国家之间的贸易提供了更多便利，如简化了海关手续、优化了物流服

---

[1] 曾睿：《彭志明：中新（重庆）战略性互联互通示范项目三年成果有目共睹，部分政策具有"独享"性》，《重庆与世界》2019年第2期。

[2] 曾文革、党庶枫：《中国—新加坡服务贸易合作项目实施的法律与政策保障》，《云南大学学报》（法学版）2016年第4期。

[3] 杨骏：《努力让中新互联互通示范项目发挥更大作用》，《重庆日报》2022年9月17日第4版。

[4] 郝攀峰：《重庆方案推动西部陆海新通道建设走深走实》，《中国远洋海运》2020年第5期。

务等，从而促进了双边贸易的增长。三是扩大了贸易范围。借助西部陆海新通道，重庆可以更容易地将产品出口到沿线国家，也能更便利地从沿线国家进口商品。这不仅加强了重庆与沿线国家的贸易联系，也拓展了重庆的贸易伙伴范围。[1] 四是促进了产业合作。西部陆海新通道的建设促进了重庆与沿线国家在多个领域的合作，如农产品、电子产品、机械设备等。这种产业合作有助于双方实现互利共赢，加强经济联系。五是增强了区域经济一体化进程。陆海新通道不仅加强了重庆与沿线国家的双边贸易联系，还促进了整个西部地区与东南亚的经济一体化，有助于形成更加紧密的区域经济合作网络。重庆是西部陆海新通道的核心节点城市，该通道是共建"一带一路"的标志性项目，东西双向互济、陆海内外联动。通过区域联动国际合作，共同打造国际性综合交通枢纽。同时，联动"渝新欧"国际铁路联运，货物可以从重庆出发，经由新疆进入中亚和欧洲，极大地缩短了货物运输时间。例如，重庆到德国杜伊斯堡的运输时间由原来的海运30天左右缩短到约12天。[2]

3. 国际直航航线

重庆江北国际机场开通了多条直飞东南亚国家的航线，如重庆至曼谷、新加坡、河内等地的直航航线，这些航线为两地之间的人员往来和商业活动提供了便利。

其一，直航航线的开通为两地的旅游业带来了便利，使重庆市民能够更加方便快捷地前往东南亚旅游，同时吸引了更多东南亚游客来重庆，增进了文化交流和相互了解。其二，随着重庆与东南亚国家之间经贸往来的日益频繁，直航航线的存在大大缩短了两地间的旅行时间，为商务人士提供了便捷的出行选择，有利于加强商业合作和投资交流。重庆作为中国西部大开发战略和"一带一路"倡议的重要节点城市，通过与东南亚国家的航空连接，加强了区域内的经济联系，促进了区域经济一体化进程。开通更多国际直航航线是提升重庆国际化水平的重要举措之一，

---

[1] 徐秀珍、危建华：《西部陆海新通道战略规划下重庆冷链物流体系构建策略》，《物流技术》2022年第4期。

[2] 吴光豪：《构建西部陆海新通道物流金融服务体系的重庆实践、问题及建议》，《海南金融》2020年第4期。

有助于提高重庆在国际舞台上的知名度和影响力。此外，直航航线的开通还带动了重庆的航空物流、酒店旅游、商贸服务等相关产业的发展，对促进地方经济增长具有积极作用。①

4. 经贸投资与项目合作

重庆企业积极参与东南亚国家的基础设施建设、产业园区开发等项目，同时东南亚国家的企业也在重庆投资设立分支机构，促进了双方在经济、技术和文化领域的交流合作。

在重庆市委、市政府的指导和推动下，重庆企业积极参与东南亚基础设施建设，推动构建西部陆海新通道。譬如，重庆建工集团股份有限公司在柬埔寨就参与了多个基础设施建设项目，包括公路、桥梁和水利工程等。重庆钢铁（集团）有限责任公司与越南合作建设了越南的首个钢铁联合企业——越南中钢有限公司，该项目不仅促进了当地经济发展，还加强了中越之间的经济技术合作。②

重庆企业在东南亚也开发了多个大型产业园区。譬如，重庆两江新区与新加坡的企业合作，在新加坡设立了重庆—新加坡产业园，旨在推动双方在高新技术、智能制造等领域的合作。重庆机电控股（集团）公司在印度尼西亚建立了重庆—印尼经济技术合作区，促进了双方在制造业、能源、农业等领域的合作。③

与此同时，东南亚企业也积极在重庆投资设立分支机构。例如，新加坡的丰树集团在重庆投资建设了丰树商业城，该项目是重庆与新加坡合作的重要成果之一，为重庆带来了新的商业模式和管理经验；泰国正大集团在重庆投资兴建了正大广场，该项目不仅丰富了重庆的商业环境，还促进了中泰文化交流。④

重庆企业在东南亚的投资和合作项目不仅促进了当地的经济发展，也加深了重庆与东南亚国家之间的经济、技术和文化交流。同时，东南亚企业在重庆的投资也有助于提升重庆的国际化水平和经济实力。

---

① 傅远佳：《中国西部陆海新通道高水平建设研究》，《区域经济评论》2019年第4期。
② 李扬、黄康：《浅析金融支持重庆陆海新通道建设》，《现代经济信息》2020年第10期。
③ 许光洪：《重庆加快西部陆海新通道运营中心建设》，《当代党员》2020年第6期。
④ 周黄忠、黄谊：《发挥边境口岸优势 推动崇左跨境物流发展 重庆推进西部陆海新通道加快跨境物流发展启示》，《广西经济》2019年第11期。

5. 文化和教育交流

重庆与东南亚国家之间开展了多种形式的文化和教育交流活动，包括学术交流、文化节、旅游推广等，增进了人民之间的相互了解和友谊。

在学术交流领域，重庆大学与东南亚国家的高校建立了合作关系，定期召开国际学术会议和研讨会，促进了学术交流和合作研究。例如，重庆大学与泰国清迈大学共同举办了关于可持续发展和环境保护的国际研讨会。

在文化交流层面，重庆坚持多年举办"东盟文化节"，邀请东南亚国家的艺术团体来重庆进行文化演出和展览，展示东南亚的传统音乐、舞蹈、美食和手工艺品，增进了两地民众对彼此文化的了解和欣赏。

在"友城"互动层面，重庆市与东南亚国家的城市建立了友好城市关系，并通过举办文化交流活动和艺术展览来增进友谊和了解。例如，重庆与泰国曼谷市共同举办了"中泰文化交流周"，展示两国的传统文化和现代艺术。通过这些文化和教育交流活动，重庆与东南亚国家之间的相互了解和友谊得到了增进，促进了两地人民之间的文化互鉴和共同发展。

此外，重庆与东南亚城市在旅游推广领域也展开了深度合作。重庆市政府与东南亚国家的旅游部门合作，举办旅游推广活动和旅游交流会，推介重庆的旅游资源和文化景点，吸引东南亚游客来重庆旅游。同时，重庆也积极推广东南亚国家的旅游目的地，促进双方旅游业的发展。

最后，在教育合作领域，重庆高校与东南亚国家的教育机构开展了一系列教育合作项目，包括学生交流、教师培训和联合研究项目。例如，重庆师范大学与越南国家大学胡志明市分校开展了师生交流和联合科研项目。[1]

以上建设和成就展示了重庆与东南亚国家在城际网络方面的紧密合作，促进了区域经济一体化和人文交流。

---

[1] 赵光辉、谢柱军、任书玉：《西部陆海新通道枢纽经济效益分析》，《东南亚纵横》2020年第2期。

三 成渝双城国际交往圈的互动与西南陆海通道建设

成渝地区双城经济圈作为西南地区的重要经济增长极，其自身发展与西部陆海新通道建设（主要是西南方向，因此，以下简称西南陆海通道）息息相关、相互促进。成渝地区双城经济圈与西南陆海通道的互动可从多个层面促进西南地区的经济发展和对外开放，形成更加紧密的经济合作网络，提升西南地区在国内外的竞争力和影响力。

1. 基础设施建设

成渝地区双城经济圈可以通过加强基础设施建设，如公路、铁路、水运和航空网络的完善，为西南陆海通道提供更加便捷的交通支撑。这样可以加强成渝地区与西南其他省份以及东南亚、南亚国家的物流联系。[1]

2. 多种产业协同发展，通过创新赋能产业

成渝双城经济圈在西南地区发挥着科技创新的引领作用，并通过加强科技创新和产业创新，推动西南陆海通道的智能化、绿色化建设，提升通道的运营效率和可持续发展能力。与此同时，成渝双城经济圈也通过产业链的优化和升级，促进与西南陆海通道沿线地区的产业协同发展。特别是在制造业、电子信息、物流、旅游等领域，通过产业链的深度融合，可以提高整个西南地区的经济实力和国际竞争力。[2]

3. 区域协调发展与国际合作

成渝双城经济圈可以加强与西南陆海通道沿线地区的区域协调发展，通过政策协调、项目合作等方式，形成更加紧密的经济联系，共同推进西南地区的开放发展。与此同时，成渝双城经济圈也充分利用自身的经济优势和区位优势，加强与东南亚、南亚国家的国际合作，推动西南陆海通道的国际化发展，提升整个西南地区的国际影响力。[3]

---

[1] 李牧原：《重庆方略助推西部陆海新通道建设拾级而上》，《集装箱化》2020年第4期。

[2] 邱海峰、姜峰、宋爽：《重庆沙坪坝，开放通道在这里延伸》，《人民日报》（海外版）2023年12月26日第10版。

[3] 杨骏：《西部陆海新通道加速重庆开放"叠加效应"》，《重庆日报》2023年12月19日第3版。

四 西安—乌鲁木齐—欧亚城际网络与向西陆上通道建设

西安—乌鲁木齐—欧亚城际网络是中国"一带一路"倡议的重要组成部分，对于促进中国的向西陆上通道建设具有重要意义。

1. 通过政策协调和技术创新，共创经济合作区

西安、乌鲁木齐等向西开放重要节点城市正着力加强与沿线国家的政策协调和合作，推动贸易便利化，简化边境通关程序，降低物流成本。在此基础上，通过在重要节点城市建设跨境经济合作区，可以有效促进区域经济一体化，吸引更多企业和资本投资。

与此同时，各城还积极投入资源，推动信息技术、智能交通系统等先进技术的应用，提高物流效率和安全性。譬如，西安市近年来大力推进智能交通系统建设，包括智能交通信号系统、智能停车管理系统、智能公交调度系统等，以提高交通管理效率和道路通行能力。西安市通过积极建设物流信息平台，实现货物跟踪、运输安排、仓储管理等功能的数字化，提高物流服务的透明度和效率。与此同时，乌鲁木齐市也通过对物流园区进行智能化改造，如引入自动化装卸、分拣设备等，实现了减少人工成本、提高作业效率的目标。此外，乌鲁木齐市还积极发展跨境电商物流，建设跨境电商综合服务平台，提升跨境物流的便捷性和安全性。

2. 加强基础设施建设，推进多元化运输方式

通过加强西安至乌鲁木齐以及乌鲁木齐至欧洲各国之间铁路、公路和管道等基础设施的建设和升级，能够提高运输效率和通行能力。为此，西安、乌鲁木齐等西部主要城市正在积极探索、发展多式联运，整合铁路、公路、航空等多种运输方式，从而为长途洲际物流提供灵活多样、成本可控的解决方案。[1]

中欧班列（西安）是中国西部城市通过加强基础设施建设来推进多元化运输方式的旗舰项目。西安作为重要的中欧班列起点之一，目前已经开通了多条通往欧洲各国的货运铁路线路。这些班列通过整合铁路、

---

[1] 杨佑钊：《中欧班列乌鲁木齐集结中心规划方案研究》，《铁道标准设计》2020年第2期。

公路等运输方式，提供了从中国西部到欧洲的高效物流服务，大大缩短了货物运输时间。①

而乌鲁木齐国际陆港区则是中国西部城市自主建设陆港贸易区的新标杆。乌鲁木齐国际陆港区作为新疆的物流中心，发挥着连接中国内陆城市与中亚、欧洲的枢纽作用。通过建设和升级铁路、公路等基础设施，乌鲁木齐能够实现与欧洲各国之间的顺畅物流运输。② 此外，作为中国西部重要的铁路干线，西安至乌鲁木齐高速铁路的建设和升级有助于提高两地之间的运输效率，为长途洲际物流提供了快速的铁路运输通道。③

通过上述措施，西安、乌鲁木齐等城市为整个西部中国对外高水平开放提供更加灵活多样、成本可控的物流解决方案，支持长途洲际物流的发展，促进了区域经济的进一步开放和融合。④ 西安、乌鲁木齐等城市也正是通过以上措施有效推进与中亚、欧亚国家的交往和城际网络的建设发展，进而推动中国向西陆上通道的建设，加强了中国与中亚、欧洲等地区的经济联系和合作。⑤

五 呼和浩特/二连浩特—蒙俄城际网络与向西向北陆上通道建设

呼和浩特作为中国内蒙古自治区的首府，近年来与俄罗斯和蒙古国在西部陆海新通道建设领域开展深度合作，取得了丰硕的成果。

1. 交通基础设施建设合作

呼和浩特与俄罗斯的城际网络建设主要体现在内蒙古自治区的开放口岸建设上。截至2023年12月，国家共批复内蒙古对外开放的口岸，包括铁路口岸2个，公路口岸12个，航空口岸6个⑥。其中6个口岸对俄罗斯开放，包括满洲里铁路口岸、满洲里公路口岸、二卡公路口岸等。这

---

① 齐超：《中欧班列（西安）开行实践与对策》，《铁道货运》2020年第6期。
② 呼东方：《西安国际港务区：内陆自由港自贸试验区》，《新西部》2017年第8期。
③ 罗宁：《西安中欧班列发展建议》，《大陆桥视野》2020年第6期。
④ 张健：《立法层面推进中欧班列的发展——以乌鲁木齐为起点的中欧班列为例》，《时代经贸》2015年第13期。
⑤ 王霞、祁润：《中欧班列乌鲁木齐集结中心发展对策探讨》，《铁道货运》2020年第9期。
⑥ 《内蒙古20个对外开放口岸打通互联互通"大动脉"》，内蒙古自治区人民政府，2023年11月29日，https://www.nmg.gov.cn/ztzl/tjlswdrw/qtb/202311/t20231129_2417986.html。

些口岸的建设和开放促进了呼和浩特与俄罗斯之间的贸易往来和经济合作，加强了两地的城际网络联系。

呼和浩特的开放口岸建设对于高水平共建西部陆海新通道具有重要作用。西部陆海新通道是中国"一带一路"倡议的重要组成部分，旨在通过陆路和海路相结合的方式，加强西部地区与东南亚、南亚、中东欧等地区的经济联系。内蒙古自治区的开放口岸，特别是满洲里和二连浩特等重要口岸，是连接中国内陆与欧亚大陆桥的重要节点，对于促进中国西部地区的对外开放和经济发展具有重要意义。

与此同时，呼和浩特与蒙古国合作开展了一系列交通基础设施建设项目，包括公路、铁路和口岸设施的建设和改造。这些项目旨在提高两地之间的物流效率，促进货物和人员的流动。

在公路建设领域，中蒙双方合作建设了连接呼和浩特和蒙古国的公路，如中蒙国际公路。这条公路不仅加强了两地之间的物流运输，还促进了旅游和商业往来。在既有的铁路路线改造层面，双方合作也取得了长足进展。中蒙铁路是连接中国和蒙古国的重要通道。双方合作对这条铁路进行了技术升级和设施改造，提高了铁路的运输能力和安全性。中蒙两国还对边境地区的口岸设施建设大力投资。为了促进两国之间的贸易和人员往来，呼和浩特与蒙古国共同投资建设了一些口岸设施，如二连浩特—扎门乌德口岸。这些口岸的建设和改造旨在提高通关效率，降低物流成本。

物流中心的建设正成为中蒙经贸合作的新亮点。在呼和浩特建设的中蒙物流中心，旨在成为中蒙俄经济走廊的重要物流节点，提供货物集散、仓储、加工等服务，进一步促进两国间的贸易往来。

以上项目的落地实施不仅加强了呼和浩特与蒙古国之间的交通连接，还促进了区域经济一体化，提高了两国之间的物流效率和贸易便利性。

2. 口岸合作

与此同时，呼和浩特、二连浩特等城市也积极与俄罗斯、蒙古国共同开发和管理口岸，加强了中蒙俄三国之间的通关便利化。

二连浩特口岸是位于内蒙古自治区二连浩特市的一个重要国际口岸，与蒙古国的扎门乌德市相邻。这个口岸是中蒙贸易的重要通道之一，双方在该口岸进行了多项合作，以提高通关效率和服务水平。中蒙双方共同投资建设了现代化的口岸设施，包括货物检查设施、仓储设施和信息化系统等，以便更有效地处理货物和旅客通关。为了加快通关速度，双方实施了一系列便利化措施，如简化通关手续、推行预约通关、实施24小时通关服务等。与此同时，中蒙两国海关部门还加强了信息共享与合作，通过建立联合检查机制、共享货物和车辆信息等方式，提高了通关效率和安全性。为了促进跨境电子商务的发展，二连浩特口岸设立了专门的跨境电商平台，为中蒙两国企业提供便捷的在线贸易服务。此外，中蒙两国还定期举办口岸管理和通关操作的培训交流活动，旨在提升双方工作人员的专业技能和合作水平。[1]

通过以上合作举措，呼和浩特（含二连浩特）对俄、对蒙古国的口岸通关效率和服务水平都得到了显著提升，为促进中俄蒙三国的贸易和人员往来提供了重要支持。

3. 物流合作

呼和浩特与俄罗斯、蒙古国在物流领域开展合作，共同探索更高效的物流运输方案，包括联运服务、仓储设施建设和物流信息平台的建设等。这些合作有助于促进两地间的贸易往来和物流服务的发展。

譬如，在联运服务方面，中俄蒙三国已经着手建立跨境联运服务，开通呼和浩特至乌兰巴托的国际货运班列，实现铁路和公路的无缝对接，提高货物运输的效率和速度。通过优化运输路线和调整运输模式，可以降低物流成本，缩短运输时间。[2]

在仓储设施建设领域，中蒙俄三国已经在边境地区或重要的物流节点，合作建设现代化的仓储设施，如冷链仓库、智能化物流中心等。这些设施可以提高货物的储存和转运能力，满足不同类型货物的物流需求，支持两地间的贸易往来。

在物流信息平台的建设方面，中俄正在共同开发物流信息平台，以实现货物跟踪、运输管理、通关服务等功能的数字化。中蒙俄三国通过

---

[1] 李锡奎：《地缘政治经济危机下俄罗斯国际物流通道的重构》，《俄罗斯东欧中亚研究》2023年第6期。

[2] 郑楠、黄卓：《中蒙俄跨境物流运输便利化的合作机制探析》，《对外经贸实务》2018年第11期。

共享物流数据和信息,可以提高物流运输的透明度和可靠性,减少运输过程中的误差和延误。

通关便利化工作的开展,有力提升了中俄蒙三国的经贸及人员交流效率。三国通过协商简化通关手续,推行一站式通关服务,缩短货物在边境的等待时间;同时通过建立绿色通道,优先处理重要货物的通关,可以提高物流效率。

中俄蒙三国还积极合作开发新的物流产品,尤其是共同开发适应两地市场需求的新型物流产品,如跨境电商物流服务、定制化物流解决方案等。通过创新物流服务,可以满足更多细分市场的需求,促进双边贸易的发展。

通过以上合作举措,呼和浩特作为中国向北开放的桥头堡,正利用自身独特优势与俄罗斯、蒙古国等国共同探索更高效的物流运输方案,促进欧亚陆路贸易往来和物流服务的发展,实现互利共赢。

4. 经贸合作

西部陆海新通道的建设促进了呼和浩特与俄罗斯、蒙古国之间的经贸合作,使得中蒙俄三国在农产品、矿产资源、能源等领域开展了一系列合作项目,加强了经济联系和互利合作。

就中俄合作而言,能源和基础设施建设是重点。中俄能源合作历来是双边关系的重要组成部分。近年来,中俄东线天然气管道的建设和运营,成功将俄罗斯的天然气输送到中国,增强了中国的能源安全,增加了俄罗斯的能源出口。在跨境基础设施领域,中俄合作建设的跨境桥梁和铁路项目,如黑龙江省同江市与俄罗斯布拉戈维申斯克之间的同江—布拉戈维申斯克铁路桥,也有力促进了两国之间的物流和人员往来,加强了经济联系。[1]

就中蒙合作而言,农牧产品和矿产开发是双方着力推动的旗舰项目。近年来,中蒙两国在农产品领域有着密切的合作。例如,中国进口蒙古国的羊肉、牛肉等畜产品,而蒙古国则从中国进口农业机械和引进先进生产技术,促进了双边贸易的发展。与此同时,中蒙两国在矿产资源领

---

[1] 王景敏:《"西部陆海新通道"物流系统建设面临的挑战与应对之策》,《对外经贸实务》2019年第5期。

域也有广泛合作。例如，中国企业参与蒙古国的铜、煤炭等矿产的开发和投资，帮助蒙古国开发资源，同时满足了中国对这些资源的需求。①

以上合作项目不仅加强了中俄、中蒙之间的经济联系和互利合作，也促进了区域的经济发展和稳定。

5. 旅游合作

近年来，中国内蒙古自治区呼和浩特市加大力度与俄罗斯和蒙古国合作开发跨境旅游产品，比如丝绸之路旅游线路、草原文化体验游等，以吸引国内外游客，促进区域旅游业的发展。

丝绸之路旅游线路已经成为中蒙俄旅游合作的经典项目。这一旅游线路可以连接呼和浩特、俄罗斯的西伯利亚地区和蒙古国的乌兰巴托等地，让游客体验古代丝绸之路的历史魅力。旅游线路可以包括参观历史遗迹、品尝当地美食、体验传统手工艺等活动。跨境自驾游和摩托车旅游是目前较为流行的边境游形式。三国可以合作开发跨境自驾游和摩托车旅游线路，提供便利的通关服务和旅游支持设施，吸引喜欢探险和自由行的游客。

草原文化体验游也是深受中俄旅游者欢迎的项目。目前，呼和浩特、俄罗斯的贝加尔湖地区和蒙古国的草原地带正在推动共同开发草原文化体验游，让游客体验游牧文化、草原生活和自然风光。活动可能包括骑马、射箭、观赏传统歌舞表演、住宿蒙古包等。未来三国还可以进一步推动合作开发生态旅游项目，比如在贝加尔湖、呼伦贝尔草原和戈壁沙漠等地区设置生态旅游区，推广环境保护意识，同时提供观鸟、徒步、摄影等生态旅游活动。通过这些合作开发的跨境旅游产品，呼和浩特、俄罗斯和蒙古国不仅可以增强旅游业的吸引力，还可以促进文化交流和经济发展，加深三国之间的友好关系。

综上所述，呼和浩特与俄罗斯、蒙古国在西部陆海新通道建设领域的合作主要集中在交通基础设施建设、口岸合作、物流合作以及经贸合作等方面，共同促进了区域经济的发展和一体化进程。

---

① 田浩：《中蒙俄经济走廊：全球新挑战下的交通基础设施发展》，《东北亚经济研究》2023年第6期。

第四节 当前面临的国内挑战与国际压力

中国西部重点城市在开展国际城市交往和推动西部陆海新通道建设过程中，尽管已取得了举世瞩目的成就，但也面临着严峻的国内挑战和国际压力。

一 国内挑战

第一，自身基础设施建设存在短板。13个城市自身面临基础设施建设方面的挑战。常言道"打铁必须自身硬"。基建合作本来就是中国对外开展"一带一路"及"陆海通道"合作的重点领域。然而，西部省份在基建方面，与东部发达省市之间本身就存在较大差距。因此，当前中国西部省区市开展对外交流、西部城市打造国际交往网络、推动西部陆海新通道建设，首先就要加大投资，加快交通、物流、通信等基础设施的建设和升级，以提高与国际标准的兼容性和互联互通能力。[①]

第二，区域协调发展不足。西部地区经济发展水平不均衡，需要加强区域内部的协调合作，促进资源共享和优势互补，形成区域一体化发展格局。

第三，政策支持和环境优化有待加强。需要进一步完善相关政策措施，优化营商环境，提高开放水平，吸引更多国内外投资，促进产业升级和经济多元化发展。

第四，面临人才短缺的挑战，需要加强国际化人才的培养和引进，提升城市的国际竞争力和影响力。

第五，生态保护与可持续发展面临较大压力。在推进西部陆海新通道建设的同时，需要兼顾生态保护和环境可持续性，防止过度开发导致的生态破坏和环境污染问题。

第六，综合安全风险需要有效应对。加强对国际交往中的安全风险的识别、预防和应对，包括政治风险、经济风险、社会风险等，确保国际城市交往和西部陆海新通道建设的平稳进行。

[①] 许光洪：《重庆加快西部陆海新通道运营中心建设》，《当代党员》2020年第6期。

二 国际压力

中国西部城市在开展国际城市交往和推动西部陆海新通道建设过程中面临的主要国际压力和外国威胁包括六点。

第一，地缘政治压力。由于地缘政治的复杂性，西部城市在与周边国家的交往中可能面临一定的政治压力，比如边界争端、地区安全局势紧张等。

第二，国际贸易保护主义。全球范围内的贸易保护主义抬头可能对西部省会城市的国际贸易产生不利影响，限制市场准入，增加贸易壁垒。

第三，国际竞争加剧。随着全球化的发展，西部城市在推动西部陆海新通道建设时，需要面对来自其他国家和地区的激烈竞争，争夺国际物流、贸易和投资等方面的优势地位。

第四，外部安全威胁。在开展国际城市交往和基础设施建设时，可能面临恐怖主义、极端主义等安全威胁，需加强跨国安全合作，保障项目和人员安全。

第五，国际形象和舆论压力。西部城市需要在国际舞台上树立积极正面的形象，积极应对国际舆论的关注和评价，处理好与国际社会的关系。当前，受美西方势力控制的国际主流媒体仍在大肆炒作所谓"新疆人权问题"，并以之为借口抹黑新疆等，打压相关棉花、光伏等产业。这些做法对乌鲁木齐等西部城市的国际形象和城际交往都构成一定现实威胁。[1]

第六，外国投资和技术限制。在引进外国投资和技术时，可能会受到一些国家的限制和管制，影响项目的实施和技术的引进。

第五节 对策方案

面对前文所述的国内挑战和国际压力，西部重点城市需要进一步贯彻落实党中央确立的"双循环"发展道路，同时更有效地参与国际深度

---

[1] 王鹏：《"以疆遏光"：美国以人权借口打压新疆光伏产业的新动向与中国新应对》，《统一战线学研究》2023年第5期。

合作,从而扎实推动高水平共建西部陆海新通道和区域经济可持续发展。

一 中央层面

在中央政府层面,为有效应对国内外挑战,可以从以下五个方面入手。

第一,加大政策支持和资金投入。需要中央政府有针对性地提供政策和财政支持,增加对西部基础设施建设和国际交往项目的投资,减轻地方政府和企业的负担。

第二,建立跨部门和跨地区的协调机制。此举旨在促进不同地区和部门之间的合作与资源共享,确保政策的统一性和有效性。与此同时,中央层面还应制定优惠政策,吸引外国投资,同时加强知识产权保护,为外国技术和资本的引进创造良好环境。[①]

第三,搭建国际合作平台,通过外交渠道为西部城市搭建国际合作平台,能够增强西部城市与国际组织和外国城市的交流合作。具体而言,建议我国在举办"一带一路"国际合作高峰论坛等重大国际论坛活动时,可以在参与西部陆海新通道建设的省区市在高峰论坛总体框架内设置"中国现代化与西部陆海新通道建设分论坛",邀请国内外知名企业、学者和相关国家政府代表参加,共商共建共享西部对外高水平开放新机制和新机遇。

第四,完善安全保障机制,加强安全合作。应加强国家安全监管,为西部省会城市的国际交往和新通道建设提供安全保障;同时,应与相关国家和国际组织合作,共同打击恐怖主义和极端主义,确保区域安全和项目安全。为此,中国应加强与周边邻国在反恐领域的情报共享,尤其是与中亚国家和国际组织建立情报共享机制,及时交换有关恐怖主义和极端主义的信息,提高预警和应对能力;定期举行联合反恐演习和培训,提高中亚地区各国军警部队的反恐能力和协同作战能力;加强边境管理和监控,打击走私、贩毒、人口贩卖等跨境犯罪活动,切断恐怖组织的资金和物资供应链;在中亚地区支持和推广去极端化项目,如教育

---

① 吴光豪:《构建西部陆海新通道物流金融服务体系的重庆实践、问题及建议》,《海南金融》2020年第4期。

培训、社会融合、经济发展等，消除恐怖主义和极端主义的根源。

第五，推动国际合作，提升国际影响力。通过多边和双边渠道，积极开展外交活动，化解地缘政治压力，维护国家主权和地区稳定。与此同时，中国还需加强与国际组织和其他国家的合作，参与制定国际规则，反对贸易保护主义，促进自由贸易和投资；通过国际交流和文化推广，提升中国的国际形象，增强软实力，塑造积极的国际舆论环境。譬如，中国可以更加积极地参与和推动上海合作组织、联合国等多边机构的反恐合作，加强国际社会在反恐领域的协调和合作；积极通过外交手段促进中亚地区的和平与稳定，支持政治解决地区冲突，消除恐怖主义滋生的土壤，同时提升中国（尤其是西部省区市）在中亚地区的影响力。

二　地方层面

在地方政府层面，西部重点城市一方面应该积极响应党中央、国务院的号召，积极利用国家制定的优惠政策；另一方面应脚踏实地，从各自省区市实际经济社会发展情况出发，因地制宜、"一城一策"地制定应对方案。

（一）强化基础设施建设

西部各省区市和重点城市应积极与国家政策配合，立足本省本市实际情况，加快交通、物流、通信等基础设施的建设和改造，提高与国际标准的兼容性，打造高效便捷的国际交通网络。

以重庆市为例，可以通过加快建设铁路、公路和水运等交通基础设施，特别是提升与国际标准的兼容性，比如建设国际铁路货运通道，完善与周边国家的铁路联通，提高重庆至欧洲、东南亚等地的货物运输效率。与此同时，推进铁路、公路、水运和航空等多种运输方式的联合运输，建设多式联运中心和物流园区，实现货物的无缝转运和高效配送，也是有效提升重庆市与西南陆上邻国、东南亚海上伙伴国家、合作友城之间全方位联系的有效手段。在此基础上，加强现代物流基础设施的建设和改造，比如建设大型物流园区、仓储设施和配送中心，能够进一步提高物流服务的效率和质量；同时，应通过加快5G网络、光纤通信等现代通信技术的布局和建设，提升通信网络的覆盖范围和传输速度，保障国际贸易和交流的通畅。①

与此同时，各省区市也应加强与周边省市的合作，形成区域一体化发展格局，抱团取暖、相互守望，共同应对国际压力和挑战。仍以重庆市为例，重庆可以加强与四川、贵州、云南等周边省份的合作，共同推进交通基础设施的建设和联通，形成区域一体化的发展格局，共同提升西部地区的国际交通运输能力。通过这些措施，重庆市可以有效强化基础设施建设，提升西部陆海新通道的运输效率和服务水平，促进重庆乃至整个西部地区的对外开放和经济发展。②

（二）提升产业发展和创新能力

西部各省区市和重点城市应积极优化产业结构，发展高新技术产业和现代服务业，提升城市的国际竞争力和吸引力。

以成都市为例，作为中国西部重要的经济中心，该市可以通过提升产业发展和创新能力，积极参与西部陆海新通道建设。具体地，成都市可以结合自身科教领域的优势（如四川大学、电子科技大学等），大力发展高新技术产业，尤其是当前国家急需的电子信息、生物医药、新能源汽车等高新技术产业。目前该市建设了成都高新技术产业开发区和天府新区，吸引了众多国内外知名企业落户，形成了产业集群和创新高地。③党的十八大以来，在党中央的支持和统一部署下，成都市高度重视科技创新，已经建立了一批国家级和省级科研机构和创新平台，如中国科学院成都分院、成都市科学技术信息研究所等，推动科技成果转化和产业升级。这些都是未来成都市通过强化科技创新与产业升级来助力西部陆海新通道建设的可用资源。在此基础上，成都市可以加大投入推动产业融合发展，如将电子信息产业与现代物流、金融服务等产业相结合，形成新的经济增长点，提升产业链的附加值。④

---

① 刘丁睿：《西部陆海新通道智库联盟副秘书长宋国华：打造国际智库品牌　服务重庆全面融入共建"一带一路"》，《重庆与世界》2023年第12期。

② 郭晓静、唐琴：《海南与重庆　海上枢纽与陆路中心相向而行》，《重庆日报》2023年10月30日第3版。

③ 郭伟：《"重庆造"新能源汽车搭载西部陆海新通道出海的发展展望》，《重庆行政》2023年第6期。

④ 唐红祥、夏惟怡、黄跃：《西部陆海新通道制造业与物流业协同集聚的影响因素识别及突破路径研究》，《中国软科学》2022年第8期。

此外，成都市还应积极发展现代服务业，与重庆市联手打造西南交通枢纽。成都市积极发展金融服务、现代物流、会展旅游等现代服务业，本身就有较为雄厚的基础。此举能够有效提升服务业的比重和质量，为西部陆海新通道建设提供强有力的服务支撑。而在交通枢纽建设领域，成都市当前正在加快建设成都天府国际机场、成都国际铁路港等重要交通枢纽，从而提高与国际的联通能力，促进货物和人员的快速流通。[①]

通过上述举措，成都市不仅提升了自身的产业发展和创新能力，而且能够联手重庆等相邻省市，共同为西部陆海新通道建设提供坚实的产业支撑和创新动力，促进了区域经济的整体发展和对外开放。

(三) 强化人才培养和引进，提升城市竞争力

西部各省区市和重点城市应不断加强与国内外高校和研究机构的合作，培养和引进国际化人才，提升城市的人才竞争力。在推进实施人才战略的基础上，进一步加强城市规划和管理，提高城市综合服务能力和生活品质，更好地吸引国际投资和人才资源。

以西安市为例，该市作为西部重要的历史文化名城和科教中心，可以通过强化人才培养和引进，提升城市竞争力，积极参与西部陆海新通道建设，具体做法如下。

第一，加强高校合作。西安市拥有多所知名高校和研究机构，如西安交通大学、西北工业大学等，市政府可以加强与这些机构的合作，推动科研成果转化，培养高水平的科技人才。

第二，积极引进国际人才，并开展各类人才培养项目。通过实施更加开放的人才政策，吸引海外高层次人才来西安工作和生活。如设立海外人才工作站，举办国际人才交流会等活动，为国际人才提供更多机会和便利。西安市还应利用好国家相关支持政策，吸引和培养创新型人才，为西部陆海新通道建设提供智力支持。

第三，提高城市品质。通过加强城市规划和管理，提升西安城市基础设施和公共服务水平，改善居住环境，增强城市的吸引力和留住人才的能力。

[①] 余川江等：《开放型通道经济发展模式视角下"西部陆海新通道"发展路径研究——基于国内省域分析和国际竞争互补关系分析》，《重庆大学学报》（社会科学版）2022年第1期。

第四，加强产业人才对接。西安市要将人才工作落到实处，就必须切实推动产教融合和产业人才对接，将人才培养与产业发展需求相结合，为西部陆海新通道建设相关的物流、贸易、信息技术等领域输送专业人才。①

通过这些举措，西安市不仅能够提升自身的人才竞争力，而且为西部陆海新通道建设提供了人才保障，促进了区域经济的发展和对外开放。

（四）践行环境保护和可持续发展新模式

西部各省区市和重点城市应坚持绿色发展理念，加强生态环境保护，推动经济社会可持续发展，同时将西部陆海新通道建设为新时代绿色发展之路。

以兰州市为例，该市不仅是中国西部陆海新通道的重要节点城市，而且承载着推动西部生态保护、走绿色可持续发展新模式的重大政治使命。为此，可以通过以下六个方面践行环境保护和可持续发展新模式，立足兰州市实际情况，有序推动西部陆海新通道的建设。

第一，构建绿色交通体系。兰州市可以在西部陆海新通道的建设中推广绿色交通模式，比如发展电动汽车、使用清洁能源动力的铁路和船舶，减少交通运输过程中的碳排放。

第二，加强生态修复与保护。在通道建设过程中，注重生态修复和保护，避免破坏自然景观和生态系统。对于受到影响的地区，实施植被恢复、水土保持等生态修复措施，保护生物多样性。

第三，倡导节能减排。在通道建设和运营中采用节能减排技术和设备，比如使用节能建材、推广太阳能和风能等可再生能源，提高能效，减少温室气体排放。

第四，创设智慧物流。利用信息技术和大数据分析，优化物流管理和运输路线，提高货物运输效率，减少空驶和拥堵，降低能耗和排放。

第五，厉行环境监测与管理。建立环境监测系统，对通道沿线的空气质量、水质、噪声等进行实时监控，及时发现和处理环境问题，确保通道建设和运营符合环保标准。

---

① 袁伟彦：《西部陆海新通道建设效应：内涵、方法与研究框架》，《广西师范大学学报》（哲学社会科学版）2019年第6期。

第六，加强公众参与和环境教育。鼓励公众参与环境保护活动，加强环境保护意识的宣传和教育，形成全社会共同参与绿色发展的良好氛围。

通过上述措施，兰州市不仅可以推进西部陆海新通道的建设，还可以确保通道的可持续发展，促进经济社会与生态环境的和谐共生。

（五）加强安全风险管理

西部各省区市和重点城市应加强对国际交往中的安全风险的识别、预防和应对，建立健全城市安全管理体系；加强民族团结工作，切实以"铸牢中华民族共同体意识"为原则指导本地区的民族工作、宗教工作和经济社会治理工作。

以乌鲁木齐市为例，该市不仅是中国建设西部陆海新通道的重要节点城市，也是当前中国推动铸牢中华民族共同体意识、推进新时代党的民族工作高质量发展工作的标杆。面对可能存在的国际打压、干涉、抹黑等风险挑战，为进一步统筹规划高水平对外开放与国家安全、社会安全建设，乌鲁木齐和新疆维吾尔自治区可以通过以下方式加强安全风险管理来推进该通道的建设。

第一，建立风险评估机制。乌鲁木齐市可以建立一个综合性的安全风险评估机制，定期对国际交往和通道建设中可能面临的政治、经济、社会、技术和自然等各类风险进行评估和分析。

第二，加强情报信息共享。与国家安全机构、周边国家和地区以及相关国际组织合作，建立情报信息共享机制，及时掌握安全风险动态，提前做好预警和应对准备。

第三，完善应急响应机制。制定详细的应急预案，建立快速反应机制，确保在面临恐怖袭击、极端主义活动、突发公共卫生事件等安全威胁时，能够迅速有效地进行处置和应对。

第四，加强边境安全管理。加强与周边国家的边境合作，提高边境检查站的安全检查能力，加强人员和货物的安全监管，防止非法越境和走私活动。

第五，提升公共安全意识。通过媒体、社区、学校等渠道，加强对公众的安全教育和宣传，提高市民的安全防范意识和自我保护能力。

第六，加强关键基础设施保护。对交通枢纽、物流中心、通信网络等关键基础设施进行重点保护，加强物理防护和网络安全防护，确保通道建设和运营的安全。

第七，通过加强"铸牢中华民族共同体意识"工作来巩固社会治安、政治安全，并进一步服务好构建西部陆海新通道建设工作。例如，乌鲁木齐市可以在学校、社区、企业等各个层面开展民族团结教育，强调铸牢中华民族共同体意识，促进各民族之间的相互了解、尊重和包容；组织各民族文化交流活动，如民族文化节、民族艺术展演等，展示各民族文化的独特魅力，增进民族间的相互认同和尊重；促进各民族地区的经济发展，特别是支持少数民族地区的产业发展，提高少数民族群众的就业和收入水平，让各民族共享发展成果；在社区层面加强民族团结建设，推动各民族居民共同参与社区治理和服务，增强社区的凝聚力和向心力；加强对各民族群众的法治教育，提高他们的法律意识和法律素养，引导当地人民依法维护自身合法权益，共同维护国家安全和社会稳定；鼓励和支持各民族之间的交往交流交融，打破民族隔阂，构建平等、和谐、互助的民族关系。

综上所述，通过党中央、国务院和地方省市的共同努力，可以有效应对各种国内挑战和国际压力，扎实推动西部省会城市的国际城市交往和西部陆海新通道的建设，促进区域经济的整体发展和高水平对外开放。

专题研究

第二章

中西部重点城市国际交往专题研究

本章聚焦重庆、成都、西安等中西部主要城市的国际交往发展态势，分析各城市如何利用自身有利条件，积极响应国家号召，努力搭建、推动其国际交往网络的建设，进而为西部陆海新通道建设提供动力。

第一节 重庆国际交往发展态势考察

重庆地处西南，是国家中心城市和中西部地区唯一直辖市，是连接中国中部和西部、西北和西南的重要枢纽，在国家发展大局中具有独特而重要的战略地位，是国家西部大开发的重要战略支点。打造中西部国际交往中心，是重庆全面融入共建"丝绸之路经济带""21世纪海上丝绸之路"和长江经济带发展的要求。同时，重庆还具有沟通东亚与东南亚、南亚的独特优势。正如媒体所描述的那样，重庆在城市海外交往连接度上体现出如下特点：属于多维紧密连接城市，具有开展全方位国际交往的综合实力和有利条件，同时在政治、经济、文化等多个维度上都有领先之处。[1]

近年来，重庆着力建设中西部国际交流中心，不断加强对外文化交流和旅游合作，"山水之城、美丽之地"的城市品牌知名度和美誉度进一步提升。特别是重庆与上海合作组织及其成员国、观察员国、对话伙伴在文化、旅游等领域的交流合作十分频繁。2019年5月，重庆市文化和

---

[1] 卢娟、陈泽安：《重庆，国际传播综合影响力先锋城市！》，澎湃，2023年2月18日，https：//m.thepaper.cn/baijiahao_21966130。

旅游发展委员会在2019年上海合作组织地区领导人会议期间举办了以"美丽新丝路"为主题的文化和旅游合作推广会。其间，重庆市文化和旅游发展委员会代表和重庆市人民政府负责人分别会见了俄罗斯、吉尔吉斯斯坦、乌兹别克斯坦、巴基斯坦、阿富汗、蒙古国、白俄罗斯等国代表。双方就如何加强文化和旅游领域的深入合作与交流交换了意见。①

国际化是优化营商环境的关键词之一。在对外开放的道路上，重庆从未停下脚步。重庆以《区域全面经济伙伴关系协定》（Regional Comprehensive Economic Partnership，RCEP）、《全面与进步跨太平洋伙伴关系协定》（Comprehensive and Progressive Agreement for Trans-Pacific Partnership，CPTPP）为依托，探索陆基、数字贸易规则等新兴领域，充分发挥改革开放相互促进的作用。2021年7月，经国务院批准，中国商务部正式宣布，重庆等四个城市将优先建设国际消费中心城市，并起到表率作用。重庆围绕国际购物、会展、旅游、文化、美食五大方面的名城建设，统筹实施十大工程，如汇集国际消费资源、提升国际购物区品质等。随着陆上和海上走廊建设的加快，城市的交通便利性显著提高。②重庆江北国际机场在2021年新开通了5条国际货运航线。2022年3月，重庆市的国际陆海贸易新走廊已经与106个国家（地区）的311个港口建立正式连接。而中欧班列（重庆）的累计运营列车则达到9000余列，居全国首位。

一 重庆国际交往中的应对之策

"十三五"时期（2016—2020），重庆在文化和旅游业发展方面取得了长足进步。在新冠疫情肆虐全球旅游业之前，该市的游客人数和旅游收入从2015年到2019年稳步增长。2019年旅游收入超过5730亿元，是2015年的两倍多。根据对65个全球旅游人数和旅游支出排名靠前的城市的研究，世界旅游理事会将重庆评为世界发展最快的旅游城市。与此同时，根据上海报业集团旗下数字媒体《界面新闻》的年度排行榜，该市

---

① Wang Bin et al., "Spatio-Temporal Characteristics of Green Development Cooperation Network among Belt and Road Initiative Regions and Countries", *Sustainability*, Vol. 13, No. 20, October 2021.

② Martin Hemmert et al., "The Distinctiveness and Diversity of Entrepreneurial Ecosystems in China, Japan, and South Korea: An Exploratory Analysis", *Asian Business & Management*, Vol. 18, No. 1, 2019, pp. 211–247.

已连续四年与北京和上海并列为中国旅游业最发达的三大城市之一。考虑了游客数量、收入、交通和基础设施等因素。2023年，重庆市过夜游客接待人数突破1亿人次，同比增长88.1%。重庆市文化和旅游发展委员会的数据显示，2023年全市旅游业增加值突破1200亿元，同比增长13.5%，占全市生产总值比重为4%。

虽然重庆在打造中西部国际交往中心方面取得阶段性成就，但同时也面临一定困难和挑战。譬如，新冠疫情的暴发，便给重庆国际交往活动带来一定的消极影响。但挑战也往往意味着机遇。重庆市政府外事办公室相关负责人在接受媒体采访时明确表示："疫情期间，重庆创新开展云会见、云巡展、云签约等线上交往活动，如通过外国使领馆、国际友城等渠道，以发慰问信函、捐赠医疗物资、提供采购渠道、派遣医疗专家组、举办疫情防控交流视频会等多种形式，进一步加深了重庆与外方守望相助、同舟共济的友好感情。"

特别是在疫情形势仍然非常严峻之时，外国机构并未停止入驻重庆。譬如，乌拉圭、白俄罗斯、缅甸等国驻重庆总领事馆都陆续开馆。与此同时，重庆市的国际友好城市数量已经上升到52对，国际友好交流城市的数量则增至112对。这些数据充分体现出重庆面对机遇和挑战奋力前行，开放潮流势不可挡，以及对外开放的强劲动力。[①]

二 重庆国际交往中的变革之法

从2019年10月起，重庆全面融入共建"丝绸之路经济带"和"21世纪海上丝绸之路"，加快建设中西部国际交往中心。为此，重庆积极、扎实和稳步开展国际交往合作，城市知名度和经济外向度不断提高，逐渐推动而形成了全方位、多层次、宽领域的对外开放新格局。2020年4月，《重庆市建设中西部国际交往中心三年行动计划（2020—2022年）》明确写入"在西部地区带头开放、带动开放"。2022年，重庆外贸进出口

---

① 何春阳：《加快建设中西部国际交往中心 重庆"国际范"越来越足》，《重庆日报》，2022年7月14日，https://www.cqrb.cn/content/2022-07-14/1250441_pc.html。

总值8158.4亿元，较2021年增长2%。①

对于未来国际交往工作的开展，重庆市政府外事办公室相关负责人表示，"十四五"规划时期，重庆将进一步提高政治站位，紧扣重庆国际交往工作实际，加强宏观谋划和协同联动，市政府外办将会同有关部门、区县，重点从提升重庆国际事务参与度、经济发展外向度、城市品牌知名度、开放环境舒适度和国际交往功能保障度五个方面，加快推动重庆中西部国际交往中心建设。

第一，为提升重庆国际事务参与度，应以服务国家总体外交为首要任务，充分利用重庆在区位、生态、产业、体制等方面的独特优势，更深入地融入国家发展战略，加快实施中新互联互通项目、西部陆海新通道等重大国际合作项目，高质量完成中央交办的重大外事任务，积极构建立足中西部、联通东盟、面向世界的国际交往格局。

第二，为提升重庆经济发展外向度，应进一步巩固扩大重庆通道优势、平台优势、产业优势，加快推动人流、物流、资金流、信息流向重庆聚集，更好利用两个市场和配置两种资源、对接两类规则，打造连接国内国际双循环的战略支点，树立对外开放的典范。

第三，为提升重庆城市品牌知名度，应以提升城市公共外交为重要抓手，加强对外人文交流，加大城市国际营销力度，争取更多重大外事活动、重要节会展会、重大国际赛事等在渝举办，更多国际组织、机构和跨国企业来渝落户，推动外事与文、商、旅、体等融合发展，加快提升重庆城市美誉度和国际影响力。

第四，为提升重庆开放环境舒适度，应加快建设广阳岛国际会议中心、寸滩国际邮轮母港等国际交往设施，布局打造服务元首外交的国际活动场所；加快建设国际医院、国际学校、国际化社区，培育打造国际一流的营商环境，加速提升城市国际化水平。

第五，为提升国际交往功能保障度，应加强国际交往能力建设，深入开展国际交往调研，加强国际交往专题培训，引育一批国际交往高端智库，加强国际交往跨行业、跨区域协调联动，持续提升国际交往工作

---

① 《2022年重庆进出口简况》，中华人民共和国重庆海关，2023年1月19日，http://jinan.customs.gov.cn/chongqing_customs/515860/515862/515864/4812362/index.html。

质量和水平（表 2-1）。

表 2-1 2021—2022 年重庆举办的部分国际会议和国际论坛

时间	国际会议和国际论坛名称
2021 年	中国—上海合作组织数字经济产业论坛
	纪念中国—东盟建立对话关系 30 周年特别外长会
	澜沧江—湄公河合作第六次外长会
	第十四届中国—拉美企业家高峰会
	2021 中国国际智能产业博览会
	2021 中新（重庆）战略性互联互通示范项目金融峰会
	2021 陆海新通道国际合作论坛
2022 年	2022 中国国际智能产业博览会
	第四届中国西部国际投资贸易洽谈会
	2022 中新（重庆）战略性互联互通示范项目金融峰会
	2022 陆海新通道国际合作论坛

资料来源：笔者根据网络公开资料整理。

在国际交往方面，重庆不仅付出努力，而且取得优异成绩：在增强国际资源配置能力方面，除中欧班列（重庆）外，截至 2023 年 3 月，西部陆海新通道物流网络已覆盖全球 119 个国家（地区）的 393 个港口；渝满俄班列开行频次不断加密；长江水道航运优势进一步发挥；2022 年江北国际机场累计开通国际（地区）航线 108 条；自 2019 年 9 月开通以来，中新（重庆）国际互联网数据专用通道已为 200 余家企业提供服务，互联互通的综合立体开放通道体系已基本形成。在服务大国外交方面，重庆已成功举办中国—上海合作组织数字经济产业论坛、纪念中国—东盟建立对话关系 30 周年特别外长会和澜沧江—湄公河合作第六次外长会、中国—拉美企业家高峰会等系列重大外事活动；积极搭建高质量对外交流合作平台，高质量办好智博会、西洽会、中新金融峰会、陆海新通道国际合作论坛等重要展会活动。在开展国际交往方面，不断加强文化、教育、科技、旅游、体育等各领域对外交流合作，如加强与外国驻华使馆和驻渝蓉昆领馆、国际友城的密切联系，年均开展经贸、人文等各领域交流活动 200 场以上，推动设立欧洲重庆中心基地、中国（重庆）—上海合作组织智慧旅游中心、中国南亚国家减贫与发展合作中心、陆海新通道职业教育国际合作联盟等一大批国际合作平台（表2-2）。在优化国际营商环境方面，积极对接《区域全面经济合作伙伴关系协定》等高标准国际经贸规则，持续提升投资贸易便利化水平；挂牌设立重庆知识产权法庭、涉外知识产权调解中心，建立重庆域外法律查明服务中心，不断健全涉外法治体系。①

表2-2　　　　2021—2022年在重庆成立的部分国际合作平台

时间	国际合作平台名称
2021年	中国（重庆）—上海合作组织智慧旅游中心
	中国南亚国家减贫与发展合作中心
	陆海新通道职业教育国际合作联盟
2022年	欧洲重庆中心基地
	重庆自贸通（FTA）智慧服务平台

资料来源：笔者根据网络公开资料整理。

重庆市各区在吸引投资、基础设施建设和物流体系完善等方面加大力度，致力于提供优质的国际交流服务和平台。以渝中区为例，该区集聚了英国、日本等12个国家的领事机构和10多个国际机构，逾千家外资企业落户于此，外商投资企业数量占全市的1/7，世界500强企业占全市的一半，还成功举办了上合组织地方领导人会晤、首届中国城市商圈发展大会等重大活动。

作为重庆对外开放的窗口，渝中区深化"五大行动"。提升开放平台能级、构建开放产业体系、培育开放主体、深化国际合作、优化开放营商环境，实现外事、外经、外贸、外资的协同发展，推动高水平开放，促进高质量发展。区域全面经济伙伴关系协定的实施、自贸试验区、中新互联互通项目、成渝地区双城经济圈、服务业开放试点、西部金融中心、国际消费中心城市核心区、中西部国际交往中心核心区、世界知名

---

① 何春阳：《加快建设中西部国际交往中心　重庆"国际范"越来越足》，《重庆日报》，2022年7月14日，https://www.cqrb.cn/content/2022-07-14/1250441_pc.html。

商圈建设、全国首批营商环境创新试点十大开放机遇，为渝中区带来了转型升级的新机遇。对此，渝中区相关部门负责人指出，这些机遇既是区域高质量发展的重要战略机遇，也是企业投资重庆、重点投资渝中的良机。截至2023年1月，渝中区的世界500强企业已增至140余家。该区虽然只占全市自贸试验区不到4%的面积，却吸引了超过全市20%的外资服务业企业。渝中区正加速推进商品要素流动型开放和制度型开放，扩大出海出境大通道的综合功能，促进通道、物流、经贸、产业的互动发展。渝中区创新发展了"保税+实体零售"新业态，采用"保税+暂时进出境""保税展示交易+跨境电商""集约进口保税完税商品同仓展销"等模式，加快构建多层次进口商品分销体系，旨在降低企业成本（表2-3）。开放既是理念，也是行动。近年来，渝中区致力于提供更高水平的开放制度供给，为全球企业发展创造更多平台和更好条件。为进一步支持外贸企业，渝中区在2022年全国首创了"汇保通"汇率避险业务，帮助中小外贸企业缓解衍生交易保证金带来的资金压力，提高应对汇率波动的能力，受到了热烈好评。对此，渝中区相关部门负责人表示，抓住十大开放机遇（表2-4），渝中区将进一步利用自贸试验区、中新互联互通项目核心承载区、服务业开放试点先行示范区、中央商务区的叠加优势，充分利用外事、外资、外贸等开放资源，在提高开放环境舒适度和国际交往功能保障度方面发挥渝中区的力量和母城的责任。①

表2-3　　　　　　　　　"保税+实体零售"新业态②

新业态名称	内涵
保税+暂时进出境	量身定制监管方案，让进口商品先展销后结税
保税展示交易+跨境电商	进口商品保税展示，线上销售结税
集约进口保税完税商品同仓展销	构建起进口精品超市（商场）+国别主题馆（进口商品城）+跨境线上平台的"世界超市"消费生态

资料来源：笔者根据网络公开资料整理。

---

① 《渝中擦亮"世界窗口"加快开放脚步》，重庆市渝中区人民政府，2023年1月14日，http：//www.cqyz.gov.cn/zwxx_229/yzyw/202301/t20230114_11504669.html?48WFQ6=PF64R3。

② 这种线上线下结合的经营模式，可利用跨境电商线上交易优惠税率等优势降低商品价格，再通过"前店后仓+快速配送"运作缩短收货时间，真正让利给消费者。

表 2-4　　　　　　　　重庆渝中区十大开放机遇

序号	开放机遇
1	《区域全面经济伙伴关系协定》（RCEP）生效实施
2	中国（重庆）自由贸易试验区
3	中新互联互通项目
4	成渝地区双城经济圈
5	增设服务业扩大开放综合试点
6	西部金融中心主承载区
7	国际消费中心城市核心区
8	中西部国际交往中心核心区
9	世界知名商圈建设
10	全国首批营商环境创新试点

资料来源：笔者根据网络公开资料整理。

重庆市各辖区在推动开放发展方面也取得了显著成绩。

两江新区凸显了内陆开放门户的作用，成功获选为中欧区域政策合作的示范地区之一。高新区致力于将中西部国际交往中心与西部（重庆）科学城的建设同步推进，旨在打造高品质的国际社区和吸引高端人才的区域。

渝北区通过建设江北国际机场保税港区航空货运站二期工程以及推出"智慧航空物流信息平台"等举措，显著提升了空港枢纽的通道功能。南岸区加速发展广阳湾片区，努力打造长江经济带绿色发展示范区，并致力成为重要的外事活动新平台。

江北区正积极发展西部金融中心的核心区域和国际消费中心城市的首选区。沙坪坝区通过参与"一带一路"高校联盟论坛、举办"全球教育交流周"等社会活动，推动国际会议和学术交流的发展。[1]

---

[1] 何春阳：《加快建设中西部国际交往中心 重庆"国际范"越来越足》，《重庆日报》，2022年7月14日，https：//www.cqrb.cn/content/2022-07-14/1250441_pc.html。

第二节 成都国际交往发展态势考察

成都是四川省的政治、经济、文化和交通中心，是一座有着3000多年建城史的文化名城。成都素有"天府之国"的美誉，当地物产丰富，气候宜人，名胜古迹众多，拥有享誉海内外的优秀传统手工艺品。成都作为西南地区的重要城市，交通十分便利，双流国际机场距离市区只有20公里，天府国际机场离市区近70公里。从经济和战略角度来看，成都是中国西部物流、商业、金融、科技中心，也是通往西藏自治区的门户，拥有丰富的风景、历史和文化资源。[①]

成都市人民政府2018年编制的《成都市城市总体规划（2016—2035年）初步方案》（以下简称《总体规划》），明确了成都作为四川省省会、国家中心城市、国际门户枢纽城市和世界文化名城四大战略定位。到目前为止，成都在各个方面都走上了国际城市建设的轨道。随着通过加强基础设施建设和经济功能来提高城市硬实力，《总体规划》高度重视提升成都的社会影响力、文化影响力、驱动方式和城市定位等城市软实力，以顺应国际城市建设的新趋势。必须提高成都的国际传播能力，提升成都的国际形象，对外传播成都文化，及时准确地传递成都的声音。根据调查，成都目前的国际传播能力无法满足建设国际大都市的需要，表现为：外语媒体不足、外语服务质量不理想，以及在经济和文化等许多领域缺乏有效的沟通机制来将信息从传播者传播给接收者。在国际交往扩散的背景下，成都目前的国际通信能力将阻碍其建设内陆开放门户城市、亚洲内陆综合经济中心城市或国际交流中心的进程，因此成都的国际通信实力需要从战略上进行规划和提高。推进成都的国际传播能力建设，有助于讲述成都的故事，传递成都的声音，对于树立和传播成都良好的国际形象，加快信息精准传播，促进成都的贸易、旅游和国际合作至关重要。提升国际影响力和文化软实力，对成都经济社会发展具有重

---

① Zhang Mengzhu, Wen Tianzu, "The Rise of Chengdu between Geopolitics and Geoeconomics: City-Regional Development under the Belt and Road Initiatives and Beyond", *Transactions of the Institute of British Geographers*, Vol. 47, No. 2, March 2022.

要意义。①

在成都的国际传播产品中，可以发现以下特点：传播内容更多的是关注传统文化，话题集中在历史悠久的象征上，很少涉及成都多元的社会生活。对成都传统旅游资源的总结已经到位，但它只是揭开了城市的表面，而不是挖掘成都民俗的内涵——悠久的历史和多样化的地理禀赋，丰富的资源和轻松的生活方式。这些宣传只能让人们了解到成都是一个历史遗迹丰富和交通便利的旅游目的地，但无法将成都与中国其他城市区分开来。难怪大多数外国游客一提到成都就会把它和熊猫联系在一起，因为成都只是成功地传播了"熊猫"名片。此外，由于成都以峨眉山和九寨沟等丰富的自然景观而闻名，成都的形象对一些外国人来说成了一个野生动物园。当然，对于外国游客来说，要了解这么多中国西部城市并不容易，因为这里远离首都或繁荣的沿海地区。将成都列为除北京和上海之外的独家"首发城市"更具洞察力。为了发展国际交往能力，成都应首先明确交往内容。成都市委、市政府需要掌握成都的特点和亮点，然后决定沟通的焦点和视角，甚至创造话题，以引导世界舆论。这在很大程度上要求传播机构提高其话语能力。传播不应仅是在活动后进行报道，而应在活动前提出话题和引导意见。因此，需要仔细挖掘合适的内容，以塑造符合其定位的成都正面形象。内容是通过形式传达的。在"浅读"或"零食阅读"的时代，语言风格和叙事视角应该容易被目标受众理解和接受。在传播成都信息时，仅仅将中文版的新闻报道直接翻译成目标语言是不够的，正确的方法是站在读者的角度，使传播信息适应观众的阅读习惯和语言习惯，从而实现有效的传播。在这样做的过程中，"讲好成都故事，传播成都声音"需要放大和省略、重新安排、文化解读等。在媒体方面，官方媒体和民间传播平台应该结合起来，传统媒体和新媒体相辅相成。利用自媒体的灵活性来补充保守和严格的官方媒体，通过个性化和友好的语言和内容以创造性的方式进行沟通，这将是有益的。为此，应加快自媒体平台建设，开发更多符合移动互联网传播规则

---

① Wang Meimei, Yang Yongchun, and Guo Tao, "Measurement of Urban-Rural Integration Level in Suburbs and Exurbs of Big Cities Based on Land-Use Change in Inland China: Chengdu", *Land*, Vol. 10, No. 5, May 2021.

和逻辑的新媒体产品。传播者应善于利用互联网、自媒体等新媒体传播当代成都的优点。

一 成都国际交往的现状

2012—2022 年，成都成功吸引了 20 个国家设立驻蓉领事机构，已开馆的领事机构有 15 家；同时，成都的国际友城数量达到了 105 个。在这 10 年间，成都积极参与全球治理，不断增强外事资源的集聚与运用。成都加入了 15 个国际组织，担任世界智慧可持续城市组织的副主席城市，并在世界城市和地方政府联合组织、世界大都市协会的决策管理机构中担任要职，使得"成都声音"在国际上广泛传播。

在深化国际交流方面，成都成功举办了多项重要国际活动，如第八次中日韩领导人会议、2012 年中国国际友好城市大会、2016 年第三次二十国集团（G20）财长和央行行长会议、2022 年第 56 届国际乒联世界乒乓球团体锦标赛（决赛）等，吸引了全球的关注，并有效推介了成都的资源。展望未来，成都将继续举办更多国际性赛事和会议。

中国共产党成都市第十四次代表大会提出，要坚定不移地建设国际门户枢纽，以融入"一带一路"建设、服务新发展格局为引领，打造开放程度更高、制度环境更优、辐射作用更强、经济活力更充沛的内陆改革开放新高地。成都已与 58 个国家的 105 个城市建立了友好城市或友好合作关系，涵盖五大洲，形成了"朋友遍天下"的良好局面。从成都全域来看，下辖的 23 个区（市）县共缔结了 102 个国际友城和友好合作关系城市，通过友城开展的国际交流活动成效显著。自 2010 年以来，成都连续 5 次获得中国国际友好城市大会颁发的"国际友好城市交流合作奖"，多个友城获得"对华友好城市交流合作奖"。

作为西南地区的开放高地，成都受到越来越多国家的青睐。近十年来，澳大利亚、以色列、新西兰、波兰、捷克、印度、瑞士、奥地利、希腊、尼泊尔、土耳其、智利、西班牙、巴西等国家相继在成都设立了总领事馆。截至 2023 年 6 月，获批在川设立领事机构的国家达 23 个，分别是德国、韩国、泰国、法国、新加坡、巴基斯坦、菲律宾、斯里兰卡、澳大利亚、新西兰、以色列、波兰、捷克、印度、瑞士、奥地利、希腊、尼泊尔、西班牙、智利、土耳其、巴西、阿根廷。①

为学习贯彻习近平外交思想，深入落实中央和省委、成都市委关于做好外事工作推动高质量发展的重大部署要求，近年来，中共成都市委外事工作委员会办公室持续加快推动外事、外资、外经、外贸、外宣"五外"深度融合。以加快推动"五外联动"发展为抓手，把握"一带一路"、成渝地区双城经济圈建设和成都都市圈建设等重大机遇，中共成都市委外事工作委员会办公室正全力以赴为全面建设践行新发展理念的公园城市示范区贡献更多外事力量。推介成都开放合作新优势，无论是2024年成都世界园艺博览会的举办，还是四通八达地开往世界的班列，最终目的都是推动成都开放合作新优势"走出去"，"引进来"更多国际资源与机遇。

创新时尚、潮流碰撞、风景如画、美丽宜居等。成都，在历史前进的逻辑中前进，在时代发展的潮流中发展，被赋予了更多聚焦公园城市的美好形容。从中西部走向全国，从中国走向世界。开放层次更高、制度环境更优、辐射作用更强、经济活力更加充沛，成都还在继续构建立体全面开放新格局。厚重的文化、安全可靠的国际化氛围，是全世界对宜居城市的美好向往。城市国际化水平因交流而兴，国际关系因互鉴而日益丰富。十年间，成都市外事水平不断攀升，国际人文交流覆盖面积持续扩展。②

2016年，国务院批复的《成渝城市群发展规划》指出，成都将以建设国家中心城市为目标，增强其在西部地区的经济、科技、文创、国际交往以及综合交通枢纽功能。到2020年，成渝城市群将基本形成国家级城市群，而到2030年，将实现向世界级城市群的跨越。因此，成都在新一轮的城市总体规划中，将"国家中心城市"定位为其城市战略之一，不仅立足西南地区，还将辐射更广泛地区，参与国际竞争与合作。通过与重庆共同建设世界级城市群，带动四川省内其他城市的发展。

---

① 《驻川领馆基本情况（更新至2023年6月14日）》，中共四川省委外事工作委员会办公室，2023年6月15日，https://www.scwsb.gov.cn/xxgk/zlk/zclg/202306/t20230615_18059.html。

② 《成都多措并举"打开"国际范》，《华西都市报》2023年5月23日第7版。

成都地处欧亚大陆中心，是"一带一路"倡议和长江经济带的战略交汇点，是面向亚欧大陆腹地最近的超大城市，也是中西部开放程度最高的城市。在国家全面开放新格局中，成都应发挥联动东西、沟通内外的核心枢纽作用，引领国家面向新一轮全球化的格局重塑。成都位于亚太至欧洲的三条主航线通道上，具有时效优势，适宜开通欧亚和大洋洲航线。同时，成都腹地广阔，周边1000公里范围内的人口超过5亿，GDP超过15万亿元，可辐射东南亚地区，具有稳定的客货源支撑，适合发展大规模腹地航线。因此，新的总体规划充分发挥成都在"一带一路"和长江经济带中的枢纽作用，明确将其建设成为中国向西向南开放、联系欧亚大陆腹地的门户枢纽城市。

作为国家历史文化名城，成都拥有悠久的建城历史，是世界级文化、旅游资源中心之一。成都及其周边地区拥有五处世界遗产和大量的历史文化遗迹，是全球文化旅游资源最丰富的地区之一。作为全球增长速度第二的百万级国际旅游目的地城市，成都的文化创意产业，如传媒、音乐、游戏等，正快速发展。因此，新的总体规划进一步强调文化的重要性，明确提出将成都建设成为世界文化名城，展示国家文化自信，输出国家文化影响力，助推社会主义文化强国建设。[1]

"十三五"时期，成都致力打造全面体现新发展理念的国家中心城市，成功实现了从区域中心城市向国家中心城市的转变，并进一步迈向世界城市的历史性飞跃。成都的经济外向度从2016年的22.3%增长到2020年的40.4%，为"十四五"时期国际交往中心建设的新征程积累了战略动能，并奠定了坚实的基础。

中国共产党成都市第十四次代表大会明确指出，在未来五年，成都将致力打造中国西部具有全球影响力和美誉度的现代化国际大都市，面临多重重大战略机遇。《成都市"十四五"国际对外交往中心建设规划》（以下简称《规划》）系统规划了成都加快推动国际交往中心建设的方向。

---

[1] 《肩负"国家使命" 成都明确城市发展四大定位》，央广网，2017年11月15日，https://sc.cnr.cn/sc/2014cd/20171115/t20171115_524025924.shtml#:~:text=%E6%88%90%E9%83%BD%E5%85%A8%E6%90%9C%E7%B4%A2%E6%96%B0%E9%97%BB%E7%BD%91,%EF%BC%8C%E4%B8%96%E7%95%8C%E6%96%87%E5%8C%96%E5%90%8D%E5%9F%8E%E3%80%82。

"十四五"时期,成都将聚焦"四个全面提升"战略,力争到 2025 年,将成都打造成承担国家重大外交外事活动的重要舞台、聚集全球高端资源要素的开放高地、彰显天府文化魅力的独特窗口。

二 成都开展国际交往面临的挑战

近些年,成都国际交往取得很大成绩,成都市委、市政府对未来的国际交往工作也做出规划。同时,成都国际交往的发展也面临三个方面的挑战。

第一,以经济、文化、科技为核心功能,构建国际交往新格局的挑战。

成都作为中国西南战略核心地带,扮演着国家西部开放的关键角色。致力打造成为国际交流的新支点,有助于扩大中国西部国际交往的战略范围,促进西部地区在国际合作竞争中形成新的优势,加速全面开放新格局的构建。

面向新时代的成都国际交往未来规划和空间布局,《规划》设定了"十四五"时期的目标:争取到 2025 年,成都将成为承办国家重要外交活动的主要场所、汇聚全球优质资源的开放高地、展现天府文化魅力的独特窗口。展望 2035 年,成都将全面建设成为具有显著影响力的国际门户枢纽城市。

《规划》强调,成都将优化城市中心区、新区、郊区新城的国际交往功能布局,积极引进国际顶尖资源,加强国际交流合作,以经济、文化、科技为主导功能,全面提升国别合作园区的合作水平,形成"3 + 6 + N"的国际交往新格局。具体来说,"3"代表国际交往核心区,包括经济、科技、文化三大核心区;"6"代表国别合作园区,包括中法成都生态园、中德中小企业合作园、新川创新科技园、中意文化创新产业园、中韩创新创业园、中日(成都)地方发展合作示范区;"N"代表多个国际交往聚集地,涵盖世界级旅游目的地、国际交流活动聚集地、国际时尚消费聚集地、国际贸易聚集地、国际博览及会议展览聚集地、国际体育赛事聚集地等。

第二,通过双向互动加强、"引进来"与"走出去"并举,深化国际交流合作面临挑战。

《规划》指出，成都需深度融入国际外交格局，主动寻求国家和省级部门支持，促进更多国家在成都设立领事机构和国际组织。同时，积极推动中国—欧洲中心的实体化运营，提升其专业化水平，吸引更多国家、机构和企业入驻，将其打造成为国际交往的展示窗口和信息中心。加强区域间外事合作，构建成渝两地与成德眉资①四市的外事交流合作机制，推动涉外平台互相开放，共同举办国际重大活动，承担更多国际外交职能。在全球友城提升工程方面，积极联系重庆和成都都市圈的友城资源，通过"多边友城"模式，建立10个以上国际友好城市和合作关系城市。利用城市规划馆或核心商业区等场所，建立国际友城交流和合作平台。借助国际友城市长创新论坛等城市合作平台，建立国际友城数据库，实时收集和共享友城信息。在开展广泛务实的国际交流合作方面，加强涉外管理服务，增强对重大项目引进、城市规划建设管理、重要城市营销活动等团组出访的支持，强化城市间的沟通交流，定期发布国际友城和目标城市的动态需求，建立沟通交流常态化和信息跟踪反馈机制，形成双向互动，深化国际交流合作。

第三，加强涉外优势资源的转化，吸引国际高端资源要素。

《规划》进一步加强了成都国际交往平台的赋能，加速拓展对外开放新优势，计划在更高层次、更广范围、更多领域参与国际合作与竞争，打造面向全国、连接全球的资源配置中心。打造多维度战略大通道体系，建设高效率枢纽体系等。值得注意的是，成都还将在建设多领域国际对外合作平台、多元化城市形象展示平台、开放型国际消费服务平台、高质量区域协同开放平台的同时，坚持以人民为中心的发展理念，加强涉外优势资源的转化，吸引国际高端资源要素，持续优化国际化营商环境，完善国际教育、国际医疗、国际化社区等设施和配套政策，助力构建"创新、开放、绿色、宜居、共享、智慧、善治、安全"的城市，推动国际交往环境体系的提质升级。②

---

① 指成都、德阳、眉山、资阳四个城市。
② 李菲菲：《成都将构建"3+6+N"国际对外交往新格局》，中国政务，2022年5月25日，http://zw.china.com.cn/2022-05/25/content_78236813.html。

第三节 西安国际交往发展态势考察

西安是中国历史上的第一个国际化大都市，曾经商品和文化交流兴盛。如今的西安，继承了丝绸之路的辉煌，积极回应国家全面开放的战略需求，不断强化国际交流与合作，抓住发展的机遇，在国际舞台上展现自信和开放的步伐。西安与共建"一带一路"合作国家有着深厚的友好往来历史，开放和包容是西安的天然属性，这一点始终未曾改变。[①]

近十年来，作为在先进制造业、对外开放、文化旅游一体化、科技创新等领域实现跨越式发展的国际大都市，西安正以崭新的面貌迎来发展的新里程碑。2013年，首列国际中铁快运"长安"货运列车从西安出发，为西安与中亚贸易往来提供了便捷的物流通道。2013年，西安首次接待国内外游客1亿多人次。2013年，西安首条直飞欧洲航线开通，西安综合保税区通过国务院联合检查组验收，标志着西安国际大都市建设进入新阶段。2014年，经过全面改造，西安城墙南门区对外开放。它已成为西安古风与现代魅力和谐共存的典范，成为彰显古都魅力的亮丽名片。2014年，韩国三星高端存储芯片项目在西安完成生产。2014年，西安的五处历史遗产，即汉长安城未央宫遗址、唐长安城大明宫遗址、大雁塔、小雁塔和兴教寺塔，正式列入联合国教科文组织世界遗产名录，预示着丝绸之路经济带的新起点。2016年西安城墙国际马拉松赛在西安城墙南门拉开帷幕，来自全球27个国家（地区）的3000名选手参加了比赛。2016年丝绸之路国际博览会暨第二十届中国东西部合作投资贸易论坛（ITFCEW）在西安举行。2017年，西咸新区划归西安市管辖，帮助城市拓展新的发展空间。2017年，西安至成都高铁全面投入运营。快速交通连接了中国西北和西南，同时促进了中国南北交通格局的变化，开创了中国西部发展的新格局。2017年，全球关键核心技术创新大会在西安拉开帷幕。2018年，西安获批建设国家中心城市。2019年，"2019东

---

① Hu Yiyi, He Yi, and Li Yanlin, "Urban Spatial Development Based on Multisource Data Analysis: A Case Study of Xianyang City's Integration into Xi'an International Metropolis", *Sustainability*, Vol. 14, No. 7, March 2022.

亚文化城中国西安活动年"在西安城墙南门外的瓮城拉开帷幕。2019年，西安成功当选为世界城市和地方政府联合组织（UCLG）的联合主办城市。2020年，西安地区生产总值突破万亿元，"6+5+6+1"现代产业体系逐步壮大，形成了电子信息、汽车、航空航天、高端装备、新材料和能源五大千亿产业集群。2021年，西安火车站改扩建工程竣工并投入使用，星形高铁网络基本形成。2021年8月，中欧班列长安号累计开行突破10000列。2022年，全球风险投资峰会在西安举行。①

2023年5月19日，习近平主席在陕西省西安市主持首届中国—中亚峰会并发表主旨演讲。他回顾了中国与中亚国家深远的友谊，并针对当前的世界形势和时代趋势，提出了关于构建中亚未来的"四点主张"，关于建立中国—中亚命运共同体的"四个坚持"，以及关于中国同中亚国家合作的"八点建议"。这些倡议为中国—中亚命运共同体的建设指明了方向，为地区乃至全球的和平稳定与发展繁荣注入了信心和活力。此次峰会上，六国元首共同讨论了中国与中亚五国合作的重大事宜，并共同签署了《中国—中亚峰会西安宣言》，并通过《中国—中亚峰会成果清单》，为中国—中亚关系的未来发展勾画了蓝图。这次峰会的成功举办，为中国与中亚的合作提供了新的平台，开启了新的前景，在中国与中亚国家关系发展的历史上具有里程碑的意义。②

一　西安国际交往的进展

西安地处中国的中心位置，是"一带一路"倡议的关键节点城市。自2013年11月首趟"长安号"国际集装箱货运班列从西安启程以来，以西安为起点的中亚班列和中欧班列贯穿中亚、辐射欧洲，形成了一条跨境陆路物流大通道，有效促进了共建国家之间的贸易交流。本地知名企业如爱菊、法士特、陕鼓等把握机遇，相继在海外设立合作园区，积极开拓国际市场，推动西安的核心产能走向世界。中亚班列直达哈萨克

---

① "International Friends Enjoy Romance in Xi'an, China", ChinaNews, October 20, 2021, https://news.cri.cn/20211020/5784c1aa-6429-eebf-8e8b-f3e6a0762a97.html.

② 习近平：《携手建设守望相助、共同发展、普遍安全、世代友好的中国——中亚命运共同体》，《人民日报》2023年5月20日第2版。

斯坦、乌兹别克斯坦、塔吉克斯坦、吉尔吉斯斯坦、土库曼斯坦五个中亚国家。中欧班列西欧线路通过欧洲的公路和铁路网络，实现了对西欧（荷兰、英国、比利时、法国、意大利、瑞士、丹麦）和中欧（捷克、波兰、斯洛伐克、奥地利）地区的全面覆盖。

西安举办和协办的重大国际活动多次展示了这座城市的东方文化魅力和现代发展活力，使其国际"朋友圈"不断扩大。除了重要的商贸和文化活动，西安的民间国际交流也日益活跃。西安市人民对外友好协会持续举办各类文化、体育、教育、科技等领域的民间交流活动，通过友好访问、纪念会、报告会、座谈会、研讨会、双边及多边会议、演出、展览和青少年交流等形式，加深了西安人民与世界各国人民的深层次交流。

西安正积极营造与国际接轨的发展环境，致力于成为国际化大都市。肩负着打造内陆改革开放新高地、推进全面创新改革试验、国家自主创新示范区和自贸试验区建设等重要国家使命，西安正朝着对外开放的道路阔步前进。未来，西安的国际影响力将迈上新台阶，展现出更加开放的姿态。[1]

近年来，浐灞生态区作为自贸试验区的一部分，其国际交流活动日益增多。2019年1月启用的西安"一带一路"贸易之家（以下简称西安贸易之家）正是浐灞自贸区为响应国家对陕西自贸试验区在探索"一带一路"经贸和文化交流新模式方面的重要任务而进行的积极尝试。利用自贸试验区的政策优势，贸易之家不只建立了展示和洽谈共建"一带一路"合作国家优质产品的平台，同时推广和介绍了各国的重点招商引资项目，促进了陕西与共建"一带一路"合作国家之间的交流与合作。[2]

西安贸易之家综合反映出丝绸之路起点陕西近年与共建"一带一路"合作国家在经贸合作、项目投资、友城搭建、境外交流、会议会展等多方位的整体成果。除了红酒，贸易之家长期展示着来自俄罗斯、白俄罗

---

[1] 高雅、姚义芬：《充分展示多元魅力 对外交往硕果累累 新西安 开放之姿面向全球》，国际在线，2018年10月8日，https://sn.cri.cn/n/20181008/277e7aa0-fed9-7d39-40ca-f6602bf64423.html。
[2] 崔春华：《西安浐灞自贸区：以贸易和人文交流共建"一带一路"》，中国（陕西）自由贸易试验区，2021年6月23日，http://ftz.shaanxi.gov.cn/pgfcg/pgfc/l3eIru.htm。

斯、格鲁吉亚、马来西亚、柬埔寨、韩国等30多个国家的4000多种特色商品，通过各类活动、资源对接等方式，推进西安企业与境外的贸易合作机会，极大地提高了国际投资贸易的便利性。浐灞生态区目前正全力以赴，扎实推进西安国际文化交流轴、"对外开放大通道"的建设，并逐步、稳定地探索推进陕西自贸区浐灞功能区的建设。谈及陕西自贸试验区浐灞生态区功能区在促进陕西与共建"一带一路"合作国家在经贸合作、项目投资等方面的努力和探索，时任陕西自贸试验区浐灞功能区管理局办公室主任宋彦佳表示："目前，浐灞生态区紧抓金融创新、人文交流、对外贸易、会议会展四个产业抓手，全力构建国际化发展大格局，打造内陆型改革开放高地。"[①]

西安领事馆区的建设，无疑是浐灞国际资源汇聚的最好平台之一。西安领事馆区累计吸引了欧盟亚洲中心（比利时）西安办事处、尼日利亚克里斯河州陕西商务中心、八达雁国际贸易中心等多家涉外机构入驻，推动了陕西与欧亚各国开展经贸合作、文化交流和高层互访，逐步成为"一带一路"建设的外交新窗口。此外，2020年第一季度，西安"一带一路"国际商务中心在云培训、云对接、云洽谈、云签约等方面发力，在加强互动交流、促进贸易投资合作等领域达成合作协议，表明了浐灞生态区坚持合作共赢理念，不遗余力创造条件给全球企业提供更多市场机遇、投资机遇、合作机遇，促进与共建"一带一路"合作国家的经贸往来和人文交流，助力世界经济战"疫"的浐灞担当。

"通丝路"陕西跨境电商人民币结算服务平台对接多家陕西农产品、有色金属等领域的企业，用金融手段支持企业发展，帮助企业宣传推广，助力陕西企业走向更大的国际市场。"通丝路"平台助力人民币畅行丝路，充分释放了陕西产品走向国际市场的底气和自信。

借助丰富的文化科教资源，西安大力推进浐灞生态区和西安与国内外城市开展合作交流，形成"引进来"和"走出去"双向合作通道。2019年，浐灞生态区加快"走出去"步伐：3月27日，举办中国（陕西）—白俄罗斯经贸合作暨中白工业园推介会，签订入驻陕西自贸区浐

---

① 韵竹：《多点开花擘画大西安对外开放新格局》，西安新闻网，2020年5月14日，https://www.xiancn.com/zt/content/2020-05/14/content_3587849.htm。

灞功能区协议；6月20日，举办2019中国西安浐灞生态区（伦敦）投资环境推介会；7月5日，举办中国陕西（西安）—阿塞拜疆经贸合作论坛；等等。一系列动作的背后，是浐灞生态区主动对接国家战略，稳住与"一带一路"共建国家经贸合作，大力拓展对外交流渠道，增强全球资源配置能力，深度融入全球城市网络，助推西安国际化大都市创建工作的信心和决心。

在"大西安"发展的三个核心轴线中，浐灞生态区被定位为大西安建设的国际文化交流轴的核心区域和东部新中心，肩负着重要的使命。作为大西安对外开放的前沿阵地，浐灞生态区正积极地融入"一带一路"倡议，全力构建西安国际会展中心、欧亚经济综合园区核心区、西安领事馆区、中国陕西自贸区浐灞功能区等国际合作交流平台。该区域成功举办了欧亚经济论坛、世界园艺博览会、一级方程式（F1）摩托艇世界锦标赛等一系列国际活动，提升了西安的国际知名度和美誉度，向世界展示了一个生态、现代、时尚的浐灞生态区。①

同时，浐灞生态功能区与区内的国家中医药服务出口基地西安中医脑病医院合作，制定中医药相关国际标准，在多个共建"一带一路"合作国家建立中医药诊疗中心，推动中医药治疗方案、中医药特色产品和中医药特色服务"走出去"，促进了中国传统文化的国际认同。2021年5月18日，国务院服务贸易发展部际联席会议办公室发布了全面深化服务贸易创新发展试点的"最佳实践案例"，其中浐灞自贸区培育的"中医药服务'走出去'新模式"入选。作为陕西自贸试验区的重要组成部分，浐灞自贸区自成立以来，依托区域发展资源和特色，积极探索"一带一路"人文交流新模式，成为地方参与国际人文交流合作的典范。在推动体育文化交流的同时，浐灞自贸区还创新性地开展国际线上"云洽谈"、组织"一带一路"红酒品鉴会、制作《驼铃传奇》秀丝路文化演艺品牌等活动，打造了多元化的国际人文交流平台。2019年，《驼铃传奇》荣获全球主题娱乐年度"杰出成就奖"和IAAPA铜环奖"最佳现场演出奖"两项国际旅游界权威奖项。借助融入共建"一带一路"的契机，浐灞自

---

① 韵竹：《多点开花擘画大西安对外开放新格局》，西安新闻网，2020年5月14日，https://www.xiancn.com/zt/content/2020-05/14/content_3587849.htm。

贸区依托区域丰富的文化底蕴和优良的生态环境，大力发展会展业，全力打造"世界眼光、国际标准、中国元素、西安特色"的高标准会展。2021年，第五届丝绸之路国际博展会场地首次使用了西安国际会展中心，全方位展示了浐灞自贸区的综合会展实力。同时，浐灞自贸区已连续成功举办了八届欧亚经济论坛，其永久会址也成功落户，成为浐灞自贸区人文交流国际化道路上的一块金字招牌。

西安浐灞生态区管委会相关负责人表示，未来浐灞自贸区将充分发挥以会带展、以展促贸的作用，为共建"一带一路"合作国家和地区在经济、文化等领域的沟通与交流搭建高端会展平台，助力国际对话、投资贸易、人文交流、金融合作，推动"一带一路"高质量发展。①

二 西安国际交往的机遇

近年来，西安致力于打造西部地区的对外交流中心，秉持着"引进来"和"走出去"的策略，通过各种交流活动、高层往来、论坛对话和工作访问等方式，结识国际友人，提升了西安在国际舞台上的交流水平。西安与众多友好城市和交流城市在贸易、投资、文教、旅游、科技等多个领域展开广泛合作，促进了人员交流和经贸合作，向世界展示了中国文化的魅力以及中外文化交流互鉴的成果。2019—2022年，西安不断增强自身影响力，主动出击，成功举办了多场大型外事活动，仅在世界城市和地方政府组织框架下就举办了9场活动。

2022年6月9日至10日，世界城市和地方政府联合组织亚太区执行局会议在西安召开，主题为"共建强劲、绿色、健康的未来城市"，这是西安首次承办该组织的机制性会议，吸引了来自17个国家的70个会员城市的120余位地方和区域领导人参加。2022年5月16日，2022"东亚文化之都"十周年西安音乐会在线上举行，为"东亚文化之都"活动增添了光彩，向东亚友邦传达了西安关于和平与友爱的热情。2019—2022年作为世界城市和地方政府联合组织主席团中唯一的中国会员城市，西安共参加了178场国际会议。西安还成为世界城市和地方政府联合组织文

---

① 崔春华：《西安浐灞自贸区：以贸易和人文交流共建"一带一路"》，中国（陕西）自由贸易试验区，2021年6月23日，http：//ftz.shaanxi.gov.cn/pgfcg/pgfc/l3eIru.htm。

领域纲领性文件《罗马宪章》的起草城市之一，有效展示了地方政府的治理能力，促进了在世界城市和地方政府组织中服务国家整体外交，传递了中国的声音。①

近年来，西安不断创新"走出去"的方式，积极开展在线交流，与全球各地人民相互支持、心灵相连、共同前行。截至2023年5月，西安拥有逾1万名外国留学生。自2019年起，西安市人民政府设立了"一带一路"留学生奖学金，每年提供5000万元资助。一方面，西安利用其教育资源优势，推动中华优秀传统文化走向世界；另一方面，鼓励国际友人讲述西安的故事，传播中国的声音。

2018年，尼泊尔前总理马达夫·库马尔·尼帕尔访问西安时，深情地分享了中国古代文殊菩萨如何拯救加德满都的传说、金城公主与尼泊尔尺尊公主的姐妹情谊、唐僧玄奘法师访问佛都蓝毗尼的故事。2022年"五一"期间，西安市国际专家顾问莫邦富在日本冈山县仓敷市举行的吉备真备纪念活动及高粱川流域艺术作品展上，动情地讲述了遣唐使吉备真备远渡重洋来到唐长安城学习，以及日本与西安千年交流的情谊。② 不仅是印度和尼泊尔，西安的国际友城巴基斯坦拉合尔也在讲述关于长安和唐僧玄奘的故事。在外事接待中，西安注重让文物、历史和文化发声，展现深厚的文化底蕴。

西安同样重视对不发达国家以及基础专业和职业教育的支持。例如，西安铁路职业技术学院开展的援外培训项目，特别是配合中国海外铁路建设的培训，受到了广泛欢迎。2017年，西安铁路职业学院举办了首届"一带一路"沿线国家铁路教育工作者研修班，吸引了来自俄罗斯、英国、加拿大、泰国、马来西亚5个国家的25名学员参加。2018年，西安铁路职业承担了中国路桥工程有限责任公司承建的肯尼亚蒙内铁路本土化技术人才培养项目，为184名肯尼亚籍学员提供了技术培训。2019年，西安铁路职业学院与泰国教育部曼谷职教中心共同设立"中泰轨道交通学院"，培养泰国本土化的轨道专业人才。2021年8月，中共西安市委外

---

① 《亚太区唯一，西安当选！》，《西安日报》2022年7月5日。
② 《讲好西安故事，传递中国声音》，澎湃，2022年7月9日，https://m.thepaper.cn/baijiahao_18944547。

事工作委员会办公室与西安交通大学联合主办了亚洲首个世界城市和地方政府联合组织地方行动港项目——全球青年领导力培训班和高级别青年对话论坛，吸引了来自16个国家47个城市的123名学员参加。2022年4月8日，由西安发起的世界城市和地方政府组织亚太区中文培训项目正式开班，以"汉语为桥，共筑未来"为主题，为全球中文爱好者提供了进一步了解中文世界、感受中华文化魅力的平台。2022年6月，"悦西安、阅中国"西安市第二届讲中国故事演讲比赛暨外事口译大赛复赛在线上举行，来自西安交通大学、西北工业大学、陕西师范大学等17所高校的26名中国选手和24名外国选手同台竞技，展现了西安的独特底蕴、宽广胸怀和独特魅力。参赛者分享了他们在西安的所见、所想、所悟，成为西安故事的发现者、品味者和传播者。

西安将继续讲好西安故事，传播中国声音。通过深入研究联合国可持续发展目标和挖掘西安市城市治理的重要经验，依托世界城市和地方政府联合组织服务国家整体外交，为中国在国际舞台上的发展争取更有利的国际环境，争取更广泛的国际合作交流平台和项目落地西安，全方位、多角度地将更多西安故事讲给世界，让世界看到西安不断更新的活力和朝气。[1]

第四节 郑州国际交往发展态势考察

郑州不仅是河南省省会，也是国家中心城市，是负责领导、发展和承担关键经济、政治和文化任务的几个城市之一。郑州作为全国高速铁路系统中的交通枢纽的实力将更加占据主导地位，将在国家通过连接国内外市场形成新发展模式的实践中发挥更大作用。

作为中国发展最快的城市之一，郑州受到的国际关注相对较少。在不到70年的时间里，郑州从小城镇崛起为特大城市，并发展成国际制造业、商业和物流中心。郑州近些年的快速发展，既令人印象深刻，又与众不同。以快速增长的电子商务跨境贸易和相关物流业为基础，郑州创

---

[1] 张端、周雨晴：《讲好西安故事 传递中国声音》，《西安日报》2022年7月9日第3版，http://epaper.xiancn.com/newxawb/pc/html/202207/09/content_119246.html。

建欧亚运输和物流中心以及国际商业之都的宏伟计划具有发展潜力。但由于郑州领先企业的嵌入性较弱，内生创新有限，这种发展模式的可持续性受到质疑。因此，郑州在国际交往工作中的治理创新和改革是必要的。①

作为中国最重要的交通枢纽之一，郑州在中欧班列的开通、运行方面发挥了很大作用，并不断取得新突破。2013年7月18日上午，首趟郑欧铁路特快列车从郑州出发，满载1681吨货物，横贯欧亚大陆，行驶10214公里，途经中国新疆维吾尔自治区、哈萨克斯坦、俄罗斯、白俄罗斯和波兰，到达目的地德国汉堡。通过这条路线运往欧洲的货物超过1300种，包括笔记本电脑、玩具、服装和鞋子、陶瓷用品、医疗设备、飞机制造材料、中药，甚至鲜花。运输回来的物品包括汽车整车、汽车配件、机电设备和零部件、谷物、石油、乳制品、饮料等。在中国，郑欧铁路快线以郑州为中心，在1500多公里的半径范围内发展了一个货物集散区，涵盖了长江三角洲、珠江三角洲、渤海经济圈和东北工业基地。从2013年郑州开行首列中欧班列至2023年10月，中欧班列（郑州）货物整合网络已覆盖欧洲、中亚和世界其他地区40多个国家的140多个城市。2022年1月27日，一列连接郑州和匈牙利布达佩斯的中欧班列开通，该班列载有机械配件、电子元件以及医疗卫生产品。这是郑州开通的首条通往布达佩斯的线路，也是2022年新的中欧货运路线。作为匈牙利最大的城市，布达佩斯是匈牙利的政治、经济和交通中心，也是"一带一路"倡议建设的重要物流中心。这条新运输线路将为匈牙利和邻国提供更便利的贸易服务，同时扩大贸易渠道，促进中国和欧洲的经济发展。下一步，以郑州为始发地和目的地的中欧班列将继续开辟新线路，提高运营频率和质量，逐步将物流通道转变为高速经贸通道。②

---

① Peng Qingxiu, Wang Yujie, "Study on the Path of Three – Chain Integration of the Logistics Service Industry in Zhengzhou", Mathematical Problems in Engineering, January 2022, https://www.hindawi.com/journals/mpe/2022/7465152/.

② "China: Zhengzhou International Logistics Hub (Previously: Zhengzhou International Hub Expansion)", Asian Infrastructure Investment Bank, https://www.aiib.org/en/projects/details/2022/approved/Zhengzhou-International-Logistics-Hub-Previously-Zhengzhou-International-Hub-Expansion.html.

一 郑州国际交往的发展

近年来,郑州进一步加强推进对外开放战略,并逐步转变为改革开放的前沿阵地,从而更加受到全世界的关注。其对外国际交往工作中的政治、经贸和人文交流不断得到加强,越来越有国际范儿。

中共郑州市委外事工作委员会办公室在市委、市政府领导下,坚持服务国家总体外交和全市开放大局,积极扩大国际友城范围,全面落实外事领域对外开放工作任务,加快推进对外交流合作,为郑州国家中心城市建设作出贡献。

1. 积极服务"走出去",扩大对外开放

第一,服务项目建设。助推国家中心城市建设,积极保障省市重点项目出访,服务了日产汽车、林肯电器、富士康等项目的合作。在中欧班列(郑州)启动、集装箱业务、铁路运邮、跨境贸易、场站建设、信息共享及投资成立合资公司方面,协助有关方面与哈萨克斯坦、英国、匈牙利等国达成共识。

第二,服务企业发展。立足郑州企业"走出去"的现实需求,积极推广 APEC 商务旅行卡[①],2013—2019 年累计办理 APEC 商务旅行卡 400 余张,进一步方便了外向型企业"走出去"开展业务。在符合政策的前提下,合理优化工作程序,较好服务了郑州国际陆港开发建设有限公司与哈铁货运快运(珠海)有限公司签订合作协议、与俄罗斯卢比孔封闭型股份有限公司签署战略合作框架协议,河南保税物流中心、河南福都贸易有限公司(福都保税)分别与匈牙利两家公司合作签约等,推动了欧洲消费品生产企业在郑州 E 贸易试点的"实际落地"。

第三,服务市民出行。积极开展海外领事保护宣传工作,2014—2019 年先后组织专题宣传活动 20 多场,发放宣传资料 3 万多份,持续提

[①] 亚太经济合作组织(Asia-Pacific Economic Cooperation,APEC)成立后,为加强内部合作,促进商务人员自由流动,菲律宾、韩国和澳大利亚于 1996 年 11 月在菲律宾 APEC 领导人非正式会议上发起 APEC 商务旅行卡计划(APEC Business Travel Card Scheme),倡议加入计划的经济体相互为其商务人员提供多边长期签证和快速通关便利。1997 年计划开始实施,中国于 2002 年正式加入该计划。参见《郑州市商务局参加 APEC 商务旅行卡宣介推广座谈会》,郑州市商务局,2019 年 12 月 9 日,https://swj.zhengzhou.gov.cn/swdt/2722925.html。

高市民的领事保护意识。通过中国驻外使领馆，切实为市民提供海外领事保护，帮助他们脱危解困，先后妥善处理了涉郑企业、公民海外领事保护事件20多起，依法维护了中国公民的合法权益。

2. 紧紧围绕"引进来"，深化合作交流

第一，围绕国家总体外交大局搞好服务。高标准完成"中国共产党的故事——习近平新时代中国特色社会主义思想在河南的实践之乡村振兴"专题宣介会实地参访和印度国大党、斯里兰卡自由党来访等党际交往活动。认真落实《中非合作论坛——北京行动计划（2019—2021年）》，与布基纳法索的首都瓦加杜古市签署了关于建立友好城市关系的意向书，从而开启了郑州与西非国家加强交流合作的新篇章。

第二，围绕郑州经济社会发展搞好服务。积极参与筹备、服务保障中国（郑州）国际旅游城市市长论坛、第十一届中国（郑州）国际园林博览会、第五届中国政党高层经贸对话、中国（郑州）国际少林武术节等重大国际活动。2019年以来，共接待境外来访团组59批1541人次。其中国宾级团组2批，省部级团组15批，市领导会见19批次，均得到外宾一致好评。

第三，围绕民生需求搞好服务。以方便市民百姓为导向，积极配合相关部门做好"引进来"工作，卢森堡飞行签证中心、香港特别行政区政府驻河南联络处等先后落户郑州。先后服务推动加拿大安格国际智慧康养中心、加拿大婴幼儿食品Baby Gourmet（贝贝美食家）中国总部等落户郑州，开通悉尼、温哥华等多条洲际客运直飞航线等。

3. 拓展国际"朋友圈"，深化民间交往

第一，努力扩大国际友好城市交流范围。

自1981年与日本浦和市缔结第一对国际友好城市至2022年，郑州市已正式缔结国际友好城市12个、与11个城市建立了国际友好交流城市关系，还与12个城市签署了缔结国际友好城市意向书。长期以来，郑州市坚持把这35个城市作为"走出去"的海外落脚点，积极开展多层级、宽领域的广泛交流。积极推动县（市、区）友城工作开展，推动新密市与意大利巴兰扎特市、巩义市与德国苏尔市、登封市与斯洛伐克布雷斯诺市建立友好城市关系。

第二，努力提升国际友好城市交流水平。

合作交流是建立国际友好城市的目的和国际友好城市的活力源泉。2017年9月第十一届中国（郑州）国际园林博览会期间，郑州共邀请了18个境外城市，包括7个友好城市在园博园设立了自己的展园。园博园开幕式期间，罗马尼亚克鲁日·纳波卡市、白俄罗斯莫吉廖夫市等友城派团参加了相关活动，白俄罗斯莫吉廖夫市和韩国晋州市先后被全国对外友协授予"对华友好城市交流合作奖"。

第三，努力提升在国际组织中的话语权和影响力。

郑州目前参加了世界城市和地方政府联合组织（UCLG）及世界历史都市联盟两个国际组织，在这些国际组织的举办的年会、国际论坛上，主题演讲、专题推介发出了郑州声音，讲好了郑州故事。成功申办世界城市和地方政府联合组织（UCLG）亚太区2020年换届大会在郑州举行，提高了郑州在国际组织中的决策参与权和话语权，扩大了郑州的国际影响力。

在最近三年的国际交往发展中，截至2023年年底，共有200家世界500强企业入驻郑州，其中境外500强企业数量达96家。仅郑州航空港经济综合实验区，就有19家国际组织机构和世界500强企业聚集落地，竞争力不断提升，对外开放的平台也更加坚实。2020年，卢森堡签证中心终于正式落户郑州北龙湖，从而填补了河南省内涉外机构入驻方面的空白。未来，其更可实现对欧洲申根区26国直签，大大提高了中欧之间人员往来便利化水平。通过上述友好城市资源，郑州市必将进一步扩大对外开放，进一步与外国的友好城市在经贸、文化、外交等多个领域开展系列交流合作。这也必将有效提升郑州的国际形象。

2021年，郑州持续拓展开放通道，对外开放体系高地也日益稳固。2021年，郑州对外贸易进出口总额5892.1亿元，增长达到19.1%，位居全国省会城市第五，持续保持领先。同时，全市跨境电商交易额达到1092.47亿元，同比增长17.35%，业务规模增长迅速。在积极"引进来"的同时，郑州也大胆"走出去"，持续优化对外投资。截至2022年8月，郑州市共备案及核准赴境外投资涉及美国、德国、俄罗斯、印尼等40多个国家（地区）。借助在"一带一路"上疾驰的郑欧班列，依托"空中丝绸之路"的国际货运航班，以及"买全球、卖全球"的跨境电商，郑州正阔步迈向国际化舞台：第六届全球跨境电商大会、第二届国际博物馆青年论坛、2023世界传感器大会等。从六七十年前只有5平方公里、14万人口的小县城，到如今频繁举行全球性会议的大都市，郑州快速跃进国际轨道，开始在世界舞台上显山露水，秀出风采。2021年，郑州与布基纳法索首都瓦加杜古市在第四届中非地方政府合作论坛上签署了建立国际友好城市关系协议书。该协议是自1981年以来，郑州市建立的第12对国际友城。除此之外，郑州还与其他20多个国外城市建立了友好联系。①

二　郑州国际交往的创新

郑州在拓展国际"朋友圈"方面不断创新。2021年11月，自郑州再次入选中欧区域政策合作中方案例城市以来，郑州市发展和改革委员会、郑州中欧区域经济合作中心积极沟通对接欧盟国际城市与区域合作项目中国办公室（IURC-China），进一步畅通沟通渠道、完善合作机制，不断深化与欧方案例地区城市的交流，积极探讨推进中欧多领域间的合作。2022年以来，中欧区域政策合作以"案例地区集中推介""绿色与智慧转型，文旅产业创新发展""循环经济与基于自然的解决方案""科技4.0、工业5.0及数字化创新""区域创新与智慧专业化战略""中欧可持续农业与农业食品体系"等多主题展开，郑州市发展和改革委员会、郑州中欧区域经济合作中心连续六次组织郑州相关单位、企业参加活动，郑州市农业农村工作委员会、郑州市文化广电和旅游局、郑州公用事业投资发展集团有限公司、中国联通郑州分公司、河南中远有机农业研究所有限公司等在相关专题研讨会上发言推介"郑州经验"，并向西班牙巴塞罗那、德国曼海姆、保加利亚索非亚等22个欧方案例城市地区传达合作意向。下一步，郑州市发展和改革委员会、郑州中欧区域经济合作中心将进一步深入推进中欧区域政策合作案例地区建设，发挥桥梁纽带和协调落实作用，充分调动衔接中欧双方经济合作需求，促进营商环境优化、优质资源整合和重大项目落地，积极拓展中欧经济合作交流深化和

---

① 《朋友圈不断扩容、登上世界舞台，"国际郑"实锤了！》，国际郑发展，2022年8月23日，https://baijiahao.baidu.com/s? id=1740315335835361616&wfr=spider&for=pc。

广度，为郑州国家中心城市现代化建设做出新的贡献。①

河南省的"双枢纽"建设在郑州—卢森堡"空中丝绸之路"的带动下取得了显著成效。截至2022年11月，郑州机场的货邮吞吐量增长了54.4%，年均增长率达到9.1%。其货运吞吐量和国际货邮吞吐量分别达到70.5万吨和54.5万吨，位居全国第六和第五，连续两年进入全球货运机场前40强。郑州机场已升级为4F级机场，年货邮吞吐量保障能力提高至110万吨，国际航空货运枢纽的发展潜力巨大。卢森堡芬德尔机场的货邮吞吐量增长了40.3%，年均增长7.1%，2021年达到112.5万吨，全球货运机场排名从第20位上升到第18位。郑州机场和卢森堡芬德尔机场开通的全货机国际航线已实现对全球主要经济体的全覆盖，货运保障能力位居全球前列。

与此同时，河南和卢森堡合作的领域已从航空物流扩展到经贸、金融、人文等多个领域。例如，"华夏文明之源——河南文物珍宝展"已在卢森堡成功展出，而卢森堡旅游签证（郑州）便捷服务平台为河南省及周边地区与26个欧盟申根国家的人员往来提供了便捷通道。随着河南和卢森堡两地多元化开放合作平台的逐步建立，双方的合作前景将更加广阔。②

第五节　武汉国际交往发展态势考察

在经济全球化的浪潮下，武汉作为长江经济带的核心城市，如何提升自身的国际化水平显得尤为迫切。2018年10月，武汉市人民政府印发《武汉市国际化水平提升计划（2018—2020年）》。规划明确指出：要抓住多重国家战略在武汉叠加的新机遇，努力将武汉建设成为"中部国际交通枢纽""国际经贸合作高地""国际交流中心""具有全球影响力的产业创新中心""国际人才聚集高地"。武汉在国际交流和居民生活方面

---

① 《扩大郑州国际"朋友圈"拓展中欧合作新领域——郑州连续六次组织参加中欧区域政策合作专题研讨会》，郑州市发展和改革委员会，2022年8月5日，https：//fgw.zhengzhou.gov.cn/work/6620007.html。

② 《郑州—卢森堡"空中丝绸之路"国际合作论坛将在郑州举行》，国际在线，2022年11月8日，https：//hn.cri.cn/20221108/cc6a2ab7-849c-5852-d9ba-113c841bcf53.html。

的竞争力相对落后于整体水平,这是提升城市国际化水平的一个不足。为了实现建设国际大都市的总体目标,武汉需要重点提升这两个竞争力,消除薄弱环节,以寻求国际化整体水平的提高。①

武汉新光谷未来科技城是一座拥有高密度智能化、朝阳产业和 30 万人口的现代化卫星城。这一科技城已经吸引了华为技术、中国台湾联发科技股份有限公司、德国电信股份公司、中国移动、蔚能全国总部及动力电池研究院、武汉未来技术创新研究院等项目。

2017 年 11 月 1 日,在时任联合国教科文组织总干事伊琳娜·博科娃(Irina Bokova)的支持下,武汉正式入选联合国教科文组织"创意城市网络"(UNESCO Creative Cities Network,UCCN)的"设计之都"。由此,武汉遂成为继深圳、上海、北京之后中国的第四个设计之城。在 11 月 21 日的授牌仪式上,时任联合国教科文组织文化事务助理总干事的弗朗西斯科·巴达兰(Francesco Bandarin)表示:"武汉当之无愧的入选是长期努力的结果。我希望武汉充分发挥其成员城市的作用,落实联合国 2030 年可持续发展议程,为创意城市网络做出应有贡献。"

2020 年 4 月,联合国教科文组织负责文化事务的助理总干事埃内斯托·奥托内(Ernesto Ottone)在接受联合国独家新闻采访时指出:"这座城市(武汉)可以在一夜之间解除封控,恢复有序的交通,帮助企业逐步走上正轨,但就疫情带来的更深层次的影响而言,它需要在文化和精神上重建。就设计而言,武汉是中国参与度最高的城市之一。我们共同致力于将创造力作为可持续发展的驱动力,武汉在这一倡导和努力中发挥了重要作用。"

武汉的创意产业蓬勃发展,已成为经济和社会发展的创新引擎。例如,专注于艺术与科技融合的武汉设计双年展已经广为人知。根据武汉市的数据,2018 年,武汉市规模以上文化创意企业收入达到 1417.8 亿元(222 亿美元),截至 2023 年上半年,武汉市共有规上文化企业 1022 家,比 2022 年四季度净增 96 家。自 2017 年入选"设计之都"以来,武汉将

---

① Wei Wei, Li Mengchen, Jiao Yongli, "Evaluation and Strategy of New-type Urbanization Policy Based on S-CAD Method-A Case Study of Wuhan, China", 4th International Symposium on Resource Exploration and Environmental Science, REES 2020, April 25, 2020.

每年的 11 月 1 日定为"武汉设计日"。设计日活动与武汉设计双年展共同发展设计文化和会展文化品牌。武汉市积极与联合国教科文组织"创意城市网络"中心成员城市分享发展经验，为建设现代化、国际化、生态化的武汉注入新动力，让市民享受高品质生活。[①]

2019 年武汉首届国际 15 秒活动在武汉市江汉区红 T 时尚创意街区举行。该活动是武汉设计双年展系列活动之一，活动主题为"设计，让江汉更精致"，旨在提供一个交流合作的国际化平台，不同国家的设计师进行了现场交流。这是为武汉设计双年展设计的一系列活动之一，用设计和新的愿景赋予创意产业力量。一个全新的融合、交流与合作的国际平台，有助于探索新的合作模式，搭建国际交流桥梁，共创美好未来。此外，武汉还实施了青年设计师培训计划，加大资金投入，重点支持列入"武汉设计之都系列活动项目"，加强国内外合作与交流，并积极申请举办联合国教科文组织"创意城市网络"大会。

在克服了新冠疫情的影响后，武汉的经济出现了强劲反弹。"十四五"时期，为了将工程勘察设计产业融入城市发展，武汉将充分利用联合国教科文组织"创意城市网络"提供的国际平台，大力发展设计之都，将自己建设成为工程勘察设计行业的特殊产业区、科技创新的枢纽，人才和中外交流中心。

一　武汉国际交往的进展

中共武汉市委十三届十次全会提出，以国家中心城市、长江经济带核心城市、国际化大都市为总体定位，加速构建全国经济中心、国家科技创新中心、国家商贸物流中心、国际交往中心和区域金融中心，致力于打造现代化的大武汉，为湖北省"建成支点、走在前列、谱写新篇"和全面建设社会主义现代化国家贡献武汉力量。

在对外开放方面，友好城市的建立是关键一步，为武汉经济发展提供了新动力。"十三五"时期，武汉市新增 8 个国际友好城市和 27 个国际友好交流城市，友城数量开始形成规模，友城关系网络初步建立。依

[①] Yuching Lee et al., "Sustainable Development Assessment of Cultural and Creative Industries in Casino Cities: A Case Study of Macao", *Sustainability*, Vol. 14, No. 8, April 2022.

托国际友城，武汉市还建立了百余个国际友好基层单位，如友好学校、合作医院、科研机构等。通过与日本友城大分市的合作，引进了亚洲最大的商业集团日本永旺，在武汉建立了3个大型购物中心。

2020年，武汉建立了"1+1+N"的新会展场馆体系，并启动了新展馆建设，在临空核心区打造集空、铁、港、城于一身的国际会展商务新城。2021年3月启动建设的武汉天河国际会展中心建成后，将成为中部最大、全国前三的会展中心。"十三五"时期，世界军人运动会、世界集邮展览等一系列国际知名赛事和会展活动相继在汉举办。

武汉市委十三届十次全会提出，将武汉打造成"数字丝绸之路"重要节点城市、内陆地区外资外企落户首选地。武汉更加深入地融入国际供应链产业链分工。自贸片区自正式挂牌以来，已建立起融入全球投资、贸易、创新的开放新体系。截至2020年9月，已有1000多家外资企业，百家世界500强在武汉自贸片区投资兴业。位于蔡甸区后官湖畔、长江和汉江交汇的"金三角"地带，规划面积达39平方公里的中法生态示范城成为武汉市可复制、可推广、可示范的城市建设标杆。

武汉克服疫情影响，外贸逆势上扬。2020年1月至11月，武汉外贸进出口总额达到2477亿元，同比增长13.8%，提前完成全年目标。持续向好的外贸等开放型经济重点数据展示了武汉开放型经济的强大韧性与发展潜力。自2020年以来，武汉积极落实"稳外贸"系列支持政策，营造良好的外贸发展环境。2024年1月，武汉市统计局、国家统计局武汉调查队发布数据，2023年武汉GDP达到20011.65亿元，按不变价格计算比2023年增长5.7%，进出口总值为6449.7亿元，同比增长5.8%，创历史新高。武汉海关出台了70条支持举措，进一步优化了通关环境。打造国际交往中心和对外经贸合作是重点。从全国来看，武汉本土企业参与国际分工的比重相对较低，尚未深度参与到"买全球、卖全球"的进程中。应当尽快利用"一带一路"倡议、自贸区改革等契机，实现武汉更加深入地融入国际供应链、国际产业链的分工中，从而加大整个经贸的开放程度。对于企业而言，需要快速转变战略思维，形成国际化产业链合作规划，充分利用武汉"数字丝绸之路"重要节点城市的优势，全面参与到全球科技创新竞争中。

武汉注重与全球顶尖艺术机构合作，并着力打造独具特色的城市名片。2021年1月1日，全外籍阵容的"环球艺术家节日交响乐团"将来到武汉，亮相琴台音乐厅的舞台。未来，琴台大剧院将与百老汇、伦敦西区、世界十大艺术剧团等一些全球顶尖表演机构开展更广阔的对话与合作。黄鹤楼作为武汉的一扇特色窗口，向世界展示了它的吸引力和影响力。2020年，"黄鹤楼"上了16次微博热搜，引起国内外主流媒体关注。《夜上黄鹤楼》成为"夜武汉"新的城市地标。"黄鹤楼夜间体验""夜上黄鹤楼""黄鹤仙子"等关键词成为全国乃至全球关注的焦点。

黄鹤楼频繁登上国际舞台，发挥文化影响力，搭建跨国度、跨语言的公共活动平台。《黄鹤楼神话传说》法文版亮相法国、中英文化交流周——两国青年曼彻斯特共筑"黄鹤楼模型"、法语歌曲大赛总决赛在黄鹤楼上演等。这些中外文化交流活动的成功举办，让更多外国观众见证了东方风采。法国萨玛朗德古堡公园、匈牙利费尔特湖景区、英国斯旺西市布拉格文剧院纷纷与黄鹤楼在文化、旅游、园林等方面开展交流合作。2018年，"中国—欧盟旅游年"灯桥点亮活动在黄鹤楼举行。千古名楼点亮"欧盟蓝"，架起一座象征着通往欧洲的灯光之桥。2019年军运会期间，410位各国政要走进黄鹤楼公园；近40个国家共5400余名运动员入园参观。未来，黄鹤楼公园将致力挖掘诗词文化宝藏，策划组织国际诗词活动，丰富旅游和文创内容，通过"科技+旅游"让园区游乐更加多元化，增强中外游客的体验感。[①]

二 武汉国际交往发展趋势

就武汉国际交往的趋势而言，应从吸引国际化人才和打造国际形象两方面来考察。从国际交流的深度与广度来看，武汉成为国际交往中心，还需要补足短板。华中科技大学经管学院教授陈波认为："武汉举办的国际性会议和活动层次还有提升空间，城市国际化配套软硬设施不够齐全，尚有成长空间。比如，可以继续加强国际人才社区建设，为国际人才创

[①] 《武汉加快打造国际交往中心，外国人在汉感受国际化水平高速发展》，澎湃新闻，2020年12月24日，https://m.thepaper.cn/baijiahao_10519578。

造更好的工作生活条件，进而吸引更多高层次人才。"①

武汉建设国际化城市要有国际化人才，以及对国际化"游戏规则"的掌握，对国际文化的全面包容和对世界作出贡献。国务院参事、中国国际关系学会经济外交研究会副会长、清华大学国际关系学系教授何茂春认为，武汉作为一个国际交往城市，可以加大对外宣传，讲好武汉故事、中国故事。武汉全球辐射能力是非常强的，我们要让全世界人民认识到这一点，才能够让他们把机构设在这里。武汉要提供最好的国际服务，包括通信服务、交往便利化服务等。武汉要有开放的自信心，两方面都要努力：第一方面是公关，第二方面是自己要做好。在海外的驻外机构中，都要有对口的联系单位，要和驻外的所有节点、国家使馆、代办处，以及国际组织机构设立信息平台、情感平台，要跟他们一一对接。武汉还要培训一批外交型尤其是经济型外交人才，他们善于讲故事，善于以各个文化、各个国家价值规则都能接受的方式讲好中国故事，讲好湖北故事，讲好武汉故事，扩大武汉在海外的影响。②

为了塑造城市的国际形象，武汉市制定了详细的规划和执行方案。2022年3月17日，武汉市人民政府发布了《关于培育建设国际消费中心城市的实施意见》（以下简称《实施意见》）。《实施意见》从多个方面入手，包括"打造武汉国际新名片""培育国际消费新品牌""布局消费场景新地标""畅通国际消费新通道""营造开放交流新环境"等，制定了一系列规划措施。武汉市发改委的相关负责人表示，《实施意见》旨在打造世界级的文旅观光、生态休闲滨水城市，国际化的时尚艺术、活力健康的大学城，以及全方位的数字生活、新型消费创新城市，构建一个引领中部地区、服务全国、连接全球的国际消费中心城市。这主要体现在以下四个方面。

1. 打造武汉国际新名片

《实施意见》提出，到2025年，武汉的社会消费品零售总额将达到

---

① 《武汉加快打造国际交往中心，外国人在汉感受国际化水平高速发展》，澎湃新闻，2020年12月24日，https://m.thepaper.cn/baijiahao_10519578。

② 《看武汉｜何茂春：建设国际交往中心 武汉的挑战和机遇（下）》，人民资讯，2021年7月27日，https://baijiahao.baidu.com/s?id=1706418601974603502&wfr=spider&for=pc。

9000亿元，外贸进出口总额将达到4700亿元，旅游总收入将达到2700亿元，入境旅游人数将达到130万人次，展会节庆活动将达到800场次；到2030年，社会消费品零售总额将达到15000亿元，外贸进出口总额将达到7500亿元，旅游总收入将达到4000亿元，入境旅游人数将达到350万人次，展会节事活动将达到1000场次。

《实施意见》明确指出，武汉将依托其滨水城市的特色，构建"大江大湖＋消费"的格局。重点建设两江四岸、东湖生态绿心等滨水文旅展示区，打造成世界知名的文旅观光、生态旅游目的地。同时，依托大学城的优势，释放"大学＋消费"的活力，激发"青年＋消费"的潜力，建设一系列创意空间，创新培育一批消费业态。此外，依托创新城市的定位，促进"数字＋消费"的发展，推动数字经济转型，加速建设全国数字经济一线城市，促进新一代信息技术与零售消费的高效融合。

2. 培育国际消费新品牌

提高"购在武汉""乐玩武汉"知名度。《实施意见》指出，要培育国际消费新品牌，提升"购在武汉"和"乐玩武汉"的全球知名度。通过聚焦优质商品和服务，培养"汉派"消费品牌，加快发展先进制造业和战略性新兴产业，打造世界级产业集群。这包括提高本土汽车品牌的知名度，突破性发展新能源汽车；培育光电子行业的领军企业，稳步扩大智能终端的产量和消费规模；提升生物医药行业知名企业的品牌美誉度，创新发展大健康消费。同时，提升商贸服务品质，增强免税店、自贸区、综保区、跨境电商综试区、国家进口贸易促进创新示范区等开放性平台的功能，培育10个以上电商直播基地。《实施意见》还提出加强会展服务和设计服务水平，发展零售新业态，鼓励品牌数字化升级，推进便利店均衡发展，打造100个"一刻钟便民生活圈"。武汉还将建设知名景区品牌，打造100个网红打卡地，打响"夜江城"夜游品牌，发展夜游相关消费，打造10条知名"夜游江城"线路和一批大型文旅综合体。培育体育消费，加快体育消费集聚区建设，发展时尚运动项目和延伸体育消费项目100个。完善养老服务体系，释放银发经济，开发适老化技术和产品，引进高品质养老服务机构，积极创建示范性老年友好社区。

在布局消费场景新地标方面，武汉将加快消费载体提质升级，构建品质高端、功能完善、层次分明、形式多样的国际消费场景，增强"货到汉口活""货经汉口活"的城市底色。以城市"山水十字轴"为核心，构建百里长江生态廊道，建设武昌古城、汉阳古城、汉口历史风貌区，形成世界级历史人文旅游集聚展示区。提升打造月湖片、汉阳龟北片、归元片，建设黄鹤楼城市地标等一批文旅购物消费承载地，形成精致互补的消费功能区。武昌地区以环东湖片为核心，打造滨水旅游消费核心区。汉口地区以黄陂天河片为核心，加快打造面向全球的特色型空铁枢纽免税旅游消费集聚地、国际化消费集聚区。汉阳地区以环后官湖片为核心，打造生态宜居消费新区。围绕以武鄂黄黄（武汉新港、鄂州三江港、黄石新港、黄冈团风港）为核心的武汉都市圈，将武汉新城打造成为引领武汉都市圈高质量发展、支撑长江中游世界级城市群建设的重要极核。支持长江新区打造世界级滨水城市形象展示区。

构建多元包容消费空间，提升航空路、中南中北等 6 个商圈建设水平，形成一批国际一流商圈。推动江汉路步行街、光谷步行街、楚河汉街等重点商业步行街业态提升，打造高品质步行街。加快打造花园道、K11 广场等 11 条特色街区。推进武商梦时代、武汉华联（SKP）等一批大型商业综合体建设运营，打造新型标杆式购物中心。

3. 畅通国际消费新通道

力争轨道交通运营里程达 850 公里。以建设国际综合交通枢纽为抓手，高标准建设现代高效的综合交通网络、流通体系和国际物流中心。建设国际综合交通枢纽。构建链接全球航空运输大通道，完善武汉空中通道体系，发展客货中转业务，推进机场扩容升级，加快形成天河机场、花湖机场国际航空客货运双枢纽。构建通江达海水运大通道，提升港航基础设施建设水平，提升武汉长江中游航运中心集散能力。构建内畅外联陆运大通道，扩大中欧班列服务范围，力争打造中欧班列中部集结中心。建设"米字形"高铁网络，加强都市圈城际铁路延伸对接，加快建设"轨道上的都市圈"。提升公路快速连通水平，推动武汉都市圈出行直连直通直达。打造"世界级地铁城市"，力争到 2025 年，城市轨道交通运营里程达到 600 公里。构建现代物流供应体系。全面提升枢纽经济能级，大力发展临港、临空、高铁经济，加快创建"五型"国家物流枢纽，打造国家物流枢纽经济示范区。

4. 营造开放交流新环境

以提升城市国际化水平为目的，加大对外开放交流力度，拓宽国际消费合作领域，打造国际化、快捷化、舒适化的消费环境。实施外籍人士"家在武汉"工程，完善涉外医疗机构、外籍人员移民事务服务体系配套，规范建设服务场所多语种标识，建设国际化社区，提升武汉国际化服务水平。积极参与国际双边多边交往，每年举办5场以上重要外事活动。实施"友城常青"工程，每年开展15项友城重点交流项目，拓宽对外开放交流。强化区域消费联动。深化武汉都市圈城市在重点消费领域合作。推进省域消费联动，形成错位竞争、合作配套的区域消费新格局。推动长江中游城市群产业分工协同，推动消费产业共育共通，支撑长江中游城市群建设世界级城市群。①

第六节　南宁国际交往发展态势考察

南宁市作为全国五个自治区首府中唯一一座兼具南方特色和沿海开放特质的城市，四季常绿、花开不断，是一座融合美丽景色、丰富色彩和亚热带景致的绿色都市。南宁市地处中国南部和西南地区与东南亚经济圈交汇处，是北部湾经济区的核心城市。南宁市地理位置优越，距离钦州港、防城港和北海港分别只有104公里、173公里和204公里，临近越南边境的东兴市和萍乡市距离分别仅为204公里和230公里。同时，南宁靠近湘桂、秦桂、黎湛和南昆等铁路线，是西南地区重要的铁路交通枢纽。此外，南宁毗邻江岸，甬江作为西江的支流和珠江的主要干流，西江航运干线双线船闸全面贯通使内河航运能够支持1000吨级驳船直达香港和澳门。②

作为广西壮族自治区的首府和政治、经济、文化中心，南宁是中国距离东盟最近的省会城市，是中国面向东盟开放合作的枢纽城市。2022

---

①　吴疃、周钢、张林林：《武汉集智聚力培育建设国际消费中心城市》，《长江日报》2023年3月19日第1版。

②　Xiao Zhixiang et al.，"Urbanization in an Underdeveloped City—Nanning, China and its Impact on a Heavy Rainfall Event in July"，*Earth and Space Science*，Vol. 7，No. 4，April 2020.

年，南宁市进出口总额增长22.9%。同期，南宁五圩国际机场共开通了11条国际航空货运航线，总吞吐量达7.31万吨，是2021年的两倍。机场海关还简化了工作流程，以便在一小时内清关运往东盟国家的货物。此外，2022年在南宁和河内之间运行的跨境集装箱列车数量为265列。截至2023年12月，中国（广西）自由贸易试验区南宁片区累计注册企业数量达到5.76万家，而在中国—东盟金融城落户的金融机构数量累计497家。

作为中国与东盟开放合作的前沿阵地，南宁不断扩大其国际"朋友圈"。2022年，南宁市与越南北宁和北江签署了新的国际友好协议。该市已与26个海外城市建立了友好城市关系，并与另外40个海外城市保持着友好关系。未来，南宁将启动中国—东盟跨境一体化产业发展合作区建设，努力成为面向东盟成员国的科技创新中心。

南宁市文旅产业规模持续扩大，文化产业年增加值约占全区的1/3，该市正在努力建设一个面向东南亚国家联盟（东盟）的国际消费中心。作为向东盟合作开放的区域性国际大都市，南宁市的文化和旅游市场正在激增，旨在发展成为高质量的国家文化和旅游消费示范城市。截至2023年3月，南宁市拥有11家广西文化产业龙头企业，6家南宁市文旅服务业龙头企业，132家文化产业示范基地（园区）。全市还拥有国家3A级以上旅游景区96个，区域旅游示范区10个，星级酒店36家。此外，南宁市还有一个国家休闲街区，以及一个旅游标准化示范区。2022年，南宁被评为广西全域旅游示范市，旅游人数和旅游收入均居广西首位。作为2023年广西文化旅游发展大会的主办城市，南宁利用这一机遇，推出一批具有城市特色的重大文化和旅游项目。2023年前三季度，南宁市接待游客1.23亿人次，实现旅游收入1353.33亿元。[①]

一 南宁国际交往的现状

要总结南宁市在国际交往方面的现状，不得不提及其与东盟国家的关系。南宁不仅是中国距离东盟最近的省会城市，而且是中国—东盟合

---

① 《文旅融合不断创新 绿城魅力持续释放》，广西壮族自治区人民政府，2023年11月21日，http://www.gxzf.gov.cn/gxyw/t17488321.shtml。

作的枢纽。南宁市致力于稳定外贸,扩大开放,加快建设跨境快速物流通道,为第19届中国—东盟博览会和中国—东盟商务与投资峰会提供高质量服务,并推动中国(广西)自由贸易试验区南宁片区的提档升级,从而构筑"南宁渠道"的新优势。此外,2023年2月,南宁市代市长侯刚表示,南宁市将启动中国—东盟跨境产业融合发展合作区的建设,以五象新区为主体,力求打造面向东盟的生产性服务业高地和科技创新中心。

2022年,南宁外贸进出口总值达1510.1亿元,同比增长22.9%。南宁市吴圩机场的国际货运航线达到11条,国际货邮吞吐量达到7.31万吨,增长了两倍以上,机场口岸出口货物实现了1小时内通关。南宁国际铁路港开行了265列南宁至河内的跨境集装箱班列,初步实现了中国南宁至越南北宁、北江铁路24小时、公路12小时"厂对厂"通达。南宁市将新能源汽车及零部件、电子信息、金属及化工新材料、铝精深加工等产业列为重点产业,加快培育。2022年,该市引进了附加值高、产业链长、绿色智能的太阳纸业等一批百亿元项目,总投资超过800亿元,中国(广西)自由贸易试验区南宁片区新设立企业达到1.64万家,中国—东盟金融城新增金融机构(企业)126家。

作为中国向东盟开放合作的前沿和窗口,南宁市以东盟国家为重点,不断拓展国际"朋友圈"。2023年,南宁新增了越南北宁、北江两个国际友好交往城市。截至目前,南宁市国际友城总数已达到27个,6个东盟国家在南宁设立领事馆。南宁的优势在于开放,潜力也在于开放。2022年,南宁围绕建设面向东盟开放合作的国际化大都市总体目标,加快打造面向东盟的国际交往中心、先进制造中心、科技创新中心、服务贸易中心、交通物流中心、国际消费中心"六个中心"。

《南宁市国土空间总体规划(2021—2035年)》提出,南宁将依托平陆运河建设,加快东部新城开发,加快建设面向东盟和共建"一带一路"合作国家新能源汽车产业集聚区的重要基地,着力打造向海经济先行示范区。同时,布局电子信息、先进装备制造等跨境产业,支持更多企业通过"一企两国两厂"的模式推进产业链供应链分工互补。南宁将推进比亚迪45GWh电池、汽车综合测试场等项目建设;加快推进瑞声科技南宁系列项目、世纪创新智慧显示二期等重大项目建设;加快建设铝精密加工、铝铸造、再生铝三大专业产业园；打造轨道高端装备产业链，规划跨境物料处理装备产业园，推动美斯达重工"灯塔工厂"及配套项目加快建设等。南宁市将在更广领域扩大开放合作，提升"南宁渠道"的竞争力、影响力、辐射力，加快建设南宁—越南河内经济走廊，打造中越跨境物流快速通道，支持本土企业到越南投资建设场站、物流园区等物流基础设施，力争尽快恢复中越跨境公路"直通车"，推动国际铁路港常态化开行南宁至越南快速通关班列。①

二 南宁国际交往的未来

在未来的国际交往中，南宁市重点围绕深度参与共建"一带一路"高质量发展，聚焦西部陆海新通道建设，发挥在广西构建的"南向、北联、东融、西合"全方位开放发展新格局中的龙头作用，使"南宁渠道"越来越畅通，展现出新的开放活力。南宁将重点打造"东盟牌"，助力中国—东盟博览会和中国—东盟商务与投资峰会的发展升级，构建面向东盟的"一带一路"开放合作新高地。南宁的发展优势在于其地理位置，开放潜力巨大。截至2023年南宁已成功举办了20届中国—东盟博览会，推动了中国与东盟各国之间的经贸合作、交流沟通和会晤磋商，使"南宁渠道"在服务国家内政外交中发挥越来越重要的作用。南宁的开放平台不断深化，中国—东盟信息港南宁核心基地已累计完成43个项目；面向东盟的金融开放门户核心区正在加速建设，中国—东盟金融城已累计入驻275家金融机构（企业）；2023年中国（广西）自由贸易试验区南宁片区年内新增企业1.13万家，增长341%，占广西三个片区同期增量的72%。南宁市于2019年开始引进汽车产业，现已经引进合众汽车、天际汽车、吉利汽车、恒大汽车等，整车企业带动的新能源汽车产业链正在加速形成，以瑞声科技为龙头的智能终端产业链初显成效，电子信息制造业产值占广西比重超过一半。南南铝的高端铝合金材料已成功应用于航空航天、轨道交通、汽车轻量化等领域，并达到国际先进水平。南宁工业从改革开放初期的"一根火柴、一块肥皂"发展到现在的"南宁

---

① 《南宁深化与东盟国家产业链合作 国际"朋友圈"持续扩大》，中国新闻网，2023年2月13日，https：//www.chinanews.com.cn/cj/2023/02-13/9952795.shtml。

地铁南宁造、南宁汽车南宁造、南宁产品上航天",实现了产业的飞跃发展。

南宁积极深化与共建"一带一路"合作国家（地区）的合作,致力于实现高水平的"引进来"和高质量的"走出去"。2020年,该市的外贸进出口总额达到986亿元,五年间年均增长率为22%。同时,签订了203个"三企入桂"项目,总投资额达3520亿元。2021年的前五个月,"行企助力转型升级"签约项目达到84个,总投资额为839.66亿元。作为中国距离东盟最近的省会城市,南宁是中国对东盟开放合作的前沿和窗口。

"十四五"规划时期,南宁市将持续提升"南宁渠道"的功能,努力增强开放发展的新活力。南宁市将充分利用自身的独特优势,找准面向"一带一路"和东盟市场的比较优势,积极参与东盟国家、大湾区、西部陆海新通道沿线区域的产业分工,构建以"大湾区—南宁—东盟"和"欧盟—川渝—南宁—东盟"为主的跨境产业链、供应链、价值链,打造双循环产业链的重要铆接点。随着中国与东盟关系进入全方位发展的新阶段以及RCEP的正式签署,南宁在国家构建新发展格局中的战略地位日益凸显。南宁将推动开放型经济的高质量发展,努力成为中国企业进入东盟市场和东盟企业进入中国大陆的产业投资聚集地、贸易往来结算地、科技创新支撑地、生活服务保障地。[1]

把特色水果卖到全世界是南宁外贸成绩单上亮眼的一笔。这得益于近年来南宁深度融入"一带一路"建设,积极参与西部陆海新通道建设,推动"南宁渠道"加快升级。2020年,南宁市还正式印发实施《南宁市建设西部陆海新通道实施方案》,加快布局建设南宁国际铁路港、南宁农产品交易中心等一批重大物流项目,培育一批具有国际竞争力的大型物流企业,推动物流集聚发展；同时,在促进通道与产业融合发展、扩大开放及营造良好环境上下足功夫,带动相关国家和地区共商共建共享陆海新通道。南宁作为中国—东盟博览会永久举办地,与东盟国家陆海相邻,区位优势突出,综合交通发达,拥有发展现代物流产业的独特条件

---

[1] 《南宁打"东盟牌"打造服务"一带一路"开放合作新高地》,光明网,2021年6月29日, https：//m.gmw.cn/2021-06/29/content_1302381497.htm。

和良好基因,也是"一带一路"倡议有机衔接的重要门户枢纽城市,可以说是一湾相挽十一国,良性互动东中西。

2022年,南宁市举办的"南宁国际友城进东博"活动紧密围绕RCEP主题,打造了以南宁国际友城特色商品为核心的特色展区,并首次在展区内设立了RCEP商协会专区。共有24家由各国际友城和商协会授权的企业入驻展区,参展的商品包括特色食品、日用化工、厨具、工艺品、乐器、营地研学、生物制药、医美护肤等近百种,展位数量和展品内容的丰富程度均创下历年新高。除了商品选购,展区还设有城市露营、手工制作、试吃试饮等多样化活动。

南宁市在中欧班列运行方面也作出了重要贡献,助力了"一带一路"建设。2023年1月12日,搭载平地机、装载机、压路机等重型机械的X9132次中欧班列从南宁国际铁路港出发,驶向乌兹别克斯坦塔什干,这是广西当年发出的首趟南宁始发中欧班列。得益于广西和新疆两地的跨关区"铁路快速通关"模式,货物在南宁国际铁路港完成一站式报关查验后,可在阿拉山口口岸直接通关。这一模式进一步提升了中欧班列的通关效率,缩短了整体运输时间,降低了企业的综合物流成本,增强了企业通过中欧班列运输货物的信心。2023年南宁始发的中欧班列从每月开行1列增加到每月开行3列。[1]

随着"南宁渠道"越走越开阔,南宁积极融入"一带一路"建设,加快建设面向东盟开放合作的区域性国际大都市的步伐更加坚实,不断开拓对外开放新局面,谱写高质量发展的新篇章。[2]

第七节　昆明国际交往发展态势考察

昆明市是云南省省会,是中国西南部最重要的城市之一,位于大湄

---

[1] 徐海涛:《广西开行2023年首趟南宁始发中欧班列》,中国一带一路网,2023年1月13日,https://www.yidaiyilu.gov.cn/xwzx/dfdt/302065.htm。

[2] 《南宁深度融入"一带一路"建设 释放出开放新活力》,广西壮族自治区人民政府,2021年2月18日,http://www.gxzf.gov.cn/mlgxi/gxjj/gxydyljs/t7980387.shtml#:~:text=%E5%8D%97%E5%AE%81%E5%B8%82%E5%9B%B4%E7%BB%95%E6%B7%B1%E5%BA%A6%E8%9E%8D,%E6%94%BE%E5%87%BA%E5%BC%80%E6%94%BE%E6%96%B0%E6%B4%BB%E5%8A%9B%E3%80%82

公河次区域（GMS）的东北部。昆明四季鲜花盛开，树木常青，素有"春城"和"花城"之称，是生活、娱乐、度假和旅游的理想之地。昆明已逐渐从一个边疆小城发展成为中国西部的中心城市之一。其区位优势使其成为东亚大陆地区、中南半岛地区以及南亚次大陆地区之间贸易往来的陆地中心枢纽，尤其是对缅甸、老挝和泰国而言。具体来讲，在其东部，连接着贵州省和广西壮族自治区，从而延伸到大海；在其北部，连接四川和重庆，从而通往中国中部；在其南部，连接了越南和老挝，从而提供了通往泰国和柬埔寨的路线；向西连接缅甸，从而成为通往印度和巴基斯坦的路线。自改革开放以来，昆明已逐步发展成为引领云南中部城市群的区域性特大城市，成为东南亚贸易往来的桥头堡和中国唯一面向东盟的大都市，甚至成为中国通往中东、南欧和非洲的大门。

昆明与南亚和东南亚城市的文化交流不断深化：昆明与尼泊尔博卡拉、缅甸曼德勒、马来西亚古晋南部等友好城市的对外文化交流不断加强。在过去几年里，昆明市民族歌舞剧院已经在澳大利亚、日本、印度尼西亚、菲律宾、泰国、肯尼亚、南非、巴拿马、哥斯达黎加和巴西演出。通过文艺表演充分展示了昆明友好可亲的城市形象，极大地提升了昆明的国际影响力。

自改革开放以来，昆明基础设施建设得到推进，城市发展步伐加快，城乡一体化建设取得新进展。在过去的四十几年里，昆明的航空业建设取得了飞跃性进展。1978 年，将昆明定为最终目的地的航空公司不到十家，昆明机场当时被定为军民两用机场。但现在，昆明长水国际机场已成为中国第五大门户航空枢纽，仅次于北京首都国际机场、上海浦东国际机场、广州白云国际机场、成都双流国际机场，连接欧洲和亚洲、中国和东南亚以及南亚。昆明物流基础设施的发展极大地支持了当地企业开拓国际市场。早在 1978 年，物流基础设施还未开发。然而，经过 40 余年的蓬勃发展，昆明现已在老挝、缅甸和中国香港设立了海外物流公司，并正凭借其国际物流优势融入"一带一路"倡议。中欧班列（昆明—成都—波兰国际快速铁路）于 2015 年开通，目前已投入运营，2023 年 4 月 13 日，首开中老铁路国际旅客列车，昆明至老挝万象实现朝发夕至。①

40余年来，昆明重点加强了商贸、科技创新、金融服务和人文交流，成为国际化的区域综合枢纽。此外，昆明凭借其独特的气候、宜人的天气、如画的风景和高原湖畔的生态环境，一直推动其健康的城市建设和旅游业，打磨和闪耀其"春华之都"的形象。昆明是一座拥有3万年人类生活历史的著名文化名城。一代又一代人从昆明取水，定居在这片土地上，书写着他们永恒的传奇。

昆明一直是东亚大陆和中南半岛之间贸易和经济交流的中心枢纽，无论是两千年前，还是改革开放后的今天。随着"一带一路"倡议、长江经济带战略、孟加拉国—中国—印度—缅甸经济走廊和中国—东盟自由贸易区的不断发展，昆明已经从一个对外开放的边疆地区转变为改革开放的前沿地区。2022年，昆明对外贸易额为1997.4亿元，同比增长16.4%，其中，出口946.4亿元，同比增长1.2%，进口1051亿元，同比增长34.6%。昆明市商务局推出保持外贸稳定的政策工具。采取的措施包括建立跨境电商综合试验区，探索将"市场采购贸易、跨境电商、外贸综合服务、保税物流"融合的新业态。制定出口二手车的配套政策，执行国家级进口贸易促进创新示范区的建设规划，新建RCEP（昆明）国际博览中心，推动中老铁路跨境电商的发展。此外，加快磨憨进口贸易促进创新示范区的建设，重点发展轻工业产品加工制造、医疗保健、仿制药等跨境服务行业。将中国老挝磨憨—磨丁经济合作区打造成RCEP合作示范区。

根据云南省人民政府发布的《云南省"十四五"现代服务业发展规划》，昆明将被塑造成一个区域性的国际现代服务中心。云南省将重点挖掘昆明的历史和旅游资源，并促进其与南亚和东南亚国家的国际物流联系。合作也是提升城市技术实力的一个重点。昆明市在其重点产业中取得了300项国际国内先进科技成果，并向其他国家转让了50项技术。它还与全球100多所大学和研究机构建立了合作关系，拥有454个院士和专家工作站。

---

① Li Yunfen, Wang Hao, Yang Shuai, "Research on Kunming Smart City Development Based on TOPSIS Model", IOP Conference Series: Earth and Environmental Science, Vol. 440, No. 4, 2020.

昆明国家高新技术产业开发区是该市著名的工业区之一，不仅吸引了更多的项目和企业，而且更加重视创建一个更健康、可持续的投资生态系统。2021年，开发区引进了155.3亿元人民币（24.4亿美元）的市外资金；实际利用外资4466万美元。2022年，开发区实际利用外资2136.39万美元。到2025年，云南服务业增加值预计将占国内生产总值的50%，服务业将贡献其经济增长的一半，成为推动全省产业升级和高质量发展的重要支撑。[①]

一 昆明国际交往发展的劣势

昆明市在国际交往方面的不足主要表现在经济管理体制、人才引进、对外贸易、跨境电商物流体系等方面。针对这些问题，昆明市委出台了相应的解决方案。2022年6月7日，昆明市委常委会会议审议并原则通过了《昆明市主动对接RCEP促进开放平台发展提升对外开放水平三年行动方案》（以下简称《方案》）。《方案》提出，未来三年，昆明将通过实施管理体制优化、货物贸易扩大、服务贸易提质、区域跨境产能合作、营商环境优化等行动，推动全市在更广范围、更深层次构建对外开放新高地，将昆明建设成为面向南亚东南亚的辐射中心核心区和国家区域性增长极。

为全面提升全市对外开放水平，昆明市从优化开放型经济管理体制、加强外向型人才支撑体系两方面入手。成立昆明开放型经济发展领导小组，由市委、市政府主要领导担任双组长，市政府分管领导担任副组长，统筹指导全市开放型经济发展和经济功能区建设。领导小组下设办公室和专项小组，建立部门和各县（市）区、经济功能区的协作机制，定期召开联席会议，研究部署开放型经济工作，共同推动RCEP等贸易协定落地实施。

此外，昆明市还加大引进新型贸易高端人才的力度，加强外向型人

[①] "China's Top Flower Market Kunming Sees Robust Trade Growth", GlobeNewswire, June 20, 2022, https://www.globenewswire.com/news-release/2022/06/20/2465576/0/en/China-s-Top-Flower-Market-Kunming-Sees-Robust-Trade-Growth.html；《昆明高新区2022年主营业务收入超3000亿元》，昆明市人民政府官网，2023年2月6日，https://www.km.gov.cn/c/2023-02-06/4663761.shtml。

才培养，通过专题培训和国际交流活动等方式，推动干部队伍的思维方式、知识结构等重塑，打造具有国际视野、开放思维和专业能力的外向型干部队伍。

在货物贸易扩大行动方面，昆明市通过扩大货物贸易规模、提升要素配置能力、加快发展外贸新业态新模式、利用好会展平台、提升通关便利程度等措施，扩大对外贸易。深耕东盟国家市场，挖掘与日韩澳新贸易潜力。推动和扩大优势产品进出口，提升电力交易中心辐射能力，扩大与周边国家电力交易范围和规模。支持自贸试验区昆明片区在螺蛳湾片区建设国际贸易企业聚集区，全面开展"一平台，八中心"建设。支持跨国公司设立区域性功能性总部，发展壮大一批本土跨国企业和国际供应链服务商，打造面向东盟、辐射全国的生产资料和中间产品集散基地。

同时，昆明市将发挥跨境电子商务综合试验区示范带动作用，加快推进跨境电商平台建设，推进跨境电商与跨境物流深度融合，完善跨境电商物流仓储配送体系。探索发展新型跨境易货贸易、离岸贸易等业态模式，促进传统外贸和新业态、新模式融合发展。鼓励支持符合条件的县（市、区）申报国家进口贸易促进创新示范区。

《方案》支持企业赴 RCEP 国家举办或参加各类经贸展洽活动，推动增设 RCEP（昆明）国际博览中心，设立 RCEP 成员国国别展示中心，培育一批面向 RCEP 区域的进口商品直销平台和国别商品交易中心。此外，昆明市将为企业提供 RCEP 成员国最优关税查询服务及最优关税税率智能筹划，探索强化国际邮件、跨境电商、国际快件"三合一"集约式监管。

在服务贸易提质行动上，昆明市通过深化服务贸易合作、积极发展特色服务贸易、加快发展数字贸易、便利自然人临时移动等措施，提升全市服务贸易水平和质量，大力发展与货物贸易相关的金融结算、保险、融资等金融服务，持续丰富跨境人民币金融产品和工具，争取医疗、金融、电信等服务业率先在中国（云南）自由贸易试验区昆明片区试点开放。

《方案》提出，建设泛亚语种数据库管理、开发工具、系统管理等软件研发基地，开发泛亚特色语言翻译服务和视听内容译制服务平台，培育面向东盟的译配服务。推进国家文化出口基地建设，拓展文创设计、民族演艺、网络视听、数字创意等数字内容出口,发展小语种文化产品出口。加强在工业互联网、智慧城市、5G、跨境金融、区块链等领域与RCEP成员国深化合作。昆明将建立精准到产品、国别的商品减税清单,围绕"10+3+N"重点产业链,开展产业链招商,培育一批龙头骨干企业,打造一批产业集群。

昆明市还将为从事贸易、提供服务或进行投资的商务访问者、公司内部流动人员、合同服务提供者、安装和服务人员及随行配偶和家属,分类提供来华90天至3年不等的入境及停居留便利,同时将建设"一站式"RCEP企业服务中心,打造云南面向RCEP的示范窗口。建设中老国际产能合作示范区。

昆明市还通过提升原产地证书申领便利化水平、强化知识产权保护、创新国际争端解决机制等措施,全面优化营商环境。将加快建设昆明国际商事争端服务中心和昆明市"一带一路"法律服务中心,打造昆明中央法务区,与RCEP成员国开展法律事务合作,促进仲裁、调解、公证、鉴定等法律服务多元化,协助市场主体依法选择商事纠纷解决方式。

此外,昆明市还开展RCEP实施风险预警分析,常态化开展RCEP国家贸易摩擦信息收集、预测和预警工作,推动国家级区域经贸摩擦调解平台落地昆明,实施涉外律师领军人才培养计划,组建适应RCEP国家的涉外法律服务人才库。[1]

二 昆明国际交往发展的现状

昆明正以开放、包容的态度,积极融入和服务"一带一路"倡议,坚定不移地推进改革开放,不断拓宽开放大门。截至2022年5月,昆明已与37个国家的47个城市建立了友好城市关系;开通了92条国际(地区)航线;共建"一带一路"合作国家的106家企业在昆明投资;超过110家世界500强跨国公司的总部及分支机构入驻昆明等。昆明正在利用其独特的地理优势,努力打造一个充满活力、时尚、国际化的开放城市。

---

[1] 廖兴阳:《昆明实施五大行动构筑对外开放新高地 推动增设RCEP(昆明)国际博览中心》,昆明市人民政府,2022年6月8日,https://www.km.gov.cn/c/2022-06-08/4403179.shtml。

一个地区拥有的世界500强企业数量虽然不是衡量其经济发展水平的唯一标准，但在一定程度上反映了该地区的国际竞争力、吸引力和影响力。2021年1月，昆明的世界500强跨国公司总部及分支机构（包括境内外）数量为99家，但到年底增至109家，2022年已超过110家。短短一年左右的时间，昆明新增了10多家世界500强企业，显示出其在国内的领先吸引力。2021年8月，《财富》杂志发布的中国500强名单显示，昆明拥有6家500强总部企业，与武汉等城市并列，位居中国中西部地区第三，仅次于成都和重庆。根据昆明市人民政府金融办公室的消息，截至2021年9月，昆明共有23家银行的300多个机构开展跨境人民币结算业务，参与主体超过1500家。昆明与60多个国家开展了跨境人民币结算业务，其中共建"一带一路"合作国家有21个。昆明抓住RCEP生效的机遇，大力发展市场采购贸易等新业态、新模式，推动对外贸易提质增效。昆明积极引进境外500强企业、全球行业领先企业、国际创新型企业，提高利用外资的总量和质量，全面推动开放型经济发展。昆明还深化跨境金融创新与合作，提升金融服务水平，大力发展跨境人民币结算业务，加快建设区域性国际金融服务中心。昆明将推动城市经济的国际化，为高品质发展注入新动能。2015—2022年，昆明市外贸进出口额实现8319.74亿元，获批二手车出口、跨境电商综试区、市场采购贸易等3个国家级试点。与191个国家（地区）开展了国际贸易，其中共建"一带一路"国家（地区）有59个。

昆明正在崛起为一座重要的交通枢纽城市。昆明连通国内外双循环的物流枢纽正在加速形成，并成功入选全国首批17个国家骨干冷链物流基地建设名单。同时，昆明的商贸服务型、陆港型、空港型国家物流枢纽建设取得了实质性进展，区域性国际物流枢纽实现了多点突破。以昆明为起点的昆曼公路、中老铁路相继开通，全市的铁路、公路网络基本成型，机场、铁路车站与多种交通方式实现了便捷衔接。作为全国第四大门户枢纽机场，昆明长水国际机场具有独特的区位优势，位于亚洲5小时航空圈中心。从昆明出发，2小时航程可到达东南亚多数城市，5小时航程基本覆盖东亚、东南亚、南亚地区。昆明长水国际机场已成为中国连接南亚、东南亚航线最密集的机场。截至2023年10月，昆明长水国际机场最高开通国内外航线396条，通航城市达191个，国际（地区）

航线 92 条，国际（地区）通航城市 63 个。在海关总署发布的《国家"十四五"口岸发展规划》航空口岸名单上，昆明成为国际枢纽航空口岸，与北京、上海、广州三大航空口岸同属第一阵营。除区域性国际交通枢纽外，昆明还拥有能源枢纽、通信枢纽、数字城市建设等一系列区域性国际化枢纽。目前，为加速国际化进程，推动更多资源要素向昆明集聚，昆明再次明确，将加快推进昆明国际航空枢纽改扩建，新开、加密国际航线和洲际航线，提高长水国际机场航线覆盖广度，打造全国重要的国际航空集散中心；要助推泛亚铁路大通道建设，将昆明打造成为中国走向南亚、东南亚的铁路交通枢纽和连接太平洋、印度洋的重要陆路通道；要加快王家营西站货运班列集结中心建设，加快布局建设区域性国际大宗商品集散中心，引进国际国内知名物流企业到昆发展。

昆明拥有独特的民俗风情、风味独特的美食、风情浓郁的歌舞、绚丽多彩的服饰和风格各异的建筑，以及各种国际体育赛事活动。其中，利用"春城"气候的优势，以体育活动为载体，昆明近年来相继打造了上合昆明马拉松赛、昆明环滇池高原自行车邀请赛、世界龙舟锦标赛、中国赛艇公开赛等一系列具有影响力和吸引力的国际品牌赛事 IP。这些国际体育赛事活动也成为昆明对外开放的"国际名片"。2021 年 10 月 15 日，在滇池之滨，来自 140 多个缔约方及 30 多个国际机构和组织的数千名嘉宾参加了《生物多样性公约》缔约方大会第十五次会议（COP15）第一阶段会议。从世界园艺博览会在昆举办，首次向世界展示昆明，到 COP15 第一阶段会议的举办，昆明成为会展业的"弄潮儿"，先后举办了世界马铃薯大会、中国昆明进出口商品交易会、中国—南亚博览会等一系列国际会展活动，并连续三年入选国家"最具竞争力会展城市"。随着影响力的不断提升，昆明的"朋友圈"也在不断扩大，截至 2023 年年底，昆明市的国际友好城市（友好交流城市）总数达 51 对，遍布世界五大洲，基本实现与周边国家重要城市缔结友城全覆盖。与南亚和东南亚国家缔结的友城数量居全国首位；对全球 53 个国家（地区）实行了 144 小时过境免签政策。[①] 昆明长水机场成为全球百强机场之一，国际（地

[①] 廖兴阳：《昆明加快城市国际化发展步伐 用开放的胸襟拥抱世界》，澎湃新闻，2022 年 5 月 28 日，https://www.thepaper.cn/newsDetail_forward_18315933。

区）航线基本覆盖了南亚东、南亚国家的首都和重点旅游城市。泛亚高铁昆明站全线贯通，开通了至大理、丽江等地的动车，新开通了8条国际运输公路班线。

作为云南省的省会城市以及云南省经济发展的主力军，昆明在云南融入"一带一路"建设中发挥着核心作用。利用26个民族各具特色的民族文化优势以及与南亚和东南亚国家"山水相邻、习俗相近、文化相通"的地理优势，昆明加速发展文化创意产业，打造面向南亚和东南亚的中国文化高地，文化出口取得显著成效。昆明拥有独特的地理位置，而"一带一路"为昆明推进城市外交带来了巨大机遇，在孟中印缅经济走廊和澜湄合作（澜沧江—湄公河合作）等机制下，昆明的地理优势作用不断凸显。2017年，《昆明市建设区域性国际中心城市实施纲要（2017—2030）》提出：充分发挥昆明的区位优势、资源优势、环境优势，加速建设立足西南、面向全国、辐射南亚东南亚的经济贸易中心、科技创新中心、金融服务中心、人文交流中心，形成全方位、宽领域、多层次的开放格局。其中，经济贸易中心是基础，科技创新中心是动力，金融服务中心是重要抓手，人文交流中心则是主要载体。[①]

2015—2020年，昆明全面发力，多点开花，持续在文化、教育、媒体传播、旅游等多个领域推进区域性国际人文交流中心的建设。在这五年里，昆明人深切地感受到自己生活的这座城市越来越有"国际范儿"，举办的国际盛会越来越多。为了推动文化交流合作，昆明采取政府主导和社会力量广泛参与相结合的方式，打造了一系列具有昆明元素和南亚东南亚文化特点的文艺演出、文化产品、文化活动和合作项目。从1993年起，昆明举办的南博会、昆交会、农博会、旅交会等活动的影响力越来越大。2015—2020年，中国—东盟行业合作昆明会议、GMS经济走廊活动周、昆明国际友城合作与发展研讨会等高层次对话合作深入开展，亚洲财富论坛永久会址落户昆明。从2016年起，昆明市连续举办了三届"昆明国际友城合作与发展研讨会"，成功举办了中印瑜伽大会、中国—南亚国际文化论坛、海外·昆明周、大健康国际高峰论坛、国家金融与

---

① 《越来越有"国际范儿"！昆明推进区域性国际人文交流中心建设》，昆明发布，2021年1月19日，https：//baijiahao.baidu.com/s？id=1689248537022484183&wfr=spider&for=pc。

发展国际峰会等高端论坛和大型活动等。随着知名度、美誉度、竞争力、影响力的持续提升，昆明也入选中国最具竞争力会展城市。

昆明的人文交流日益活跃，以科技和人文交流为重点，是高质量共建"一带一路"合作的关键纽带。自2013年起，科技部启动了"发展中国家杰出青年科学家来华工作计划"（以下简称"国际杰青计划"），支持45岁以下的亚非地区杰出青年科学家来中国的科研机构、大学和企业进行6个月至1年的科研交流。自2015年起，云南省农业科学院等创新平台和机构已接待来自巴基斯坦、孟加拉国、尼泊尔、斯里兰卡、缅甸、埃塞俄比亚、埃及等国的20余名青年科学家，在陆稻、野生稻、小麦、植物病毒和甘蔗等领域开展研究。云南省农业科学院与40多个国家和近20个国际组织建立了合作关系，40多名发展中国家的杰出青年科学家先后在院内进行交流工作。2017—2018年，云南省农业科学院主办了两届"南亚东南亚农业科技创新研讨会"，邀请了在岗和已完成"国际杰青计划"回国的专家进行述职和交流；中国农业科学院通过缅甸籍青年科学家辛辛诺与曼德勒科技大学签署了合作备忘录，就双方合作、学生交流、平台建设等方面达成共识，促进了中缅两国绿色农业合作的发展。为了加强科技合作和交流，云南充分利用了中国—南亚技术转移中心、中国—东盟创新中心等国家级合作平台，积极参与"一带一路"科技创新行动计划、中国—南亚科技伙伴计划、亚非国家杰出青年科学家来华工作计划等项目，以科技创新合作为引领，聚焦"绿色能源""绿色食品""健康生活目的地"三个重点领域，促进了云南省与南亚东南亚各国科技界人士的交流与相互了解，巩固了科技创新合作的基础，助力了面向南亚东南亚的科技创新中心和人文交流中心的建设。

深化教育交流合作也是昆明建设区域性国际人文交流中心的重要组成部分。近年来，昆明积极整合各方资源，建立了与南亚东南亚国家政府间教育高层磋商对话、学校务实合作、师生友好往来的平台。依托昆明高校，积极开展与南亚东南亚国家和地区的合作办学、文化交流和人才培养等活动，鼓励和支持昆明高校扩大留学生规模，与南亚东南亚国家开展职业教育交流合作，将昆明打造成面向南亚东南亚的教育交流基地和留学首选地。大力支持昆明高校和研究机构选派中青年学者与南亚东南亚国家进行交流互访。2015—2020年，昆明持续加大教育开放力度，成功举办了第四届昆明国际友城合作与发展研讨会、南亚东南亚教育合作之上论坛、上合组织成员国职业教育论坛等多场教育交流研讨活动。特别是在第四届昆明国际友城合作与发展研讨会上，发布了《昆明国际友城教育合作宣言》，并设立了"昆明国际友城教育联盟联络处"，为探讨区域性教育共赢发展提供了平台。仅在2019年，昆明就引进了昆明国际学校（KIA）、昆明世青国际学校、呈贡青苗国际双语学校、西山区芳草地国际学校等5所国际化学校，2020年又引进了一所国际化学校——昆一中学贯中学。①

昆明未来将发挥其作为"国家文化出口基地"的角色，积极开展针对南亚和东南亚的文化、教育、科技等领域的对外交流与合作，大力引进和举办国际性及全国性的文化赛事和节庆活动。昆明还编制国家文化出口基地规划，制定对外文化贸易政策，建设面向南亚东南亚的对外文化交流中心和国际版权交易中心。结合《联合国气候变化框架公约》第十五次缔约方会议和国际友城大会，策划推出一系列具有特色的文化活动，突出昆明的元素，展示城市的风采，加速将昆明打造成为西部最具竞争力的民族文化创意之都，成为面向南亚东南亚的文创产业发展的新高地。

"十四五"时期，昆明还将持续在文化、教育、国际交流等多个领域发力，推进区域性国际人文交流中心的建设，为区域性国际中心建设提供文化上的"软支撑"。正如古人所言，"国之交在于民相亲，民相亲在于心相交"，昆明将致力于加强区域性国际人文交流，促进民心相通。②

第八节　乌鲁木齐国际交往发展态势考察

自2013年习近平总书记提出共建"一带一路"倡议以来，新疆不断创新探索，重点关注如何充分发挥区位优势，将区域开放战略纳入国家

---

① 《越来越有"国际范儿"！昆明推进区域性国际人文交流中心建设》，昆明发布，2021年1月19日，https://baijiahao.baidu.com/s?id=1689248537022484183&wfr=spider&for=pc。

② 周瑾：《春城昆明——打造对外交往的人文名片》，人民画报，2021年9月22日，http://www.rmhb.com.cn/zt/ydyl/202109/t20210922_800258841.html。

向西开放的总体布局。如今，丝绸之路经济带核心区，围绕"一港两区五中心、港口经济带"建设，呈现出以乌鲁木齐国际陆港区为龙头，喀什、霍尔果斯经济开发区为支点的繁荣景象，在发展自身的同时促进港口经济带的发展。从空间布局、产业联动，到连接国内国际市场，新疆已经从一个相对封闭的内陆地区变成了对外开放的前沿地区。

新疆与8个国家接壤，位于新亚欧大陆桥、中蒙俄、中亚—西亚和中巴经济走廊的交汇点。它有20个对外开放港口，其中17个陆地港口和3个航空港口，这赋予了它作为交通枢纽的明显优势。在国家向西开放的总体布局中，新疆作为向西开放枢纽的地位是不可替代的。这也是新疆在历史发展中必须承担的重要任务。这个枢纽是怎么形成的？在空间方面，新疆提出建设"一个中心、三个支点"的中欧货运班列枢纽体系。一个中心是乌鲁木齐国际陆港区，三个支点是阿拉山口、霍尔果斯和喀什。建设对外开放的大通道，畅通国际物流通道，是新疆的基本任务。[①]

在基础设施方面，乌鲁木齐国际陆港区持续强化建设，增强枢纽功能，已经完成了乌鲁木齐中欧班列枢纽、国际快递中心扩建等多个配套工程。目前，乌鲁木齐中欧班列枢纽综合多式联运货运集中中心项目、冷链物流中心、粮油交易中心、乌鲁木齐纺织纤维纱线产业园等特色项目正在加速推进中。2022年，阿拉山口开工了57个项目，其中包括对进口植物幼苗、水果和冷冻水产品进行冷链检验的指定监管点及封闭储存区的改造工程。2022年上半年，喀什经济开发区预计完成政府投资6.15亿元用于基础设施建设。同期，乌鲁木齐国际陆港区发出的中欧（中亚）货运班列数量同比增长36%；通过阿拉山口和霍尔果斯陆路口岸的中欧（中亚）货运班列达到6195列，超过了2021年同期的数量。

乌鲁木齐不仅是向西开放的重要通道，还需要利用"一带一路"建设的机遇，巩固产业发展的基础，促进从"通道经济"向"工业经济"和"港口经济"转型。2022年7月初，亚欧美谷（霍尔果斯）国际生物科技园项目正在加紧建设。该项目于4月动工，计划总投资50亿元。项

---

① Chen Dongli et al., "Spatial Suitability Evaluation of an Arid City Based on the Perspective of Major Function Oriented Zoning: A Case Study of Urumqi City in Xinjiang, China", *Sustainability*, Vol. 10, No. 9, August 2018.

目建成并全面投产后，主要销往中亚、南亚、中东和欧洲部分地区的同时，将覆盖新疆本地市场，预计实现年产值15亿元。①

一 乌鲁木齐国际交往的困局

乌鲁木齐市在建设国际陆港枢纽城市方面面临四个主要问题。

首先，乌鲁木齐的产业发展基础尚需加强。该市的装备制造业（如风电、钢铁、汽车等）有一定的发展基础，但相关产业领域的规模企业数量有限，尚未形成产业集群，缺乏成熟的产业发展经验，服务业也处于初步探索阶段。总体来看，存在现代产业体系不健全，传统产业规模大但实力不强，新兴产业发展缓慢，工业经济增长动力不足，产业链不完整等问题。

其次，陆港区的综合协调运营能力需要提升。由于陆港区运营模式正式确立时间较短，尚未形成一套成熟高效的运行机制。主要问题包括：中欧班列的运输价格、经营方式、服务创新等方面还不能完全满足市场化运作的要求；与铁路部门、兵团、空港等在一些具体发展事项上的联动不足，未能形成合力。

再次，配套发展运营环境需要持续优化。在整体运作层面，国际陆港区的发展建设涉及多个层级、广泛领域和众多部门，迫切需要一个高位强力推进的协调机制。在具体发展配套要素方面，存在科研支撑能力不足、人才队伍短缺、相关政策不系统等问题。此外，创新能力不强和对周边国家情况研究不深，在一定程度上限制了陆港区在国际金融结算、中西亚和欧洲市场开拓、国际营销、提升供应链掌控能力以及在全球价值链中高端发展的潜力和功能扩展。

最后，支撑国际陆港整体智慧化升级、协同化发展以及在生产制造、商贸流通、综合服务等具体领域的功能平台明显不足。当前，陆港建设委员会各个单位更多地关注自身部门的工作任务，未能从整体上实现陆

---

① "Investing in Xinjiang: Economy, Industry, Trade, and Investment Profile", China Briefing, https://www.china-briefing.com/doing-business-guide/china/where-to-invest/investing-in-xinjiang-economy-industry-trade-and-investment-profile.

港区的体制机制完善和服务功能优化。①

二 乌鲁木齐国际交往的破局

自古以来，新疆在横贯东西、连接欧亚的丝绸之路上战略位置突出。随着历史的车轮滚滚向前，如今，丝绸之路经济带核心区建设的标志性工程之一——乌鲁木齐国际陆港区，拥有中国西通道距离中西亚、欧洲最近的铁路枢纽，以中欧班列集结中心为重要支撑，发挥铁路运输大通道和"快车道"优势，主动加大对外开放力度，让新疆不再是中国边远地带，而是新时代连通欧亚大陆和共建"一带一路"的核心区和枢纽地带，敞开了面向世界的机遇大门。

张骞出使西域，徒步开启了上千年互利共赢的商贸之路。现如今，一趟趟飞驰在全国万里铁道线上的"钢铁驼队"，80%以上都经由乌鲁木齐国际陆港区驶向国外目的地，串联起新疆与中亚、欧洲的"贸易丝路"，拉近了沿线各国携手抗击疫情的"人类命运共同体"关系，书写了世界发展进程的新篇章。

2022年，乌鲁木齐国际陆港区累计开行中欧（中亚）班列1165列，较2021年增长16.5%，公路出口货物量创5年新高，全年共服务国际公路出口车辆1.9万余车，同比增长约1.1倍。② 运载的货物由最初的日用百货、服装产品拓展至机械设备、水暖建材等200多个品类。这些各色商品货物通过21条班列线路，被运往欧亚19个国家、26座城市，充分满足了沿线各国生产生活需求，使更多国家和人民获得发展机遇和实惠，继而带动了越来越多的物流、工业、商贸中心更加欣欣向荣，乌鲁木齐国际陆港区正在成为连接欧亚大陆的重要枢纽。③

即使面对新冠疫情的冲击，以国际陆港区为中心形成的多点多向的中欧班列开行格局，稳稳确保钢材、番茄酱、PVC材料等产品"走出

---

① 张晟义、陈明月、王童：《乌鲁木齐市建设国际陆港枢纽城市的问题及对策建议》，中机产城规划设计研究院官方网站，http://www.reportway.org/article/26122.html。
② 《乌鲁木齐国际陆港区开出第6500列中欧班列的背后》，兵团网，2023年2月7日，http://www.bingtuannet.com/btrb_wmxjhdf/202302/t20230207_147256.html。
③ 《乌鲁木齐国际陆港区开出第6500列中欧班列的背后》，兵团网，2023年2月7日，http://www.bingtuannet.com/btrb_wmxjhdf/202302/t20230207_147256.html。

去"，矿产品、食用油、小麦等产品源源不断"走进来"，在加快推进乌鲁木齐当好国家对外开放前沿高地的同时，有力保障了国际产业链、供应链稳定畅通。

作为陆港型国家物流枢纽、中欧班列集结中心示范工程，乌鲁木齐国际陆港区的繁荣向上离不开铁路经济大动脉的组织高效运行。例如，新冠疫情期间，为了助力国际陆港区中欧班列高质量发展，铁路部门科学统筹疫情防控和运输组织工作，以保障中欧班列畅通运输为重点，加大运力投入，优化中欧班列运输组织，主动挖潜增效，实施货运业务集中办理"一站式"服务，开创中欧班列"集拼集运"业务模式，吸引越来越多的跨境企业项目到此开办业务，加速产业集聚和落地。还积极开行了陆海新通道水果冷链班车、高端电子产品中欧跨境班车以及农副产品冷链和煤炭组合的测试列车等，为"一带一路"建设注入新动力，也为新疆对外开放新局面提供了前所未有的新机遇。

在共建"一带一路"高质量发展的过程中，中欧班列不断开通新的线路，建设新的通道，持续推动新疆的对外开放战略与丝绸之路经济带建设、向西开放的总体规划相融合。在将乌鲁木齐国际陆港区打造成为新的核心枢纽的基础上，越来越密集的铁路网络深度连接亚欧大陆桥，将为新时代中国与世界经济发展带来更加美好的前景和光明的未来。①

地处亚欧大陆地理中心和亚欧大陆桥中间地带的乌鲁木齐，既是新疆政治、经济、文化中心，又是丝绸之路经济带核心区重要节点城市，在带动新疆融入"一带一路"建设大格局，站稳向西开放最前沿等方面发挥着积极作用。乌鲁木齐是丝绸之路经济带核心区中心城市，也是中亚最大最繁华的城市，以西连接着资源丰富的中亚及经济发达的欧洲，以东连接着中国经济较为发达的中东部地区，处于国内国际两个市场两种资源的交汇点，可以充分利用对内对外两种资源、两个市场。2018年11月，自治区党委九届六次全会明确提出，乌鲁木齐紧紧围绕自治区提出的"一港、两区、五大中心、口岸经济带"核心区建设重点战略任务目标，扎实做好"一港五中心"各项工作任务，取得积极成效，为城市

---

① 傅煜：《乌鲁木齐国际陆港区：推进"一带一路"发展新格局》，环球网，2022年7月22日，https://baijiahao.baidu.com/s?id=1739032511106312835&wfr=spider&for=pc。

经济转型升级高质量发展注入新活力。在加快推进丝绸之路经济带核心区建设中，乌鲁木齐以国际陆港区（一港）为先导，以打造交通枢纽中心、商贸物流中心、文化科教中心、医疗服务中心、区域性国际金融中心（五中心）为重点，加快全方位对外开放，着力打造全国向西开放和对外经济文化交流重要门户。

"一港"建设方面，乌鲁木齐国际陆港区大力发展出口导向和进口落地加工等产业，把单一的通道经济转变为落地加工、多元发展的产业经济，健全"西引东来""东联西出"的产业链，进一步提升"建园、集货、聚产业"能力。2023年2月6日上午，嘹亮的汽笛声响起，一列满载货物的中欧班列驶出乌鲁木齐国际陆港区集结中心，开往哈萨克斯坦的阿拉木图、阿腾科里等。这是乌鲁木齐国际陆港区自开行以来始发的第6500列中欧班列。自2015年启动建设以来，乌鲁木齐国际陆港区按照"边建设边完善"的思路，短短几年间，建成了乌鲁木齐综合保税区、中欧班列（乌鲁木齐）集结中心、乌鲁木齐多式联运中心等支撑性重大项目，枢纽承载能力大幅提升。伴随着国际陆港区的建设，乌鲁木齐的门户枢纽地位也日益凸显。2016年，乌鲁木齐跻身中欧班列五大枢纽节点城市；2019年，乌鲁木齐被确定为23个国家物流枢纽之一；2020年，中欧班列（乌鲁木齐）集结中心入选全国五大中欧班列集结中心示范工程。下一步，新疆国际陆港（集团）有限责任公司将在更大范围内整合资源、集聚要素，提升"集疏运"水平，扩大区域辐射带动影响力。

乌鲁木齐地窝堡国际机场作为空中丝路的重要枢纽，已经实现了与全国所有省会（首府）城市的通航。截至2023年6月，乌鲁木齐与中亚国家航线全部恢复，累计恢复国际航线14条。乌鲁木齐机场的改扩建工程正在紧锣密鼓地进行中，将新建两条跑道、北区航站楼及综合交通中心等，为空中丝路的发展提供更强的支撑。中国南方航空作为新疆最大的主基地航空公司，正持续扩容升级在疆运力，致力于打造乌鲁木齐国际航空枢纽，服务丝绸之路经济带核心区的互联互通，构建西部的"黄金通道"，推动全疆经济社会发展。

在商贸物流中心建设方面，乌鲁木齐市充分利用两种市场，加快"丝路电商"的建设，集聚国内外大型电子商务、智能仓储、跨境物流等企业，推动外贸转型升级。乌鲁木齐西大门保税直购中心人气旺盛，跨境电商从海外仓到保税仓发货，从线上到线下，为乌鲁木齐乃至全疆消费者提供了便利的购物体验。2020年，国务院批复同意设立跨境电子商务综合试验区，为乌鲁木齐打造商贸物流中心注入新动力。乌鲁木齐跨境电子商务公共服务有限公司积极协助电商企业拓展海外仓业务，截至2022年年底，已布局3个海外仓，服务近20家企业。2022年，该公司完成跨境电商进出口值达8.12亿元，同比增长161倍。

在交通枢纽中心建设方面，乌鲁木齐市进一步完善"两横两纵五环十五射"的城市路网骨架，与自治区"八通道六射线"的高等级公路系统形成快速转换体系，构建现代化的交通立体网络。空港客运综合枢纽、高铁综合交通枢纽项目和地铁一号线已建成投用，城乡公交和乡村客运班线覆盖全市22个乡镇175个建制村，使进出乌鲁木齐更加方便快捷。乌鲁木齐市入选国际性综合交通枢纽城市建设名单，正全力推进完善城市道路、公路、铁路、航空等组成的立体大交通网，形成东联西出的国际大通道。

在医疗服务中心建设方面，遴选合格的医疗机构进行国际医疗部的试点工作，吸引丝绸之路经济带沿线国家的人民前来就医。同时，引进和培养高水平的医疗专家团队，进一步增强医疗服务的竞争力。占地面积超过18万平方米的乌鲁木齐第八人民医院已经开工建设；14家互联网医院实现了互联互通；国际医疗试点稳步推进，2022年接待的外籍患者分别来自12个国家。

在文化科教中心建设方面，通过艺术展览、体育赛事、国际旅游、丝路考古等多种形式，促进文化旅游交流。同时，整合国内外资源，建立产学研相结合的技术创新体系。支持高等院校与丝绸之路经济带沿线国家开展联合办学，提升国际科技合作能力。乌鲁木齐艺术剧院、京剧团、秦剧团积极推行"一团一精品"工程，创作和复排了十余部精品剧目，并应邀在国内其他城市巡演；连续六年入选"冰雪旅游十佳城市"，旅游热度持续升温；乌昌石国家自主创新示范区通过创新链带动产业链提升，吸引越来越多的企业加强产业链延伸和强化。

在区域金融中心建设方面，引导政策性金融机构增加对"一带一路"、国际产能和装备制造合作、工程承包和境外投资项目的政策性贷款支持，提供更多的中长期信贷支持对外开放领域的基础设施项目和境外投资。乌鲁木齐陆续吸引了包括巴基斯坦哈比银行在内的国内外知名金融机构和地方金融组织入驻，不断丰富金融业态和服务功能，现代化金融服务体系进一步完善。

在未来一段时间内，乌鲁木齐市将作为丝绸之路经济带核心区的中心城市，将其地理位置的优势转化为竞争优势，按照国家和自治区的战略规划，率先引领丝绸之路经济带核心区建设的高潮，成为区域对外开放和国家向西开放的重要高地。众多国内外企业汇聚于此，产业支撑进一步加强。新春之初，在乌鲁木齐经济技术开发区的正威新疆"一带一路"产业园内，各条生产线全速运转。该产业园由世界500强的正威国际集团投资200亿元建设。自2018年开工至今，智能手机制造、笔记本电脑生产以及年产25万吨金属新材料低氧光亮铜杆、5万吨纳米高端紧密合金铜线生产等多个项目已经建成并投入使用，引发了行业的广泛关注。该企业计划以正威新疆"一带一路"产业园为龙头，整合新疆铜产业的上下游，将铜基材料打造成"一带一路"建设中的重要产业链，构建连接中亚、西亚、南亚和欧洲的高端制造典范。

第九节　呼和浩特国际交往发展态势考察

2022年呼和浩特市外贸强劲增长，进出口总额为182.7亿元，同比增长14.4%。其中进口89.7亿元，增长13.3%；出口93亿元，同比增长15.4%。呼和浩特市自2019年以来已实现进出口总额连续四年增长。

2022年，呼和浩特市私营企业对外贸易货值达到99.1亿元，较2021年同比增加21.9%，占全市贸易总值的54.2%。在贸易项目中，进口以农产品为主，总额达57.8亿元，占全市进口总额的64.4%。出口以高科技产品为主，总额14.3亿元，占全市出口总额的15.4%。从贸易伙伴来看，2022年，呼和浩特市对美国进出口值37.7亿元，同比增长16.7%。

呼和浩特是中国西北地区的后起之秀，吸引了越来越多的人来这里投资和生活。呼和浩特在经济发展方面表现突出有四个原因。[1]

---

[1] "Hohhot City Records Growth in Imports, Exports in 2022", Hohhot, February 1, 2023, http://subsites.chinadaily.com.cn/hohhot/2023-02/01/c_851525.htm.

1. 优越的地理位置

呼和浩特是内蒙古自治区首府，政治、经济、文化、科技、教育和金融中心，国家旅游城市，也是中国西部第一个国家森林城市。它距离北京460公里，被环渤海经济圈、西部大开发、振兴东北老工业基地战略和呼和浩特—包头—鄂尔多斯—榆林经济区战略覆盖。

2. 宝贵的自然资源

呼和浩特在水、电、煤、气和土地方面也很有优势。黄河流经该市37.5公里，经批准每天取水40万吨。发电总装机容量820万千瓦，其中风电装机容量50万千瓦。100公里外的准噶尔煤田已探明储量为540亿吨，年勘探量为1亿吨。其优质煤炭的售价为每吨350—500元。300公里外的苏里格气田被称为中国最大的完整气田，已探明储量6025亿立方米，每年向呼和浩特供气9.5亿立方米。

3. 有利的投资环境

作为首府，呼和浩特在商业、物流、会议展览、医疗、旅游、文化娱乐等方面也很发达。凭借丰富的土地资源，该市规划了240平方公里的国家级经济技术开发区，其中40平方公里已在使用中。[①]

4. 人才聚集

呼和浩特拥有内蒙古70%以上的高等教育资源和40%的科技资源，聚集了技术和人才，满足了企业对不同层次人才的需求。

一 呼和浩特国际交往的守正之处

呼和浩特，素有"青城"之称，是万里茶道上的重要城市。作为中国唯一的草原省会，这座充满活力的城市已成为连接黄河经济带、亚欧大陆桥和环渤海经济区的关键纽带，是"一带一路"倡议中的重要枢纽城市。

在呼和浩特市第十三次党代会上，提出了加速构建"四个区域中心"的目标，即建设区域科技创新中心、区域交通物流中心、区域现代消费中心和区域休闲度假中心，这旨在落实习近平总书记和党中央对内蒙古

---

① "Hohhot Acts to Tap Forest, Grassland Carbon Sink Potential", Hohhot, March 30, 2023, http://subsites.chinadaily.com.cn/hohhot/2023-03/30/c_873922.htm.

的战略定位，也是实现自治区党代会目标任务的关键途径。①

2021年12月29日，呼和浩特至莫斯科的"青城号"中欧班列首次开行，运载着820吨货物，包括空调、布匹和汽车配件等，从中铁呼和浩特局沙良物流园缓缓驶出。这标志着呼和浩特正成为中欧班列的集结地，利用其作为"一带一路"重要节点和中国北部开放的桥头堡的区域优势，积极构建面向俄蒙欧的对外开放圈。

作为连接中国东北、华北、西北的重要枢纽城市，呼和浩特在"一带一路"建设中占据重要位置，发展物流产业具有显著的区位优势。目前，以建设现代化区域中心城市为核心的交通规划正在进行中。未来五年，该市将着力打造区域交通物流中心，推进呼和浩特新机场、呼包高铁、呼鄂城际铁路、呼朔太高铁等重大交通项目，增加并加密客货运航线，借助新机场航空港和沙良公铁港，打造国家重要的物流枢纽和国家骨干冷链物流基地。

展望未来，呼和浩特将全力推进面向俄罗斯、蒙古国、欧洲的对外开放圈，加速建设跨境电子商务综合试验区和综合保税区，借助中国—蒙古国博览会、中蒙（合作）论坛等平台，深化在贸易、金融、文旅、物流、基础设施等领域的合作，致力于打造中蒙俄经济走廊的核心节点。②

二 呼和浩特国际交往的创新之法

为助推开放的内蒙古更开放，为服务自治区外向型经济高质量发展，2019年呼和浩特海关支持自治区融入"一带一路"建设的措施如下。

第一，公铁并行，打造国际运输大通道。随着"一带一路"建设的不断深入推进，地处祖国正北方的二连口岸逐渐成为国际货运列车运输走廊的重要支撑和主要通道。呼和浩特海关推出的中欧班列"公铁运力调结构""即到即放""三专两优""铁路夜间值班""定期回访内陆海

---

① 于洋等：《呼和浩特："中国乳都"的"绿色"振兴新发展》，人民网—国际频道，2023年1月10日，http://world.people.com.cn/n1/2023/0110/c1002-32603511.html。
② 杨彩霞：《首府全力建设现代化区域交通物流中心》，《呼和浩特日报》2022年1月20日第1版。

关"等务实举措，压缩中欧班列通关时间6小时以上。在支持中欧班列发展的同时，呼和浩特海关还在积极打造辐射欧洲的公路运输新通道。2019年1月7日，二连口岸首辆出境国际公路运输公约车辆成功启运，意味着打通公路运输方式下中欧运输新通道迈出重要一步。预计将来TIR运输方式可以为国内企业出口贸易提供新的便利条件，也会为国内民众带来更多物美价廉的欧洲产品。

第二，聚焦发展，本土企业走出国际范儿。开拓"一带一路"国际市场，力争让更多的内蒙古特色优势产品"走出去"，是呼和浩特海关积极参与"一带一路"建设的重要抓手。呼和浩特海关所属乌拉特海关先后实施了企业原产地证书自助打印，对外贸易经营者备案和原产地企业备案"两证合一"等一系列贸易便利化改革，简化了企业办事流程，节省了办证时间和成本。

第三，多措并举，优化口岸营商环境。中蒙联合监管是中蒙海关推进国际合作的一个重要项目。2016年中蒙联合监管统一载货清单在呼和浩特海关辖区所有公路口岸全覆盖，实现了中蒙海关间对运输工具监管单证的统一和监管信息的互换，便利了两国进出口企业和运输工具承运人，提升了口岸货物通关效率。从2019年起，在辖区所有公路口岸与对应的蒙古国边境口岸实现载货清单电子化传输后，传输渠道变得更加安全、便利、高效。目前，"两步申报"改革在呼和浩特海关关区成功落地；货运通道智能卡口全面建成，客车通道智能卡口正在加快建设；关区货运监管现场及旅检邮快递监管现场已实现"智能审图"作业模式。推进铁矿、锰矿、铬矿等进口大宗资源性商品检验"先放后检"改革，检验检疫流程时长由10.24天压缩至1.15天，压缩率88.8%；二连口岸蔬菜出口"绿色通道"通关效率提升将近一倍。与此同时，呼和浩特海关还依托中蒙边境地海关联络官会晤、隶属毗邻海关季度业务会晤工作平台，建立起高效的国际执法合作、贸易统计数据交换工作制度。

第十节　贵阳国际交往发展态势考察

2021年，《贵阳市实施"强省会"五年行动方案》（以下简称《方案》）发布，该《方案》指出，贵阳将致力于高水平的对外开放战略。强化开放平台，优化"4+6"开放平台的体制机制，提升园区的运营和发展能力，吸引具有创新资源、产业实力和雄厚资金的开发区或园区运营公司，通过合作共建、飞地园区或托管方式，建立园中园，将苏贵产业园打造成与东部地区合作共享的开放式产业园，推动建立一系列中外合作产业园。

以贵阳贵安为中心，申请建立中国（贵州）自由贸易试验区，积极推进制度型开放，依托都拉营国际陆海通物流港和贵阳综保区，建设进口粮食加工基地。申请改造铁路口岸，根据需求申请建立指定监管场所。

建设贵阳铁路海关监管作业场所，争取在贵阳航空口岸实施"离境退税"政策。推动全面深化服务贸易创新发展试点的建设，申请建立国家级数字服务出口基地。打造贵阳软件外包服务品牌，申请成为国家级服务外包示范城市。推进中国（贵阳）跨境电子商务综合试验区的建设。建成区域性商品进出口集散平台及外贸升级转型基地。到2025年，目标是国际航线达到40条、洲际航线达到10条，进出口总额达到120亿美元，其中服务贸易达到24亿美元。[①]

2022年，贵阳市进出口总值593.3亿元，同比增长15.2%，增速居全省第一。贵州自由贸易试验区在2022年实现了经济快速增长，加强了交通通道建设，发展了关键工业部门，实现了平稳高质量的整体发展。2022年前三季度，贵阳综合保税区成为贵州第一个进出口额超过100亿元的地区。2022年10月，贵阳综合保税区被认定为全省首家国家进口贸易促进创新示范区。2022年1—10月，贵阳综合保税区实现外贸进出口总额168亿元，同比增长91.6%。其对外贸易额占贵阳总贸易额的1/3，在中国148个自由贸易区中排第77位。2022年，贵阳综合保税区完成了贵阳国际陆港建设，该陆港连接中国铁路快线、中老铁路、黔粤铁路和黔渝铁路。贵阳的广州港、蛇口港、马湾港和赤湾港以及贵阳自由贸易区现已通过中国铁路快线与国际陆海贸易新通道和黔粤运输通道相连。2022年，该区电子信息制造业和先进装备制造业以及进口粮油加工实现工业产值11亿元，占其工业总产值的78.7%。2022年，贵阳综合保税区跨境电子商务产值4.3亿美元，同比增长87%，服务外包合同额4359万

---

① 《推动强省会 开启新征程》，《贵阳日报》2021年5月8日第4版。

美元，同比上涨493%。贵阳综合保税区加工贸易产业集聚，成为全省加工贸易产业最集中的地区之一。①

2022年，贵阳综合保税区作为贵阳市跨境电商综合试验区核心区，以贵阳国际陆港建设为契机，启动物流通道，搭建平台，吸引产品和产业，以促进进一步对外开放。2月，贵阳综合保税区帮助中国（贵州）跨境电子商务综合服务平台与贵阳公共服务平台对接，为企业提供外贸服务。迄今为止，该平台已吸引了100多家公司，产生了价值4.5亿美元的进出口。此外，贵阳自由贸易区还与白云区的杜拉国际物流港合作，实现了中欧班列的运营，通过新的国际陆海走廊连接中老铁路和海上运输。6月，贵阳国际陆港首开货运班列，成功实现铁海联运。贵阳综合保税区还组织招商团队介绍产业发展和优惠政策。为进一步优化营商环境，贵阳综合保税区设立了服务中心，为企业提供一站式服务。它还吸引了各种物流、配送、贸易公司和机构来完成该地区的供应链，并为公司走向全球提供更多机会。②

一 贵阳国际交往的开放之策

实现进步需开放，全面提升高水平对内外开放是贵州迈向高质量发展的必经之路。2022年，贵州启动的中欧班列列入常规运行，中老铁路货运班列顺利开通，西部陆海新通道铁海联运班列常态化运行；贵阳国际陆港投入运营，"一局四中心"基础设施建设基本完工；成功举办数博会、酒博会、中国—东盟教育交流周等重要开放活动。全省货物贸易进出口总额增长22.7%，跨境电商交易额增长180%，实际吸引外资增长123%。

贵州省政府工作报告指出，贵州要深化改革开放，努力营造优良发展环境，切实贯彻"两个毫不动摇"，围绕构建高水平社会主义市场经济体制、推进高水平对外开放，全面加深改革，持续完善国企敢干、民企

---

① "Guiyang City Foreign Investment Guide Issued", Invest in China, May 30, 2022, https://investinchina.chinadaily.com.cn/s/202205/30/WS6294607c498e6a12c122d5e0/guiyang-city-foreign-investment-guide-issued.html.

② "Guizhou's Foreign Trade Leaps forward in Development in 2022", Guizhou China, January 20, 2023, http://www.eguizhou.gov.cn/2023-01/20/c_850032.htm.

敢闯、外企敢投的制度环境，加速打造西部大开发综合改革示范区，塑造内陆开放型经济新高地。聚焦加速发展开放型经济、建设多向衔接开放通道、大力推进对外贸易、积极探索新业态新模式。

1. 积极推进渝贵高铁项目

贵阳市目前初步形成以公路、铁路、航空为主，水运等运输方式为辅的现代综合运输网络体系，综合运输能力显著提升。但从全省境内的陆路运行情况来看，连接华东、华南和北部湾的川黔线、黔桂线的铁路运力处于基本饱和状态，高速公路主通道运输能力不足，无法满足实际需求。

渝贵高铁是中国《中长期铁路网规划》中的规划研究项目，是中国"八纵八横"包海高铁通道的重要组成路段。加快推进渝贵高铁通道项目建设，将加快形成京广铁路以西纵贯南北的高速铁路客运通道，加快贵阳全国性综合交通枢纽建设，完善提升贵阳区域枢纽机场功能，巩固提升贵州在西部陆海新通道中的地位。贵州省发展和改革委员会积极争取国家支持，在"十四五"规划中期调整时将渝贵高铁作为规划建设类项目推进，并尽快开工建设。同时，根据有关研究成果，结合沿线经济据点，综合考虑环境敏感区、工程地质条件，以及经过地区资源禀赋、人口规模等因素，建议渝贵高铁线路走向为"重庆经万盛、绥阳、遵义东、开阳到贵阳"，这将有利于贵阳加快融入成渝地区双城经济圈建设，深化交通、能源、大数据、文化和旅游等领域合作，进一步密切与成渝两地的区域联系。

2. 加大力度支持贵阳国际陆港发展

贵阳国际陆港是以贵阳都拉营国际陆海通物流港为基础，进一步拓展完善配套服务功能，创新性打造的综保型国际陆港。项目建设包含贵阳都拉营国际陆海通物流港功能完善、贵阳综保区海关监管场所建设、与沿海港口建立合作、建设海运箱提还箱点、完善外贸综合服务和物流供应链服务体系等内容，已于2022年8月27日开港运营。

作为省、市对外开放重点项目，推动贵阳国际陆港建设运营对促进全省外向型经济发展，打造内陆开放型经济新高地具有重要意义。当前，贵阳市正聚焦"强通道"，进一步加快贵阳国际陆港规划建设，不断提升全国货物集散和陆港物流枢纽供应配送能力。但贵阳国际陆港建设运营还面临两个问题：一是贵阳国际陆港在班列运行、班列集货等方面缺乏省级政策支持，其建设、运营、发展相对受限；二是现阶段陆港班列货物集货难度大。长期以来，贵阳市外贸运输方式境外段以海运为主，境内段以公路运输为主，铁路运输占比仅5%左右，导致贵阳铁路货运班列货源不足。

3. 加快贵阳国际陆港建设，巩固提升物流枢纽能力

加快贵阳国际陆港建设是贵州积极参与西部陆海新通道建设、主动融入粤港澳大湾区发展、加快沿着"一带一路"走出去、加强与东盟国家合作的战略举措，对建设内陆开放型经济新高地有重要的推动作用。一是加大顶层设计，强化省市统筹协调，建立领导小组联席会议机制，定期研究解决重点难点问题。发展路径上依托交通区位优势，推动"公铁联运"，突出常态化国内大运输并促进区域差异化合作与竞争。二是围绕贵阳综合保税区"两主一特"产业，加强贵阳国际陆港建设与产业、市场联系，构建临港产业生态圈，扩大产业腹地，发展适铁产业，带动本地物流集聚输运与工业自造血能力提升。三是围绕"以铁路为主干、公路为支撑、航运航空相衔接"的多式联运体系，推进多式联运中心、集装箱服务中心、仓储集散中心、分拨配送仓库等设施建设和集装箱配货服务、集装箱配套服务等功能完善，积极打造"公铁联运""海陆联运""空陆联运"，全力争创"国家多式联运示范工程"。四是加强要素保障。用地方面，依据国土空间规划，明确用地选址及边界优化，开展相应控规调整工作。资金方面，充分挖掘银行的融资支持。政策方面，加快出台《贵州省"十四五"期间高质量开行陆海新通道及中欧（中亚）班列的若干意见》。

4. 出台优惠政策，共享贵州机遇

三年的新冠疫情给经济发展带来了诸多影响，但都无法阻挡贵州开放型经济高质量发展的脚步。2022年12月25日，泰国曼谷至贵阳AQ1208航班顺利复航，暂停两年多的贵阳国际客运航班按下"重启键"。龙洞堡国际机场国际客运航线的复航，对促进贵州对外经济发展、优化营商环境等都具有重要意义。

为服务外向型经济高质量发展，省委、省政府印发了《贵州省建设内陆开放型经济新高地实施方案》，制定43项重点任务举措及60项重点

任务清单、32项争取事项清单，系统谋划"双循环"联动发展区、开放型产业集聚区、服务贸易创新区、制度型开放试验区和西部地区重要国际货运枢纽"四区一枢纽"开放定位，给贵州经济未来发展带来了难得的政策机遇。

2023年，贵阳市在数博会、酒博会、生态文明贵阳国际论坛、中国—东盟教育交流周等平台上，出台一系列扶持政策和招商引资优惠政策，让省内外乃至海内外企业共享贵州市场的广阔机遇，本地企业也将获得更多的商机和订单，助推贵州开放型经济高质量发展。

5. 强化五大板块工作，助推内陆开放型经济试验区升级

2023年贵阳市对外开放工作主要目标为货物贸易进出口总额增长30%、服务贸易（含服务外包）总额增长20%、实际使用外资增长20%、对外经济技术合作完成额增长12%以上。全市商务系统将持续抓好政策落实、口岸建设、贸产融合、主体壮大、平台提质等方面的工作，全力推动内陆开放型经济试验区升级，着力打造"强省会"核心引擎。

强化政策配套落实。拟出台《贵阳贵安关于打造内陆开放型经济新高地先行区的实施方案》，并在贯彻落实好《国务院关于支持贵州在新时代西部大开发上闯新路的意见》（国发〔2022〕2号文件）、省有关支持政策基础上，出台细化落实政策措施，全力推进外贸外资企业复工达产、参加项目建设。同时，用好出口退税等优惠政策，稳定产业链供应链，助力外向型企业发展。推动口岸联动发展。加快推动双龙航空港、贵阳国际陆港"港港联动"，推动口岸、报税、通关、多式联运、物流金融联动发展。做好项目招商建设，并继续推动与成都、重庆、长沙、广州等地机场共建飞地物流园、共享异地货站等合作。同时，与广州港、盐田港、防城港、湛江港等港口进行班列开行、物流仓储、通关互认等合作。

加快贸产融合发展。大力实施"内转外""外入内""数化实"行动，持续建强外贸发展基地、加快促进企业转型、大力发展贸易新业态、加快发展服务贸易，进一步推动以产兴贸、以贸促产。培育壮大市场主体。加强市场主体引进培育，强化政策供给和落地兑现。同时，搭建外贸综合服务平台并加强外贸业务培训、政策辅导，推动传统外贸、内贸企业发展B2B和B2B2C海外仓出口业务。加强与金融机构对接，对符合条件的中小微外贸企业提供出口信用保险保单融资服务。扩大双向经贸

交流。以"1+5"开放平台为重点,大力促进"走出去""引进来"双向经贸交流。以建强苏贵产业园、深贵产业园为抓手,加强与长三角、粤港澳产业园区合作。同时,扩大与欧美、亚太等重点区域和国家的经贸合作。实施利用外资倍增计划并搭建外资招引平台,促成外资项目落地。支持符合条件的企业申请援外项目实施企业资格,参与援外项目招标,通过对外投资合作带动产品、技术、服务出口。

6."黔货出山"加速跑,"好物入黔"更高效

2023年1月5日,首列贵州中欧班列满载着电视机、吸尘器、生活百货等,从贵阳国际陆港鸣笛启程。2023年1月,贵州预计将发送中欧班列5列,总计发运超330标箱,比2022年同期预计增长80%。中欧班列的开行可有效推动贵州融入欧洲运输组织体系,在优化贵州营商环境、降低社会物流成本、助力贵州外向型经济快速发展等方面起到积极作用。2022年,贵州共发出中欧班列34列,共1684车,发送货物2.7万余吨,越来越多的"黔货"通过中欧班列从贵阳国际陆港走向世界。新一年中欧班列的持续开通运行是贵阳市积极推动内陆开放型经济试验区升级建设的缩影。

建成贵阳综保区7万平方米保税仓库及8000平方米跨境电商监管仓;成立贵阳市进出口企业协会,为进出口企业提供发展资讯、行业分析、国内外商机信息服务;聚力打造西部进出口商品展示交易中心,引入河南保税、上海东浩兰生双巨头联合运营该项目等。近年来,贵阳市抢抓新一轮高水平对外开放、"一带一路"建设等重大机遇,紧扣"强省会"行动主线,以跨境电子商务综合试验区建设为抓手,强化顶层设计和政策支撑,助推贵阳贵安跨境电商从无到有、从有到优的跨越式发展,在贸易规模、业务模式、平台建设和基础配套等方面不断创新突破、跨越升级。数据显示,截至2022年12月,贵阳贵安拥有120余家跨境电商企业,形成了跨境电商全模式进出口双向贸易格局。2022年,贵阳贵安跨境电商交易额完成10.58亿美元,同比增长112%。①

---

① 《贵阳贵安如何推进高水平对内对外开放?省两会代表委员这样建言献策》,贵阳发布,2023年1月17日,https://baijiahao.baidu.com/s?id=1755240799353590026&wfr=spider&for=pc。

二 贵阳国际交往的拓展之举

目前，贵州省积极适应经济全球化趋势，坚持高水平的对外开放策略，积极融入全球经济体系，全面、多领域的开放格局日益完善。全省各级部门深入实施开放发展战略，努力推进以国内循环为主导、国内外"双循环"相辅助的新发展模式快速形成；地方企业在开放中不断发展，在竞争中持续成长，积极构建新形势下参与国际合作和竞争的新优势，为省内经济增长注入新动能、提供新活力、开辟新领域。

1. 通过扩大开放推动深化改革

贵阳国际陆港是贵州省探索内陆开放新路径的生动例证。2022年，借助都拉营铁路物流港与贵阳综合保税区的邻近优势，贵州以中欧班列的开行为契机，遵循"都拉营铁路物流港+贵阳综保区+海关监管场所"的联动发展策略，打造了全国首个综合保税型国际陆港，有效解决了贵州对外开放过程中口岸功能不足、物流通道不畅、资源整合不充分等问题，有力推进了贵州内陆开放型经济试验区的升级。综保陆港的建成运营，成为外向型经济发展的新增长点，贵州黔质天下、粤港澳国际供应链（广州）等外贸综合服务平台，以及香港传奇、深圳新陆洋等龙头企业纷纷在黔投资设立，共同打造内陆开放的"贵州模式"。近年来，贵州始终站在改革开放的前沿，勇于先行先试、大胆探索，在构建以制度型开放为特色的开放型经济新体制方面不断取得新进展。

2. 实施更积极主动的开放战略

在贵阳综合保税区内，国发〔2022〕2号文件《关于支持贵州在新时代西部大开发上闯新路的意见》为贵州开展对外贸易创造了诸多有利条件。澳大利亚EWE中国西南跨境电商中心仓项目于2022年12月1日启动运营，目前已与菜鸟国际签订协议，成为贵阳驿达菜鸟中心仓，并与澳大利亚大药房建立服务合作关系，后续将陆续引入其他进口消费品贸易的外资企业。以跨境电商为代表的外贸新模式、新通关方式已成为贵州不断扩大开放的重要标志。2023年，贵州顺应国内消费升级趋势，提高通关便利化水平，加速跨境电子商务等新业态新模式的发展，释放省内市场潜力，拓宽进出口范围，向全球企业开放怀抱，引入更多优质商品进入贵州市场。

3. 打造外贸高质量发展新引擎

贵州大力引进资金、人才和智力资源，抓住国家提供的机遇，勇于创新、大胆尝试、自主改革，形成了开放性强、市场主体活跃、创新能力突出的高水平对外开放发展态势。未来，贵州可以对现有在黔投资企业进行全面调查研究，采取多种措施稳定和激励商业投资，最终实现以商招商的目标。另外，贵州致力于培养和集聚开放型人才。2022 年 11 月，贵州商学院内陆开放型经济学院正式成立，为贵州发展开放型经济提供了人才支持，为贵州实现新的突破奠定人才基础。[①]

[①] 冯倩:《贵州：坚定不移推进高水平对外开放》,《贵州日报》2023 年 2 月 2 日第 2 版。

第三章

中西部重点城市交往国家（地区）形势考察与政策分析

当前，中国中西部在人口、劳动力和市场规模等方面的比较优势逐步凸显，对外国投资者的吸引力越来越大，2022年，外资流入分别增长了28.6%和24.6%。中西部地区在制造业、金融业、农业、矿业等领域推出重大开放措施，吸引更多外资企业在华经营。

2022年10月28日，国家发展和改革委员会、商务部联合印发《鼓励外商投资产业目录（2022年版）》，与2020年相比，总条目增加了近20%。新目录扩大了鼓励外商投资的产业范围，积极引导外资涉足制造业、生产性服务业，以及中西部地区。

2022年，外商对中国中西部地区投资的增速高于全国平均水平。[1] 就重庆而言，根据重庆海关公布的数据，在2022年前10个月，重庆外贸进出口额达到6894.9亿元人民币（约合973.5亿美元），同比增长7.2%。其中，出口4496.4亿元，增长9.3%；进口2398.5亿元，增长3.4%。同时，重庆的外贸主体进一步活跃起来。2022年前10个月，重庆市外商投资企业进出口3259.4亿元，增长6.2%。民营企业进出口3117亿元，增长11.8%。此外，重庆的一般贸易比重继续提高。从贸易结构来看，2022年前10个月，重庆加工贸易进出口3039.3亿元，增长4.8%，一般贸易进出口2465.6亿元，增长13.3%。重庆保税物流进出口1362.4亿

---

[1] 中部地区（山西、安徽、江西、河南、湖北、湖南）实际利用外资同比增长21.9%，西部地区（内蒙古、广西、重庆、四川、贵州、云南、西藏、陕西、甘肃、青海、宁夏、新疆）实际使用外资同比增长14.1%，分别比全国平均水平高15.6个和7.8个百分点。

元，增长 2.5%。2022 年前 10 个月，重庆与主要贸易伙伴的进出口持续增长，对欧盟、东盟和美国的进出口分别为 1058.4 亿元、1037 亿元和 982.7 亿元，分别增长 4.9%、2% 和 2.5%。同期，重庆对共建"一带一路"合作国家进出口 1848.4 亿元，增长 5.2%；对区域全面经济伙伴关系 RCEP 成员国进出口 2145.1 亿元，增长 12.5%。2022 年前 10 个月，重庆综合保税区实现进出口 4471.7 亿元，增长 1.2%，占同期重庆外贸总值的 64.9%。①

由第二章十个城市特别是重庆的国际交往可见，中国中西部地区城市国际交往的主要对象国家包括美国、欧盟国家、俄罗斯、蒙古国、东南亚国家和中亚国家等。本章围绕上述国家的经济发展形势和对华双边关系展开介绍和论述。

第一节 发达国家（地区）的经济形势

一 美国

2022 年，在全球疫情的冲击下，美国经济仍然具有韧性，各项产出继续增长，就业情况强劲复苏，通货膨胀在 2022 年年底达到峰值并开始放缓。面对供应约束和需求构成的变化，2022 年美国财政和货币政策的首要目标是恢复供需平衡，对抗通货膨胀，使经济重回稳定、稳健增长的轨道。

2022 年，俄乌冲突对能源、食品和其他大宗商品造成了严重的供应限制，加剧了全球通货膨胀。此外，2022 年上半年，新冠疫情给世界各经济体持续带来巨大压力。在疫情肆虐下，全球供应链的顺畅运行受到压力。为了支持美国经济，至 2022 年 3 月，美联储将联邦基金利率的目标区间保持在接近零的水平。尽管到 2021 年年底，美国投放在国内的救援计划和相关立法中的大部分直接家庭救济资金已经分发出去，但其中的许多资金美国家庭并没有使用，从而使美国 2022 年时的储蓄达到了历史最高水平。

---

① "China Records Steady FDI Growth in 2022", China Briefing, January 20, 2023, https://www.china-briefing.com/news/china-records-steady-fdi-growth-in-2022/.

由于美国政府在2020年、2021年向社会提供了财政和货币支持，美国2022年的实际国内生产总值（GDP）接近疫情前的预测。在2022年第四季度，就美国服务业而言，实际消费者支出的增长尤其强劲。从大多数指标来看，2022年美国劳动力市场异常紧张，为求职者创造了几十年来最有利的条件。

在通货膨胀方面，2022年，美国的货币政策和财政政策转向对抗通胀，同时致力于引导经济在2022年和未来实现稳定增长。甚至在2023年开始之前，美国政府的支出和赤字就已经接近疫情前的水平。2022年3月，美联储开始扭转其资产购买计划，并开始迅速加息，同时，股市和住宅投资迅速下跌。2022年2月，俄乌冲突爆发后，美国食品价格迅速上涨，汽油和天然气价格的上涨也紧随其后。美国普通汽油价格在6月达到每加仑5.02美元的峰值。但到2022年年底，美国普通汽油的价格已降至每加仑3.20美元，这是因为美国总统拜登授权削减战略石油储备，以降低汽油价格。2022年7月和8月，美国国会通过了一些重要立法，以促进经济的长期供给能力。此外，美国劳动力市场紧缩和通货膨胀的一些指标开始放缓，到年底时美国的通货膨胀状况有所缓解。在美国，以天然气和食品价格通胀为代表的大宗商品价格在2021年开始上涨。由于这些商品在国际市场上交易，其价格影响全球通货膨胀。至2022年年底，美国经济并未从新冠疫情引发的衰退中完全复苏。例如，在2022年的大部分时间里，美国的失业率接近疫情前的低点，其他劳动力市场指标显示出比2019年第四季度更为紧张的情况。平均而言，经通胀调整后，美国的工资水平在2022年有所下降，不过在下半年有所增长。2022年年初，美国股市创下历史新高，但全年下跌，部分原因是通货膨胀加剧和货币政策收紧。在2022年，美国实际国内生产总值增长2.2%，低于2021年5.7%的增长速度。经过2020年的快速下降和2021年的大幅反弹，美国2022年的GDP大致处于疫情前的水平，但增长不均衡，该年度GDP的增长上半年为负，下半年为正。①

在消费方面，新冠疫情暴发时，由于外出就餐和旅行等室外活动变

---

① "What is the current state of the US economy?", USAFacts, https：//usafacts.org/topics/economy/.

得更加困难，美国的消费者服务性支出大幅下降。相比之下，2022年美国商品支出在前两个季度下降后，反弹并飙升至疫情前的水平之上，这是因为被困家中的民众在家具、电器和体育器材等类别商品的消费在实际消费总额中所占份额更大，而服务性支出所占份额较小。2022年，美国的商品与服务性支出比率开始正常化：在第四季度，美国的实际商品支出下降0.9%，而实际消费服务性支出增长3.2%。总体而言，2022年美国实际消费者支出以1.8%的年增长率小幅增长。①

在投资方面，2022年美国实际企业固定投资增长了4.3%，继续从疫情引发的低点稳步复苏。与过去十年一样，美国对知识产权领域的投资增长尤其强劲，对商业、医疗保健以及电力、通信的投资有所下降，对制造业以及石油和天然气的投资有所增加。

在政府支出方面，2022年美国联邦政府的实际购买（支出和总投资）小幅增长0.1%。美国国防支出和总投资在2022年几乎没有变化，而非国防采购则略有增加。2022年，美国的州和地方政府的采购增长缓慢，增长幅度为1.3%。

在进出口方面，2022年美国实际出口增速快于GDP增速，年增长率为5.2%，这也体现出世界经济的持续重新开放。2022年美国实际进口增速慢于实际出口增速，年增长率为1.8%。可以看出，2022年美国实际出口相对于进口的增长更强劲，其实际净出口在疫情下获得部分恢复，对整体实际GDP的增长贡献了0.3个百分点。

在劳动力市场方面，2022年美国劳动力市场非常紧张，这是因为经济复苏下，企业在疫情时经历裁员后开始重新大量雇用工人。在2022年年底，美国的失业率为3.5%，与该国1969年以来的最低水平以及2019年9月和2020年疫情前的水平持平。在2022年下半年，美国企业的职位空缺有所减少。

在金融市场方面，2022年美国的股市在降温。美国股市从新冠疫情期间的大幅下跌中迅速恢复，在2021年年底达到新的峰值。2022年年初，随着通货膨胀加剧，美联储开始提高联邦基金利率以冷却经济，这

---

① "U. S. economy just had a 2nd quarter of negative growth. Is it in a recession?", NPR, July 28, 2022, https://www.npr.org/2022/07/28/1113649843/gdp-2q-economy-2022-recession-two-quarters.

导致美国股价下跌。①

二 欧盟经济形势

2022年年底，高能源价格和俄乌冲突导致的高通胀严重限制了人们在商店和餐馆消费，欧洲经济勉强取得了微小的增长。欧盟统计局发布报告称，欧盟2022年第四季度经济产出比第三季度增长了0.1%，避免了由于能源配给问题而出现的经济彻底衰退。② 2022年全年，欧盟GDP经济增长3.5%，超过了美国2.1%的增长率。

欧元区的经济形势及其前景正受到朝着相反方向发展的经济因素的影响。从积极的方面来看，欧元区在没有能源短缺和许多分析师担心的严重衰退的情况下度过了冬天。劳动力市场继续繁荣，稳定了消费者支出，经济也有所恢复。消极的一面是，欧元区通货膨胀仍然居高不下，加息周期仍在继续，地缘政治的不确定性仍然很高。

根据经济合作与发展组织的数据，2023年第一季度，欧元区GDP季度环比增长0.1%。在欧元区主要经济体中，西班牙（初步计算）和意大利均增长了0.5%，法国增长了0.2%，而德国则停滞不前。然而，欧元区目前的消费者和企业情绪指标表明，复苏正在进行中。正如欧盟委员会的经济和消费者情绪指数所显示的那样，二者都从低点大幅反弹，现在接近长期平均水平。然而，应该注意的是，企业状况改善的背后是广泛的行业差异：与全球情况一致，欧盟的服务业似乎比工业部门做得更好，工业部门受到订单疲软和国际需求减弱的影响。例如，德国制造业的新订单在2023年3月暴跌了10%以上，这是自新冠疫情暴发最初几个月以来的最高跌幅。因此，欧元区工业部门的采购经理人指数（PMI）出现收缩。另外，服务业的采购经理人指数处于稳固的扩张区域，表明该行业正在以强劲的速度加速发展。同时，劳动力市场一直是整体经济前景的稳定因素。事实上，欧元区6%的失业率已经创下历史新低。

---

① "United States economic outlook: 2022 year-in-review and early 2023 developments", United Nations, April 30, 2023, https://www.cepal.org/en/notes/united-states-economic-outlook-2022-year-review-and-early-2023-developments.

② 欧洲天然气价格在2022年8月升至创纪录的原先价格的18倍，这冲击了欧盟的公用事业发展，并导致企业通过对商品和食品收取更多费用，然后将成本转嫁给客户。

欧元区的加息周期始于2022年7月，自那时以来，欧洲央行（ECB）已七次加息，最近一次是在2023年5月，其主要再融资业务的利率为3.75%。欧元区总体通胀率已从2022年10月10.6%的峰值回落至2023年4月的7%。波罗的海国家的通胀率最高，达15%及以上，比利时和西班牙等国的通货膨胀率在3%—4%，欧元区其他大型经济体的通货膨胀率徘徊在这两个比例之间——法国为6.9%，德国为7.6%，意大利为8.8%。欧元区的通货膨胀经历了不同的阶段。在第一阶段，新冠疫情大流行期间供应链中断导致的价格上涨加剧了通货膨胀。在第二阶段，乌克兰危机的爆发加速了欧元区的通货膨胀趋势，特别是能源和大宗商品价格飙升。未来在第三阶段中，作为对物价强劲上涨的回应，工资上涨将推动通货膨胀。从这个意义上说，欧元区工资价格螺旋上升和通货膨胀加剧的风险是真实存在的。由于通胀压力没有减弱的迹象，欧洲企业界预计通胀在不久的将来将保持在较高水平。根据德勤欧洲地区首席财务官预计，未来12个月欧元区的通货膨胀率为6.3%。通货膨胀也推高了公司的融资成本：70%的首席财务官认为目前的信贷成本要么相当昂贵（55%），要么非常昂贵（15%）。[1]

受融资条件趋紧、信心减弱和竞争力下降的拖累，欧元区经济在2023年下半年走弱。短期指标显示，2023年第四季度欧元区经济活动疲软。然而，受通胀下降、强劲的工资增长和有弹性的就业的支持，以及出口增长赶上外国需求的改善，随着实际可支配收入的增加，预计从2024年年初开始，欧元区经济增长将加强。欧洲央行货币政策紧缩和不利信贷供应条件继续影响经济近期增长前景。

由于能源通胀下降、货币政策紧缩的影响以及管道压力和供应瓶颈的持续缓解，通货膨胀率持续下降。在2023年11月降至2.4%后，由于能源通胀的反弹，预计HICP（调和消费者物价指数）通胀将在短期内暂时回升。然而，尽管劳动力成本大幅上涨，但潜在的反通胀过程预计仍

---

[1] "European Economic Forecast Winter 2023", European Commission, February 2023, https://economy-finance.ec.europa.eu/system/files/2023-02/ip194_en_1.pdf#:~:text=GDP%20is%20projected%20to%20expand%20by%200.8%25%20in，5.6%25%20in%202023%20and%20to%202.5%25%20in%202024.

将继续，劳动力成本越来越成为 HICP 通胀的主要驱动因素，不包括能源和食品。尽管有所降温，但预计劳动力市场仍将紧张，再加上过去高通胀的补偿效应，应该会保持名义工资的高增长。

2023 年第三季度，欧元区的经济活力略有下降。2023 年第三季度欧元区经济增长率为 -0.1%，略低于 2023 年 9 月预测的零增长。第三季度制造业和建筑业增加值继续下降，而服务业增加值上升。就需求构成部分而言，第三季度欧元区私人消费有所增加，尤其是服务业和耐用品，夏季可能受到接触密集型服务的支持。相比之下，汇率发展和能源价格发展造成的竞争力损失导致出口下降。

疫情后欧元区经济重新开放和供应瓶颈的解除对经济活动的提振正在消退，而融资条件紧张和消费者不确定性上升的拖累仍然很大。调查指标显示，2023 年第四季度国内经济活动非常疲软或收缩，有一些初步触底迹象。此外，在劳动力市场仍然紧张的情况下，通胀下降和工资上涨应该会在 2024 年年初左右支持家庭的购买力。

三 新加坡经济形势

2023 年，新加坡经济的特点是在全球经济动态和本国经济韧性之间的微妙相互作用下发展。在全球需求疲软的背景下，这个城市国家的 GDP 从 2022 年强劲的 3.6% 增速转变为 2023 年更为稳定的 1.2%。

就新加坡而言，新冠疫情后该国的经济复苏显而易见，总体和核心通胀率均呈下降趋势，2023 年第三季度分别为 4.1% 和 3.0%。这一数字反映了该国各种商品和服务价格上涨的整体放缓，以及劳动力市场的稳定。

在财政政策领域，新加坡仍然坚定不移地致力于减轻家庭的生活成本压力，并为企业提供关键支持。该国企业创新计划的推出，为符合条件的企业提供高达 400% 的税收减免。另外，该国民众对 2024 年可能放松货币政策持谨慎乐观态度，这取决于该国通胀压力的持续缓解。

2023 年，经济出现明显的反弹迹象是该国经济发展的主要趋势。2023 年第三季度，新加坡国内生产总值显示出积极的复苏迹象，同比增长 1.1%，高于第一季度 0.5% 的增速。特别是在制造业领域，该国显现出积极的发展趋势，季度环比增长 0.5%，扭转了 2023 年早些时候出现的萎缩。在建筑业方面,该国在2023年第三季度实现了6.3%的同比增长。与此同时,该国服务业较上年增长2.3%。旅游业方面,该国2022年4月取消了所有新冠疫情限制措施,旅游业由此复苏,这使该行业2023年实现了12.9%的强劲增长,游客人数逐渐回升,每月旅客人数超过100万。特别是国际旅游业,在新加坡经济复苏中发挥了关键作用,仅2023年前9个月,该国的国际游客总数就同比大幅增长171%。新加坡游客数量激增是由包括印度尼西亚、马来西亚、印度和澳大利亚在内的亚太地区国家的旅游业强劲复苏,以及来自中国的游客显著增多来推动的。

在消费者行为和零售趋势方面,从2023年第三季度开始,新加坡零售业显著复苏。该季度约有390万游客到访新加坡,同比增长72.5%,季度环比增长14.5%。这一消费增长归功于新加坡公众参与度高的公共活动,如国庆游行、一级方程式赛车新加坡大奖赛、9月的新加坡河节,以及年终假期庆祝活动。2023年,新加坡的网上零售额保持稳定。作为在线零售的关键组成部分,直播和直播购物日益成为该国零售业的首选渠道。TikTok(抖音海外版)、Facebook(脸书)和Instagram(照片墙)等主要社交媒体平台正利用这一趋势,简化新加坡消费者的在线购物体验,使产品浏览到结账能够无缝对接。

就投资前景而言,2023年第三季度,新加坡的投资大幅增长,达到了令人印象深刻的70亿美元。这标志着该国投资季度环比增长84.5%,同比增长8.5%。这一投资激增的一个重要来源在于新加坡政府销售土地使用权,这占到总投资交易量的59.2%,总额达41亿美元。除此之外,新加坡的其他投资领域在各个行业都有强劲表现,混合投资以31.8%的份额领先,其次是酒店业的18.4%和商业的15.5%。

就贸易状况而言,2023年新加坡的贸易保持顺差。截至2023年10月,新加坡的贸易顺差为48亿美元,比9月的38亿美元大幅增加。由此可见,即使面对国内需求下降(2023年第二季度同比下降5.6%)和进口放缓,尤其是商品进口放缓(截至2023年9月的一年间下降12%),新加坡的经济韧性仍然很强。

作为全球金融中心和全球枢纽,新加坡成为区域和国际中心的历程已经达到了新的里程碑。自2022年3月以来,这个城市国家在全球金融中心指数中的排名从第6位攀升至第3位,超过中国香港和上海,仅落后于伦敦和纽约。这一进展的一个关键驱动力是该国对行业转型计划的战略性调整。2023年2月，新加坡公布了最新的专业服务业行业转型地图。这一举措旨在提升新加坡作为顶级商业中心的地位，重点是吸引大型、超大型企业的总部，并通过数字化和技能发展增强专业服务能力。目标是到2025年实现270亿新元（202.4亿美元）的行业增值增长，每年新增3800个就业岗位。作为补充，更新后的金融服务ITM设定了到2025年的增长和创造就业的目标。

对长期基础设施项目的战略投资进一步凸显了新加坡对全球枢纽发展的承诺。正在运营的大士港和正在扩建的樟宜机场第五航站楼是这一战略的关键组成部分。展望2024年，新加坡预计经济将加速增长，这与全球需求反弹的预期一致，尤其是在科技和电子行业。

总而言之，新加坡的经济不仅表现出稳定，而且为多个行业的投资者提供了多样化的机会。然而，承认潜在风险仍然至关重要。外部增长放缓、通胀压力以及中国经济变化的潜在溢出效应是该国值得关注的关键挑战。[1]

从2013年到2021年，中国连续九年成为新加坡最大的贸易伙伴，中国和新加坡的经济关系不断扩大和深化。2022年，新加坡连续第10年保持中国最大外资来源国的地位。根据中国商务部的数据，2023年1月至2月，中国和新加坡的进出口总额达到195亿美元，同比增长37.6%。此外，新加坡是东南亚国家联盟（ASEAN）十个成员国中第一个公开支持中国提出的"一带一路"倡议的国家，也是全球发展倡议之友（GDI）集团的成员。作为中国和新加坡高质量"一带一路"合作的标志性项目，截至2023年2月23日，中新国际陆海贸易走廊通过铁海联运货运列车运输了10.7万个标准箱集装箱，同比增长9.25%。

近年来，中国和新加坡务实合作与时俱进，经贸联系不断深化。新加坡总理李显龙于2023年3月27日至4月1日出席博鳌亚洲论坛2023年年会开幕式并对中国进行正式访问。访华期间，中新双方发表《中华人民共和国和新加坡共和国关于建立全方位高质量的前瞻性伙伴关系的联合声明》。声明指出，双方一致同意将中新关系提升为全方位高质量的

---

[1] 蔡本田：《新加坡经济下行压力大》，《经济日报》2023年4月3日第11版。

前瞻性伙伴关系，为双边关系规划未来发展、明确战略方向。

中新双方同意将两国关系提升为"全面、高质量、面向未来的伙伴关系"（全方位高质量的前瞻性伙伴关系），这反映了两国都希望确定战略方向，规划两国关系的发展方向。新加坡重申支持中国追求高质量发展，欢迎中国继续致力于改革开放。中方高度评价新加坡长期参与中国现代化进程，为两国合作奠定了坚实基础，支持新加坡继续发展繁荣。双方对"一带一路"倡议合作取得的可喜进展表示赞赏。在2023年"一带一路"倡议十周年的重要时刻，两国将以扩大和深化有利于两国人民和地区的高质量合作为契机。

中新双方将继续共同努力，维护世界贸易组织（WTO）所体现的以规则为基础的多边贸易体系，维护开放包容的全球经济，确保全球供应链稳定畅通，共同应对全球挑战，使经济全球化更加开放、包容、平衡、共赢。[1]

四 日本经济形势

日本经济在2022年第三季度略有收缩，这引发了日本民众对刚刚开始的经济复苏难以持续的担忧。然而，该国的经济收缩主要是由于其净出口下降，这对日本国内经济指标影响不是很大。事实上，进口增长的强劲表明日本国内需求仍然相当强劲。展望未来，日本实际国内生产总值增长会恢复到正值。在日本国内，与疫情相关的限制措施全面解除，这释放了被压抑的消费需求。然而，高通货膨胀正在迅速侵蚀日本家庭的购买力。随着被压抑的需求消退，日本通胀调整后工资疲软的现实开始显现，2023年1—12月，日本GDP同比增长1.9%。

在经济政策方面，由于当前日本国内的经济状况是稍显紧缩，该国央行允许一些政府债券以更高的收益率交易。然而，日本央行可能会保持其高度宽松的政策，即高于目标的通货膨胀主要是由于食品和能源价格上涨，这为央行争取了更多的时间来保持低利率。此外，随着全球经济增长放缓，日元可能会升值，这将产生抑制通胀的压力。与此同时，日本财政政策可能会收紧，因为政策制定者希望通过增加税收来为其国

---

[1] 周东洋：《中新伙伴关系更上一层楼》，《中国贸易报》2022年4月4日第1版。

防政策提供资金。

鉴于2022年10月日本整体通胀率同比增长3.8%，一些商品的价格显示出明显的加速上涨迹象。例如，家具和家用器具价格同比增长6.9%，与2021年7月的3.9%相比有了显著的涨幅。服装价格也在加速上涨，比一年前上涨了2.5%。对于日本大多数主要支出类别来说，通货膨胀仍然是良性的。租金、医疗保健、教育、文化和娱乐的价格增长率低于2%。

2022年，日本的旅游业将缓慢复苏。该国少数出现强劲通胀的服务业项目主要与餐馆和旅行有关，在疫情相关限制更加宽松后，日本国内对服务业的需求正在反弹。尽管这最终可能会推高该国整体通胀和核心通胀，相关收益可能是短暂的，但这同时一定会推动日本国内旅游业进一步提升，进入该国的外国游客比新冠疫情暴发以来的任何时候都多。然而，日本旅游业要实现全面复苏还有很长的路要走。比如，在国内基本商品价格迅速上涨的背景下，日本国内的消费者看到，其工资的实际价值正在萎缩，这限制了他们在旅游或其他可自由支配项目上的支出。事实上，在扣除通货膨胀因素后，2022年10月日本有5名或5名以上工人的企业的工资水平同比下降了2.6%。在拥有30名或30名以上员工的企业，经通胀调整后的工资仍比一年前低1.5%。日本大公司可能有能力推动工资增长，但小公司的利润率较低。鉴于日本约60%的劳动力受雇于中小型企业，大多数工人在短期内不太可能获得大幅加薪，这对可自由支配的消费来说不是个好兆头。

由于日本国内需求增长仍然疲软，涉外旅游业难以完全复苏。例如，2022年11月，日本接待了84300名来自美国的游客，远高于2021年11月的1432名游客，但距离2019年11月超过148993名游客仍有很大差距。同时，在旅游业方面，日本严重依赖中国游客。尽管中国对新冠疫情的管控政策越发宽松，这其中包括对从国外入境者的隔离要求，但中国的出境游可能不会大幅增长。新冠肺炎感染人数的激增将使一些潜在的中国游客无法出行。此外，并不是每个人都愿意立即进行国际旅行。

此外，日本更多的国防开支可能意味着该国更高的企业税率。日本政策的制定者越来越担心本国日益加剧的地缘政治紧张局势。因此，日本2023财年的国防预算达到6.8万亿日元，这将大大高于上一财年。今后，日本政府计划每年花费超过 8 万亿日元来提高其军事能力，到 2027 年将国防支出提高到 GDP 的 2%。这一支出水平将符合其对北约成员国的承诺。事实证明，承担如此大规模的国防开支是有争议的。近 65% 的日本公众不赞成增税以支持额外的军费开支。如果没有更高的收入或更低的支出，日本将面临更高的债务水平。日本的一般政府债务与 GDP 之比已经接近 250%，远高于世界其他主要经济体。如果该国的利率大幅上升，赤字支出可能会使日本的债务状况更加糟糕。

尽管日本公众不赞成增税，但提高公司税可能是日本政府决策者的热门选择。日本的非金融类公司坐拥大笔现金，2022 年第三季度，日本的现金或现金等价物占 GDP 的 180%，为至少 40 年来的最高水平。此外，日本若干大公司的利润率远高于疫情前的水平，部分原因是日元疲软给那些以外币来进行销售结算的公司带来了意外之财。与此同时，这些收入并没有转化为这些企业更强劲的工资增长。就公布强劲利润和持有大量现金的日本公司而言，它们很可能成为寻求增加财政收入的政策制定者的目标。资金充足的国防预算意味着更高的税收，毫无疑问，其中一些资金将用于购买外国武器。

在短期内，日本经济将继续增长，尽管增长幅度不大。该国压抑的需求和旅游业的增长应该会让消费者支出勉强维持增长。然而，在总体通胀相对较高的情况下，工资增长缓慢将使支出受到抑制。该国的货币政策也应保持宽松，这将为其经济的增长增加另一层支持。①

中国和日本分别是全球第二和第三大经济体，是亚太地区经济活动的关键参与者。两国领导人在多边平台上采取了有效和负责任的行动，表明了他们致力于推动全球经济健康发展和国际政治有序进步，并为新时期中日关系奠定了务实发展的基调。亚太经合组织的经济产出约占全球总量的 60%，贸易额占 50%，人口占世界人口的近 40%，是全球最大的经济圈。该组织的成立也意味着全球经济中心的东移，这一框架内的权力分配对全球权力结构产生了重大影响。在此背景下，中国和日本在亚太经合组织的框架下处于中心地位。

---

① "Japan economic outlook", Deloitte Insights, January 2023, https://www2.deloitte.com/xe/en/insights/economy/asia-pacific/japan-economic-outlook-01-2023.html.

自《中日和平友好条约》签署以来的 45 年里，中日两国的经济规模发生了变化，并由此改变了两国在全球力量中的权力分配，以及两国之间的力量平衡。例如，1978 年中国的 GDP 仅为日本的 22%（以美元计算），到 1991 年美苏冷战结束时，这一比例进一步下降到 11%。2023 年，中国的 GDP 大约是日本的 2.67 倍。这一转变不仅反映了全球经济力量中心发展的新趋势，也反映了中日关系的新结构和历史轨迹。中国和日本的经济结构已经改变，从一个不对称依赖的时代进入了一个以相互依赖和横向分工为特征的新阶段。中国已成为日本最重要的贸易伙伴，2023 年两国贸易额占日本贸易总额的 40% 以上。

在过去的 30 年，中日两国的贸易规模迅速增长。1995 年至 2021 年，日本从中国的进口增长了 6 倍多，而对中国的出口增长了近 9 倍，使中国成为日本最大的出口市场。同期，日本从美国的进口仅增长 1.6 倍，对美国的出口仅增长 1.2 倍。2021 年，日本从中国的进口额达到 20 万亿日元，远远超过从美国进口的 8.9 万亿日元。因此，日本对中国制造产品的依赖现在超过了对美国商品的依赖。中日经济相互依存，深深植根于中国改革开放 40 多年来两国相互投资的历史积淀。这一投资基础稳固，不易动摇。尽管美国要求日本公司调整产业布局，但中日之间庞大的贸易额和紧密相连的区域产业分工体系使日本政府和企业难以遵从美国的做法。

在当今世界经济中，出现了以欧洲、北美和亚洲经济圈为特征的新兴力量，后者以中国为中心。世界再次处于技术创新浪潮的边缘。在气候变化的大背景下，数字化转型和绿色能源转型日益凸显。中日两国在这些方面走在前列，面临产业升级的新机遇。《区域全面经济伙伴关系协定》的实施为两国通过区域市场制定世界技术标准奠定了基础。中日两国作为世界主要经济体，在区域经济发展中产生了显著的溢出效应，为区域基础设施、基础产业和市场形成提供了动力。中日两国企业正在从竞争向协调过渡，在横向分工中寻求合作机会，这在中日关系的实际发展中发挥了新的作用。

在国际形势日益复杂、风险挑战不断涌现的背景下，国际协调与合作从来都不是直截了当的。新时期的中日关系也要顺应时代发展，以继往开来的精神把握正确方向，保持邦交正常化的初心，实现互为合作伙伴、互不威胁的政治共识。2014年以来，中日领导人确立了改善两国关系的四项共识原则，为大国关系定下基调。

民众之间的友好关系是健全国与国关系的关键。广泛多样的文化交流是中日关系健康稳定的基石。加强这些联系与民间参与文化和旅游交流密不可分。具体而言，这需要扩大两国之间的旅游业——发展深度文化和历史体验之旅、丝绸之路拓展之旅、学生学习和研究之旅，甚至国际红色之旅等举措——从而为民间互动开辟新的途径和项目。

此外，跟上技术进步的时代意味着拓宽企业技术交流的途径，丰富行业技术，加强产品展览、销售和讨论。这还包括促进知识产权和技术专利的贸易和交流，促进尖端工业技术的合作研发。同时，活跃各领域的学术交流为中日关系增添了深度，媒体互动频繁、多层次，记录历史，引导当代潮流。

在国际关系中，近邻中的大国关系至关重要。对中国而言，日本既是邻国，又是大国。中国是一个和平崛起的国家，有能力与时代接轨，与其他大国和邻国建立友好合作关系，引领新时期的对日关系，成为维护全球和平、促进地区合作发展的典范。①

第二节　发展中国家的经济形势

一　蒙古国经济形势

根据蒙古国国家统计委员会公布的数据，2022年该国经济增长率为4.8%，进出口总额达到212亿美元，同比增长32.1%。蒙古国在保持传统产业优势的基础上，不断促进经济多元化发展，取得积极效果。

矿产品的出口增长促进蒙古国经济复苏和发展。蒙古国海关总局的数据显示，2023年前4个月对外贸易总额超过77亿美元，同比增长26亿美元，增幅达50.5%。其中，矿业作为蒙古国的支柱产业，其出口保

---

① "Japan, China renew pledge to promote ties on friendship pact's 45th aniversary", Kyodo News, October 24, 2023, https://english.kyodonews.net/news/2024/02/c8d27bd053a7-kyodo-news-digest-feb-9-2024.html.

持较为强劲的增长势头。①

蒙古国大力发展旅游业，推动经济多元化发展。蒙古国"远景2050"发展规划将旅游业确定为优先发展的行业，旨在通过利用本国独特的旅游资源，将旅游业打造成本国经济发展的另一个支柱。蒙古国移民局通过签证便利化举措来吸引外国游客。②

蒙古国不断加大对农牧业的扶持。蒙古国食品农业与轻工业部发布的数据显示，2022年该国农牧业产值占国内生产总值的32.3%，在地方经济中占比更是高达85%。2022年，蒙古国牲畜存栏数量达到7112万头。2023年前4个月，蒙古国出口肉类食品总额达6700万美元。

蒙古国政府还制定了提高农产品加工水平、增加农牧业产品出口的政策。随着蒙古国越来越重视草原生态保护和牲畜品种的改良，农牧业在国民经济中的比重将持续提高，促进该国经济结构更加平衡。③

2022年蒙古国主要经济社会指标如下。④

a. 财政金融（表4-1）：

表4-1　　　　　　　　2022年蒙古国财政赤字大幅下降

财政收支状况	金额	变化幅度
财政预算收入（含外来援助）	50亿美元	同比增长35.3%
财政支出（含偿债金额）	53亿美元	同比增长16.2%
财政赤字	3亿美元	同比下降66.5%

资料来源：笔者根据网络公开资料整理。

---

① 据蒙古国国家统计委员会公布的数据，2023年前4个月，蒙古国煤炭出口1900万吨，同比增长400%；铁矿石出口180万吨，同比增长72%；原油出口160万桶，同比增长100%。2023年1月，蒙古国首个通过电子交易所竞拍销售的煤炭业务成功试行。2023年第一季度，通过这一平台交易的煤炭量达到108万吨。
② 为方便中国游客去蒙古国旅游，蒙古国移民局官网还提供中文页面服务，方便中国公民办理签证业务，并计划为赴该国边境口岸城市旅游的中国公民提供"入境签"业务。
③ 《蒙古国促进经济多元化发展》，2023年5月31日，人民网，http://world.people.com.cn/n1/2023/0531/c1002-40002583.html。
④ 《2022年蒙古国国民经济运行情况》，2023年2月2日，中华人民共和国商务部，http://mn.mofcom.gov.cn/article/jmxw/202302/20230203382052.shtml。

b. 货币供给增加：2022年年末，蒙古国广义货币（M2）供应量余额为86.5亿美元，同比增长6.4%。

c. 商业贷款（表4-2）：

表4-2　　　　　　　　2022年蒙古国商业贷款余额增加

贷款余额	金额	变化幅度
关注类贷款余额	3.2亿美元	同比增长20.3%
不良贷款	5.8亿美元	同比下降2.6%
国内银行贷款余额	64.7亿美元	同比增长6.5%

资料来源：关注类贷款占总贷款余额的5.1%。

d. 股票市场（表4-3）：

表4-3　　　　　　　　2022年蒙古国股票市场成交量显著下降

股票市场状况	数额	变化幅度
股票市场总交易量	1.6亿美元	同比下降52.8%
证券交易次数	6亿笔	同比下降13.2%

资料来源：笔者根据网络公开资料整理。

e. 居民消费价格（表4-4）：

表4-4　　　　　　　　2022年12月蒙古国居民消费价格大幅上涨

消费价格	变化幅度
食品价格	上涨15.4% （非酒精饮料价格上涨24.2%）
烟酒价格	上涨8.1%
衣物价格	上涨18.5%
居住、水、电、燃料价格	上涨15.4%
药品及医疗服务价格	上涨17.4%
运输价格	上涨6.2%

资料来源：国内居民消费价格指数（CPI）环比上涨1%，同比上涨13.2%。

f. 汇率（表4-5）：

表4-5　　　　2022年年末蒙古国汇率持续贬值

币种	蒙古国银行（央行）汇率
人民币兑蒙图格里克平均汇率	491.66
美元兑蒙图格里克平均汇率	3431.29
欧元兑蒙图格里克平均汇率	3630.48
俄罗斯卢布兑蒙图格里克平均汇率	52.35

资料来源：笔者根据网络公开资料整理。

g. 粮食种植面积、粮食产量均比上年减少（表4-6）：

表4-6　　　　2022年蒙古国粮食生产状况

粮食种类	产量	变化幅度
谷物	42.8万吨	同比下降30.2%
土豆	21.4万吨	同比增长17.5%
蔬菜	14.8万吨	同比增长22.3%
饲料	17.1万吨	同比下降41.7%
牧草	156万吨	同比下降9.1%

资料来源：2022年，蒙古国共有1.77万农户，1600家企业从事农业生产。全国农作物种植面积达61.8万公顷，同比下降8.4%。

h. 牲畜头数保持一定增长（表4-7）：

表4-7　　　　2022年年末蒙古国牲畜存栏量

种类	数量	变化幅度
马	480万匹	同比增加11.5%
牛	550万头	同比增加9.8%
骆驼	50万峰	同比增加3.6%
绵羊	3270万只	同比增加5.3%
山羊	2760万只	同比增加4.2%

资料来源：截至2022年年末，牲畜存栏量共计约7110万，同比增长5.6%。共计23.83万牧民从事畜牧业生产，同比增加0.8%。

i. 工业生产持续恢复（表4-8）：

表4-8　　　　　　　　　2022年蒙古国工矿业状况

行业	产值	变化幅度
采矿业	48.2亿美元	增长28.8%
制造业	14.7亿美元	增长22.3%
电力热力燃气行业	4.3亿美元	增长7.8%

资料来源：2022年，工矿业总产值67.9亿美元，同比增长25.7%。

j. 交通运输业稳步增长（表4-9）：

表4-9　　　　　　　　　2022年蒙古国交通运输业发展状况

运输方式	运输收入	运输收入变化幅度	运输货物重量	运输货物重量变化幅度	发送旅客人次	发送旅客人次变化幅度
铁路	2.1亿美元	下降2.5%	2770万吨	下降11.5%	240万人次	增长6倍
航空	1.4亿美元	增长2.5倍	1.3万吨	增长6.5%	95.2万人次	增长4.8倍
公路	2.2亿美元	增长89.6%	3310万吨	增长84.1%	1.43亿人次	增长34.2%

资料来源：截至2022年年底，运输业收入5.9亿美元，增长47.6%；运输货物6080万吨，增长23.4%；发送旅客1.46亿人次，增长36.6%。

k. 进出口贸易快速增长（表4-10）：

表4-10　　　　　　　　　2022年蒙古国对外贸易状况

贸易状况	金额	变化状况
贸易总额	212亿美元	同比增长32.1%
出口总额	125亿美元	同比增长35.7%
进口总额	87亿美元	同比增长27.2%
贸易顺差	38亿美元	同比增长60.1%

资料来源：此表为蒙古国与世界160个国家和地区贸易状况。2022年，对蒙贸易前五位国家分别是中国、俄罗斯、瑞士、韩国、日本，贸易额分别为136.4亿美元、27亿美元、10.3亿美元、6.9亿美元、6.7亿美元。

l. 煤炭出口量大幅增长（表4-11）：

表4-11　　　　　　　　2022年蒙古国矿产及能源出口状况

出口矿产和能源种类	数量	数量变化幅度	金额	金额变化幅度
煤炭	3168万吨	同比增长101.7%	64.9亿美元	同比增长135%
铜精粉	145万吨	同比增长13.2%	27.3亿美元	同比减少5.5%
铁矿石	473万吨	同比减少33.3%	3.9亿美元	同比减少58.9%
原油	260万桶	同比下降40%	2.4亿美元	同比下降11.1%
锌精矿粉	14.1万吨	同比增长25.8%	2.8亿美元	同比增长64.7%

资料来源：笔者根据网络公开资料整理。

m. 对华贸易额再创新高（表4-12）：

表4-12　　　　　　　　2022年蒙古国对华贸易状况

贸易状况	金额	变化状况
对华贸易总额	136.4亿美元	同比增长34.3%
对华出口额	105.7亿美元	同比增长38.5%
自华进口额	30.7亿美元	同比增长21.8%

注：2022年，蒙古国对华贸易总额占蒙古国同期外贸总额的64.3%。

资料来源：笔者根据网络公开资料整理。

2020年，蒙古国的贫困率为27.8%，比2018年的水平低0.6个百分点，这得益于蒙古国长期发展规划"远景2050"的支持，该计划旨在减少贫困，支持就业，并确保可持续的社会和经济增长。2019年，蒙古国还批准了一项"新复苏政策"，以克服新冠疫情后的经济困难。该政策包括六个恢复领域：港口、能源、工业、城市和农村、绿色增长和国家生产力。在这方面，蒙古国正在制定新的法案，如公司和个人所得税法、公务员法，暂停某些类型的控制和检查法以及投资法。

蒙古国制订了一项行动计划，致力于调动所有可用资源，批准并实施了关于权利、参与、保护人口群体、健康、就业和安全食品的法律。蒙古国根据《巴黎原则》修订了国家人权委员会的法律，委员会成员从三人增加到五人。国家还在2021年批准了关于人权维护者法律地位的法律，该法律定义和保护人权维护者的法律地位，并规范了人权维护者委员会的结构、组织和活动。

蒙古国关于信息透明度的法律已经获得批准。此外，蒙古国劳动法于2021年进行了修订。修订后的法律确保了民间社会伙伴组织的参与；制定了兼职工作和远程工作条例；确保加入工会的权利；限制强迫劳动、歧视、童工和超长工作时间。2021年还修订了蒙古国《移民法》，以保护从蒙古国到外国和从外国到蒙古国的劳动力移民的人权和法律利益。

蒙古国正在分阶段实施重组、建设和连接城乡工程基础设施的项目和措施。蒙古国还批准了加强反腐败斗争的政策和行动计划，如2016年国家反腐败方案。该项目包括预防公共机构、官方和私营部门以及民间社会腐败风险的活动。

蒙古国政府采取措施支持新冠疫情期间的就业。在新冠疫情期间，蒙古国公民每人获得了3万图格里克，并为公民支付了税收和社会保险补贴。增加了对社会保险受益人的支付，并向牧民和中小企业提供了低息贷款。在新冠疫情期间，政府还暂停了住房贷款，并大量补贴电费。

蒙古国政府一直致力于降低供水和卫生设施方面的不平等现象。99%的城市居民和65%的牧民获得了安全饮用水。59%的农村居民配备了卫生设施。蒙古国政府已于2022年开始在15个省份建设新的供水设施。在乌兰巴托，水井供水正在实现自动化。从2015年开始，蒙古国政府对污水处理设施进行了改造。蒙古国政府为3200个农村家庭提供了抽水马桶，并为300多所农村幼儿园提供了清洁水源，计划到2027年为700个农村村庄提供清洁水供应。

在能源方面，蒙古国政府的目标是到2024年利用太阳能和风能生产18%的能源。蒙古国有7000万头牲畜，政府正在建立集约化农场，以减少牲畜数量并降低其对气候变化的影响。蒙古国政府正在努力减少贫困人口，制定支持就业的国家方案，所采取的干预措施的重点是针对失业率高的行业和地区，以帮助人们找到工作。

除法律规定的情况外，外国公民享有与蒙古国公民平等的权利。移民、难民和无国籍人士可以获得医疗保健和国家服务。长期居住在蒙古国的人接种了新冠疫苗。蒙古国有200多名专门从事心理健康的医生和护士，医院有700多张床位供心理健康患者使用。在中小学健康课程中，设置了关于心理健康的单元。76名心理健康从业者被安置在中小学，这些从业者在学校接受了提供心理健康支持的特殊培训。①

二 哈萨克斯坦经济形势

尽管哈萨克斯坦石油产量下降，供应链出现问题，但2022年哈萨克斯坦的GDP增长率为3.2%。该国GDP的增长是由其对邻国的非石油出口和7.9%的投资增长推动的。该国农业、制造业、建筑业和服务业也对GDP的增长做出了贡献。

2022年，得益于较高的石油出口，哈萨克斯坦的经常账户有62亿美元的盈余，这与2021年79亿美元的赤字形成鲜明对比。哈萨克斯坦外国直接投资的加速可能是由于高油价推动了对采矿业的投资。到2022年年底，哈萨克斯坦国际储备总额增长了2%。到2023年2月，由于进口价格上涨、骚乱后工资大幅上涨以及坚戈贬值，该国通货膨胀率达到21.3%，为20多年来的最高水平。

2023年2月，哈萨克斯坦中央银行将政策利率从一年前的10.25%上调至16.75%。继2022年对美元贬值8%后，坚戈在2023年保持稳定。2022年，哈萨克斯坦政府将其福利提升到了GDP的0.5%（总计占GDP的3%），并增加了对地方政府的转移支付。尽管支出增加，但石油和非石油税收的提升给政府带来更高的财政收入，并带来0.4%的财政盈余。

哈萨克斯坦银行业一直保持着韧性。在俄乌冲突之前，俄罗斯子公司持有哈萨克斯坦银行业约15%的资产，但在西方制裁之后，这一比例降至0.4%。2022年12月，哈萨克斯坦不良贷款率达到3.6%，仅略高于去年同期的3.3%。2022年全年哈萨克斯坦失业率稳定在4.9%。2022年第四季度，哈萨克斯坦劳工罢工和最低工资上涨41%，这使该国实际工资上涨2.8%。

---

① "Committee on Economic, Social and Cultural Rights Welcomes Mongolia's Efforts to Promote Human Rights in Business Activities, Asks About Measures to Combat Poverty", United Nations, September 28, 2022, https://www.ohchr.org/en/press-releases/2022/09/committee-economic-social-and-cultural-rights-welcomes-mongolias-efforts.

哈萨克斯坦政府采取了一系列措施和倡议，以实现可持续发展目标，塑造国家安全、公平和进步的未来。该国正在稳步采用新技术，以确保社会福利、就业增长、有竞争力的教育和高效的医疗保健。在过去十年中，哈萨克斯坦人口增长了18.5%，2022年达到1970万人。在该国590万个家庭中，超过98万个没有正式收入，包括养老金和社会福利、定向社会援助等。根据该国人口劳动和社会保护部的数据，2022年，127600个家庭中有657300人获得了定向社会援助。[①]

哈萨克斯坦是"一带一路"的首倡之地和向西建设的境外首站，其地理位置和与中国紧密的经济联系使其成为中国中西部陆上经济外向发展的关键。哈萨克斯坦于2013年加入了"一带一路"倡议。2014年，哈萨克斯坦成为亚洲国际投资银行（AIIB）的签约国，进一步巩固了与中国的经济联系，并为获得利润丰厚的中国投资机会开辟了渠道。中国是哈萨克斯坦最大的贸易伙伴，也是外国直接投资的重要来源。哈萨克斯坦目前有21个"一带一路"建设项目正在进行中，总额为120.7亿美元。中国是哈萨克斯坦五大外国投资者之一，占该国总投资的4.7%，中哈合资企业约有700家。

中国在哈萨克斯坦投资的核心是两个运输过境点：霍尔果斯和多斯提克—阿拉山口。霍尔果斯港预计将成为世界上最大的陆港，每年可处理3000万吨货物。除了陆港，哈萨克斯坦还希望在霍尔果斯建立边境自由贸易区，以促进与中国的贸易并增加就业。两国政府都希望经济活动能使霍尔果斯市的人口增加到10万人以上。由于"一带一路"倡议和亚投行融资举措推动了陆路过境路线的改善，中哈之间的双边贸易量猛增。2019年，哈萨克斯坦对中国的出口总额为79.2亿美元。同年，哈萨克斯坦从中国进口的商品价值98亿美元，成为中国在全球的第40大贸易伙伴。在中亚地区，哈萨克斯坦是中国的第二大贸易伙伴，仅次于土库曼斯坦。

哈萨克斯坦是中国实现"一带一路"倡议的关键。其广阔的领土以

---

① "Digitalisation for sustainable development and social well-being of society", United Nations Development Programme, February 13, 2023, https：//www.undp.org/kazakhstan/stories/digitalisation-sustainable-development-and-social-well-being-society.

及与俄罗斯、其他中亚国家和里海的联系凸显了哈萨克斯坦对中国的重要性。哈萨克斯坦也有志于加入现代发达经济体俱乐部，并在世界舞台上发挥更突出的作用。鉴于这种情况和一系列目标，哈萨克斯坦应进一步实现贸易伙伴多元化。哈萨克斯坦的多方位外交政策将该国从单一依赖地区大国转变为能够平衡多个大国，从而使其外交政策获得最大利益。2022年1月骚乱事件发生后，托卡耶夫总统在议会演讲中概述了经济和其他改革，这将使哈萨克斯坦对其他外国商业伙伴更有吸引力，从而有助于实现经济多元化。

哈萨克斯坦应该考虑继续发展霍尔果斯经济特区。霍尔果斯有能力容纳超过10万居民，并作为中国投资者和其他进入中亚市场的投资者的运营基地。尽管哈萨克斯坦应继续敦促中国投资者考虑将公司业务转移至霍尔果斯，但它应寻求吸引世界其他地方的物流和其他公司来到这座城市，使其成为增值经济活动的中心以及新丝绸之路的中转枢纽。通过展示霍尔果斯经济特区的商业产出增加，它可以吸引包括美国在内的西方其他投资者参与这个中亚国家的投资。[①]

三　乌兹别克斯坦经济形势

近年来，乌兹别克斯坦政府制定了一系列雄心勃勃的改革，但还需要更多的改革来继续刺激私营部门主导的增长和创造就业机会。值得注意的是，该国降低国有企业的主导地位，并把关键经济部门向外开放竞争，这将加强市场激励和可持续性。

2022年12月20日，乌兹别克斯坦总统沙夫卡特·米尔济约耶夫在议会发表年度讲话，介绍了乌兹别克斯坦政府2023年的计划和优先事项。他确定了六个优先领域，其中包括：实施公共行政改革；继续加强将个人置于政府行动核心的"社会国家"；确保将保护人权和自由作为国家的宪法义务；加强对自然资源的保护，包括水和底土资源；通过自由市场机制改善商业环境，确保健康的竞争和私有财产的不可侵犯性，并支持创业；吸引投资并将最大的国有企业和国有银行私有化。2022年12月和

---

① Dante Schulz, "China-Kazakhstan Bilateral Relations", Caspian Policy Center, https://www.caspianpolicy.org/research/security-and-politics-program-spp/china-kazakhstan-bilateral-relations.

2023年1月，包括首都塔什干在内的全国各地的公民和企业经历了前所未有的天然气和电力中断。这些事态发展突显了乌兹别克斯坦能源部门的系统性危机和改革需求，世界银行和其他发展伙伴也支持乌兹别克斯坦能源部门改革。2022年，乌兹别克斯坦的国内生产总值增长了5.7%，这主要得益于该国强劲的汇款、消费和出口业绩。2022年，在对俄罗斯出口高增长（52%）的推动下，该国非黄金出口增长了21%（以美元计），出口的商品种类主要是纺织品、有色金属、化肥和食品。由于来自俄罗斯的游客或移民增加了3倍，来自哈萨克斯坦、吉尔吉斯斯坦和塔吉克斯坦的旅游业也有所回升，乌兹别克斯坦的服务出口，主要是运输和旅游业，增长了53%。

2022年，由于卢布升值和移民流入增加，乌兹别克斯坦的汇款流入占GDP的比例翻了一番，达到18.9%。这些资金的流入一部分反映了俄乌冲突发生后，离开俄罗斯的俄罗斯公民和迁往乌兹别克斯坦的公司的私人资金转移增加。

得益于较高的财政收入，乌兹别克斯坦财政赤字占GDP的比重从2021年的6.1%下降到2022年的4.2%。到2022年年底，乌兹别克斯坦国际储备略有增加，达到358亿美元。

食品、燃料和物流成本的上涨推动乌兹别克斯坦2021年12月CPI通胀率上升至12.3%。2022年，乌兹别克斯坦索姆兑美元贬值3.8%，实际有效汇率小幅升值0.4%。尽管青年和妇女以及落后地区的失业率仍然较高，乌兹别克斯坦失业率从2021年的9.6%降至新冠疫情暴发前的8.8%。由于汇款增加，预计该国贫困率将从2021年的17%降至2022年的14%。

为推动乌兹别克斯坦的市场自由化改革，米尔齐约耶夫总统对中国进行了正式国事访问，参加了"一带一路"国际论坛，并与东亚和中亚国家的领导人会面，以将乌兹别克斯坦与里海其他地区整合在一起。截至2020年年底，乌兹别克斯坦注册了近1800家在其境内经营的中国公司，在该地区这一数字仅次于俄罗斯。

尽管没有共同的边界，但乌兹别克斯坦是中国陆上贸易的重要中转站，因为该国靠近天然气丰富的里海和土库曼斯坦。因此，作为土库曼斯坦天然气和其他地区贸易投资地点及中转国，中国对乌兹别克斯坦的投资激增。2019年，中国在乌兹别克斯坦固定资产的外国投资中占比26.2%。此外，2020年乌兹别克斯坦有1650多家企业依靠中国资本运营，而依赖俄罗斯资本的乌兹别克斯坦企业有1820家，两者不相上下。

乌兹别克斯坦的自由化经济发展对资本有巨大需求，这有利于促进中小型企业的增长，该国年轻人口将填补越来越多的空缺职位。乌兹别克斯坦有15个"一带一路"项目正在建设中，价值30.8亿美元。乌兹别克斯坦位于中国—中亚—西亚经济走廊上，这是中国陆上经济"一带一路"倡议的拟议路线之一。2017年5月，习近平主席与米尔济约耶夫总统签署了115项协议，以寻求在能源生产、纺织品、运输、农业和天然气开采方面的双边合作。"一带一路"引领的乌兹别克斯坦基础设施项目的运输时间缩短，预计将增加乌兹别克斯坦对外国市场的出口，并为其国内经济带来积极成果。

中乌之间的双边贸易也有所增加。2019年，乌兹别克斯坦对中国的出口额为19.1亿美元，而中国对乌兹别克斯坦的出口额则为50.1亿美元，两国贸易关系存在40亿美元的贸易逆差。乌兹别克斯坦出口到中国的大部分货物包括石油、天然气和原棉。另外，乌兹别克斯坦从中国进口制成品和重型设备，以开采这些石油和天然气资源并促进棉花种植。

四 吉尔吉斯斯坦经济形势

吉尔吉斯斯坦是一个地处内陆的中低收入国家。它拥有丰富的资源，包括矿产、森林、耕地和牧场，在扩大水电生产、农业和旅游业方面具有巨大潜力。

自1991年独立以来，该国形势一直不稳定：2005年、2010年和2020年的政治动荡导致总统被推翻。萨迪尔·贾帕罗夫于2020年10月政治动荡后上台，于2021年1月以79%的选票当选总统，并承诺在建立国家秩序的同时解决犯罪和腐败问题。此后，该国总统制政府得到巩固，总体政治局势趋于稳定。

吉尔吉斯斯坦经济严重依赖汇款、黄金生产和外国援助，因此容易受到外部冲击。强劲和可持续的经济增长需要加强体制和政策，以发展私营部门，刺激国际贸易，并鼓励财政上可持续的能源生产。2022年，吉尔吉斯斯坦经济增长率达到7%，黄金生产、农业和服务业推动了经济增长，后者得到了与贸易有关的服务和俄罗斯公民重新到吉尔吉斯斯坦所带来的额外需求的支持。在需求方面，私人消费和公共投资支持了增长，而净出口则起到了负面作用。2022 年吉尔吉斯斯坦通货膨胀率达到 14.7%，这是连续第四年上涨，并创下了自 2010 年以来的最高 CPI。吉尔吉斯斯坦的通货膨胀是由全球食品和燃料价格上涨以及国内需求增加推动的。尽管黄金产量强劲，但由于国内黄金被出售给吉尔吉斯斯坦国家银行，黄金出口下降了 99%。据估计，吉尔吉斯斯坦经常账户赤字已从去年同期的 8.6% 扩大到 GDP 的 27%。

2022 年，吉尔吉斯斯坦财政赤字占国内生产总值的比例从上年同期的 0.3% 增至 1.4%。由于收入表现强劲，财政扩张低于预期。由于进口增加和税收遵从性提高，吉尔吉斯斯坦税收收入占 GDP 的比重从 24.5% 增加到 29.2%。在公务员、医生、教师和社会工作者的工资大幅上涨以及资本支出增加后，吉尔吉斯斯坦财政支出占 GDP 的比重从 32.8% 增加到 38.4%。作为 GDP 的一部分，吉尔吉斯斯坦的公共债务从 2021 年的 59% 降至 2022 年的 52%。

自 2013 年签署"一带一路"倡议以来，吉尔吉斯斯坦已实施或正在实施 21 个"一带一路"项目，总金额 21.1 亿美元。此外，截至 2019 年年底，吉尔吉斯斯坦吸引的 55.9 亿美元外国直接投资中，中国几乎占了一半。

吉尔吉斯斯坦的外国直接投资主要集中在采矿业和其他采掘业。然而，中国对穿越中亚的新过境路线的设想让吉尔吉斯斯坦的地理位置得到凸显。拟建的中吉乌铁路是中国着力推动的项目之一。这条铁路将经由吉尔吉斯斯坦连接乌兹别克斯坦的安集延和中国的喀什，缩短欧洲和中国之间的货物运输距离，同时加强吉尔吉斯斯坦和乌兹别克斯坦在"一带一路"项目中的地位。然而，该项目已经停滞，因为吉尔吉斯斯坦希望利用与该项目相关的资金来建设一条包括吉尔吉斯斯坦北部城市在内的铁路。此外，吉尔吉斯斯坦当局正在寻找其他融资来源，如俄罗斯或乌兹别克斯坦，以减少来自中国的债务。

吉尔吉斯斯坦对中国的主权债务风险敞口是里海地区最高的国家之一，约占其国内生产总值的 29.8%。据报道，2021 年 2 月，吉尔吉斯斯坦发生 50 亿美元的债务，其中 40% 以上是欠中国进出口银行的。吉尔吉斯斯坦原计划按时偿还债务，但新冠疫情导致经济增长放缓，阻碍了其偿还对华贷款的能力。

吉尔吉斯斯坦的国内经济发展严重依赖其采矿和采掘业。尽管事实证明，该行业在吸引外国直接投资方面利润丰厚，但它使该国容易受到外部冲击，并可能造成对单一国家投资的依赖。吉尔吉斯斯坦应向外国投资者推介其中小企业、服务业和能源部门，以增强其经济的韧性。比什凯克还可以对中国游客实行免签证制度。哈萨克斯坦也制定了类似的政策，简化了来自中国旅行团的签证处理，并允许中国游客在不获得签证的情况下在该国最多停留72小时。吉尔吉斯斯坦靠近中国，具有一定吸引中国游客、促进经济增长以及实现经济生产力多样化的潜力。该国前总统热恩别科夫指出了简化中国公民签证程序的重要性，但这样做的提议尚未实现。

五 塔吉克斯坦经济形势

在过去十年中，塔吉克斯坦在减少贫困和发展经济方面取得了稳步进展。2000—2021年，该国以国家贫困线衡量的贫困率从占人口的83%降至26.5%，而经济以每年7%的平均速度增长。然而，塔吉克斯坦创造就业的速度没有跟上人口增长的步伐，这使该国经济容易受到外部冲击，而私营部门在经济中的作用仍然有限。塔吉克斯坦农村地区的非货币贫困指标仍然很高，农村地区只有36%的人口能够获得安全饮用水。新冠疫情暴发后，塔吉克斯坦人口的社会和经济福祉严重恶化。2021年该国经济快速复苏，但劳动力市场依然疲软，与疫情前相比，粮食不安全问题更加普遍。此外，2022年，由于受到俄乌冲突的影响，塔吉克斯坦经济面临一系列新的挑战。塔吉克斯坦极易受到气候变化和自然灾害的影响，这对成功的经济管理构成额外挑战。

塔吉克斯坦《2030年国家发展战略》设定了到2030年将国内收入增加3.5倍和将贫困减少一半的目标。如果塔吉克斯坦改变目前的经济增长模式，给私营部门更多的投资机会，创造就业机会，为创新和增长作出贡献，这一目标是可以实现的。

与早些时候的预期相反，尽管俄乌爆发冲突，包括塔吉克斯坦在内的中亚国家出境务工和侨汇汇寄受到了影响，但2022年上半年塔吉克斯坦经济同比增长7.4%。在强劲的家庭消费和私人投资带动下，塔吉克斯坦经济在2022年上半年同比增长7.4%，出口保持平稳。在劳务移民人数增加和有利汇率（因俄罗斯卢布升值增加了汇款的价值）影响下，该国强劲的汇款流入证明了该国强劲的国内需求是经济发展的主要推动力。在服务业和工业的带动下，塔吉克斯坦经济报告显示各部门产出均出现广泛上涨。对消费品和投资品的强劲国内需求推动了进口，2022年上半年，塔吉克斯坦贸易逆差扩大至GDP的26.7%，而去年同期为17.6%。相比之下，全球矿产价格的飙升和俄罗斯对农产品需求的增强抵消了该国贵金属出口产值降低40%（在过去两年大量库存销售之后）。尽管2021年的基数较低，但该国外国私人投资同比增长约25%。由于出售粮食储备、推迟上调公用事业关税以及日元有限贬值，塔吉克斯坦2021年6月底的总体通胀率同比控制在8.3%。索莫尼大体上遵循了卢布的走势，即在俄乌冲突爆发时开始贬值，后来对主要货币重新升值。塔吉克斯坦政府在2023年上半年平衡了政府预算，强劲的国内活动和进口扩张导致税收和非税收入超过原先设定的目标。塔吉克斯坦的出口债务约占国内生产总值的40%，且出口收入较低，因此该国面临外部和整体公共债务困境的风险仍然很高。

塔吉克斯坦的社会部门（教育、保健和社会保护）在预算总支出中的份额保持在40%。在发展伙伴的帮助下，塔吉克斯坦当局计划可持续地增加社会拨款，以帮助弱势家庭。根据塔吉克斯坦长期发展战略，公共投资的重点是能源和交通。

塔吉克斯坦政府清理问题银行，包括塔吉克工业银行和农业投资银行，改善了银行部门的指标。到2022年6月，塔吉克斯坦不良贷款占总贷款的比例从13.4%下降到11.4%，资本与风险加权资产的比率为25.1%，是最低要求12%的两倍多。在2022年的前7个月，塔吉克斯坦家庭工资和自营职业收入下降，获得收入的家庭比例从14%下降到10%，获得自营职业和农业收入的家庭比例分别从12%下降到7%。

塔吉克斯坦是苏联解体后所有加盟共和国中最贫穷的国家，地处内陆，被山脉孤立。独立后多年的内战进一步制约了该国经济增长。世界银行估计，塔吉克斯坦2020年的人均收入约为860美元，约40%的国内生产总值来自汇款，居住在该国的900万塔吉克公民中，每年有100多万人前往俄罗斯寻求就业。塔吉克斯坦的经济形势因新冠疫情等全球冲击而恶化。

塔吉克斯坦于2018年正式加入"一带一路"倡议。此后，中国投资者在该国启动了四个"一带一路"建设项目，金额达3.2亿美元。与此同时，塔吉克斯坦积累了巨额外债。该国目前欠外国实体约32亿美元，其中近一半来自中国。塔吉克斯坦欠中国进出口银行11.2亿美元，远远超过其第二大债权方世界银行。中国进出口银行于2007年开始向塔吉克斯坦提供贷款，用以建设一条从杜尚别到乌兹别克斯坦边境的500千瓦输电线路。尽管人们担心塔吉克斯坦可能难以偿还更多债务，并可能陷入债务陷阱，但从中国进出口银行的借款一直持续到2020年。2020年，塔吉克斯坦签署了五个新的贷款项目，价值4.595亿美元，并宣布计划在2021年再贷款5.62亿美元。塔吉克斯坦的外债上限从占国内生产总值的40%上升到2018年的60%。

贸易合作是中塔经济合作的重要组成部分。据中国统计，2023年中塔双边贸易额增长了50%以上，但还有很大提升空间，中方有望成为塔吉克斯坦最大贸易伙伴。

六 土库曼斯坦经济形势

土库曼斯坦位于欧亚大陆的中心，自2012年以来一直被列为中上等收入国家。它与哈萨克斯坦、乌兹别克斯坦、伊朗、阿富汗接壤，该国西部与里海接壤，拥有丰富的天然气和石油储量。

土库曼斯坦的天然气储量排在世界第四，约占全球储量的10%。除了棉花和天然气，该国还拥有丰富的石油、硫、碘、盐、膨润土、石灰石、石膏和水泥，这些是化工和建筑业的必备资源。

尽管2019年7月，土库曼斯坦与俄罗斯联邦签署了一份为期五年的天然气供应合同，但恢复的天然气产量将大大低于三年前，这使中国成为土库曼斯坦最大的油气出口市场。此外，该国正在建设土库曼斯坦—阿富汗—巴基斯坦—印度（TAPI）管道。通过天然气交换机制向其他地区出口天然气将有助于降低过度依赖单一客户的风险。

土库曼斯坦严格的行政控制和公共部门在经济活动中的主导作用阻碍了私营部门的发展。尽管私营部门在经济部门的份额有所增长，但公共部门和国有垄断企业仍在管理经济和正规劳动力市场。除油气行业部门外，土库曼斯坦的外国直接投资仍然有限。

开放经济、改善商业监管环境、加快国有企业的公司化和私有化，以及加大人力资本投资，对于促进土库曼斯坦私营部门发展和实现国家中长期发展目标至关重要。

据土库曼斯坦政府估计，2022年该国GDP增长率将从2021年的4.6%增长到6.2%。在能源价格上涨的背景下，土库曼斯坦石油和天然气收入飙升——2022年增长了80%。该国将通过增加投资和公共支出来支撑国内需求，服务业、零售业和制造业活动的加速也推动了经济扩张。此外，该国2014年以来最高的预算盈余和年底公共债务占GDP比率的下降预示着公共财政压力得到一定程度的缓解。

根据区域组织SESRIC的数据，由于能源和食品价格上涨强劲，土库曼斯坦2022年的平均通货膨胀率为17.5%（2021年为14.9%）。到2023年，该国价格压力应该会有所缓解，但仍保持在两位数。此外，该国大宗商品价格波动、国家管理的价格可能结束以及不利天气下农业产量的下降，都带来了经济下行风险。

在地缘方面，土库曼斯坦是里海地区最孤立的国家。该国自萨帕尔穆拉特·尼亚佐夫总统领导下脱离苏联独立以来，一直奉行被称为"积极中立"的不干涉和不结盟政策。他的继任者、总统古尔班古利·别尔迪穆哈梅多夫继续奉行孤立主义政策，对外国游客的流入、宗教表达和言论自由保持严格控制。

尽管土库曼斯坦尽了最大努力进行"自我孤立"，但它仍然容易受到外部冲击。阿什哈巴德长期以来一直与塔利班领导层保持沟通，以防止其与阿富汗的共同边界发生冲突。土库曼斯坦还希望在塔利班的支持下恢复停滞的项目，如TAPI。此外，2014年至全球新冠疫情的第一波暴发期间，油气价格的低迷对土库曼斯坦的经济造成了打击。

土库曼斯坦已开始调整其孤立主义政策，重振与包括土耳其和中国在内的地区伙伴的经济关系。土库曼斯坦和土耳其于2021年11月达成了八项协议，以增加双边贸易额并促进多个领域的合作。土库曼斯坦还扩大了在中国的外交存在。2018年，土库曼斯坦在中国开设了第一个签证中心，为越来越多的中国游客处理前往该国的申请，阿什哈巴德希望利用这一点来发展土中关系。

中国和土库曼斯坦于 1992 年 1 月苏联解体后建立外交关系。2006 年，土库曼斯坦前总统尼亚佐夫访问中国，开启了土中双边关系更加密切的时代。中亚—中国天然气管道（A 线、B 线和 C 线）由此开始建设，该管道从 2009 年开始每年向中国输送高达 350 亿立方米的天然气，这占据土库曼斯坦外汇收入不小的份额。阿什哈巴德在 2014 年将其与中国的关系提升为战略伙伴关系。尽管土库曼斯坦既不是中国主导的亚洲基础设施投资银行（AIIB）的成员国，也不是"一带一路"倡议的参与国，但土库曼斯坦仍然受益于与中国的战略关系。

土库曼斯坦对中国的天然气出口是中土双边关系的重要组成部分。中国是世界上最大的能源消费国，也是温室气体排放的重要贡献者。为了在 2060 年前实现其碳中和目标，中国寻求稳定的天然气供应，以支持其从煤炭向可再生能源的过渡。截至 2021 年，土库曼斯坦拥有 19.5 万亿立方米的天然气储量，是世界第四大天然气储存库，占全球天然气储量的 9.8%。中国希望进一步挖掘土库曼斯坦巨大的天然气储量，以维持其经济增长，并通过在现有的三条管道上增加第四条 D 线来取代煤炭，这将使输送量每年增加 300 亿立方米。

中亚—中国天然气管道自开通以来已向中国输送了 8.4 万亿立方英尺的天然气。这条长 2277 英里的管道从土—乌边境延伸至哈萨克斯坦—中国边境的霍尔果斯，在那里连接中国国内管网。乌兹别克斯坦和哈萨克斯坦还将其国内管网与中亚—中国天然气管道相连，以增加该地区向中国的天然气出口。

围绕中国对天然气供应的需求，中土关系持续发展。2021 年 8 月，中国石油天然气集团公司通过谈判，在三年内从土库曼斯坦以实物支付 170 亿立方米天然气，作为在加尔金尼什油田钻探三口新井的补偿。本协议进一步支持中国成为土库曼斯坦天然气出口的主要市场。土库曼斯坦是中国第二大天然气供应国，仅次于澳大利亚。然而，由于与澳大利亚的关系恶化，中国可能希望加强与土库曼斯坦的关系，以获得更多的天然气储备。

自 2009 年以来，中国石油天然气集团公司（CNPC）一直根据巴格德雷气田的岸上产量分成协议（PSA）运营，这是土库曼斯坦政府签署的唯一一份岸上产量分成协议。土库曼斯坦决定聘请中国石油天然气集团公司的钻井子公司在加尔金尼什气田工作，这标志着该国对中国专业知识的依赖加深。

土库曼斯坦通过出售天然气与中国建立了牢固的联系。2021年1月，土库曼斯坦向中国出口了27.86亿立方米的天然气，约占其管道天然气供应的60%。尽管两国之间的贸易关系仍然有利可图，但土库曼斯坦的主要商品严重依赖唯一买家，使其经济容易受到外部冲击。一条300亿立方米的跨里海管道多年来似乎是一个可行的选择，但无数的政治和融资分歧，加上欧洲向可再生能源的政策转变，削弱了其实施的可能性，特别是考虑到该国开发油气项目的高成本以及政府努力实现碳中和时贷款人不愿为其融资。

天然气在一定程度上塑造了中土双边关系，土库曼斯坦是里海地区唯一一个没有对华贸易逆差的国家。2019年，土库曼斯坦向中国出口了价值76.5亿美元的货物；其中99.2%是天然气。另外，土库曼斯坦同年仅从中国进口了价值4.31亿美元的货物。

七 俄罗斯经济形势

2021年前9个月，俄罗斯联邦预算收入大幅增长：石油和天然气收入增长了60%，增值税和所得税各增长了30%左右。按照滚动预算法计算，俄罗斯总体预算赤字从2020年年底的3.8%降至2021年第三季度的1%左右。高油气收入意味着俄罗斯中央银行在2021年1月至11月期间代表政府购买了350亿美元外汇，这笔资金会在2022年流入俄国家财富基金。

俄罗斯的劳动力市场也已经复苏。2021年第二季度，俄罗斯雇主发布的职位同比增长24%，该国失业人员的比例下降。俄罗斯2020年实际工资增长保持在2%以上，截至2021年8月底实际工资平均增长2.5%。

俄罗斯国内通货膨胀的不确定性仍然很高。如果通胀比预期更持久，或者经济面临不利的外部政策环境，比如美联储计划解除美国量化宽松政策，俄货币政策可能需要更长时间收紧，这也可能对俄罗斯经济增长前景产生不利影响。俄罗斯继续面临相对较低的经济增长趋势，这将降低俄政府实现国家高水平发展目标、提高国民收入和生活水平的能力。

俄罗斯经济能否成功将取决于政府基于市场的激励措施,这对俄罗斯企业通过与全球价值链联系来参与国际竞争、创新和创造价值极为重要。另一个将长期影响俄罗斯经济的因素是俄政府于2021年10月29日发布的国家低碳发展战略。该战略为刺激绿色增长提供契机——俄政府提出2050年俄罗斯碳排放量将减少70%,并在2060年实现碳中和。该战略旨在提高俄经济增长的同时实现国家绿色经济发展转型,具体经济目标是俄罗斯经济每年平均增长至少3%。经济增长和绿色发展的双重目标将要求俄罗斯政府既要关注解除对国家经济发展和竞争力增长的限制,同时限制国家经济绿色转型的成本。

在不断变化的全球环境中,制定积极应对气候变化的国内政策是一种有效和稳健的风险管理战略,反之则可能会给俄罗斯带来更无序和更昂贵的经济转型。全球绿色转型也可以为俄罗斯经济转型提供机会,从而为俄罗斯创造更高、更多元化的经济增长潜力。俄罗斯的绿色经济发展转型需要彻底改革国家的政策框架,以改变企业和家庭根深蒂固的投资决策和行为。碳定价是其中的一个核心要素,即国家采取各种形式——通常是税收或可交易的许可证制度,确保所有参与者都能获得基于市场的激励,以承担碳排放的社会成本。成功的转型还需要俄国家资产多样化转变,包括人力资本、可再生自然资本,以及向"绿色"生产资本和机构、治理、创新、创业等软资产转变。这将是俄罗斯更广泛改革议程的一部分,以使更具活力、竞争力和创新性的私营部门能够在创建具有国际竞争力的低碳俄罗斯经济方面发挥主导作用。比如,2019年,俄罗斯对电力、天然气和石油的消费者补贴占GDP的1.4%。通过重新部署这些资源,俄罗斯政府可以既确保提高GDP增长,同时减少碳排放,进而推进俄罗斯绿色经济发展的宏伟目标。

2022年,尽管国际市场的高原油价格和天然气价格缓冲了俄罗斯经济的衰退,但受西方制裁的影响,俄罗斯国内生产总值实际收缩21%。2023年2月,欧洲复兴开发银行认为,俄罗斯经济在2022年下降3.5%后,2023年将收缩3%。能源价格下跌和西方对油价的限制,都导致俄罗斯公共财政收入的下降。此外,自2022年年初以来,卢布兑美元贬值了10%,这可能导致俄罗斯国内通货膨胀加速。俄罗斯统计局报告称,2023年俄罗斯通胀率为7.42%,通胀率略好于经济发展部7.5%的预期,符合央行7%—7.5%的预测区间。①

在俄乌冲突的长期化及西方对俄罗斯制裁的严峻局势下，国际货币基金组织、世界银行等权威机构及众多经济分析师在2023年年初普遍对俄罗斯经济前景持悲观态度，预测其将面临3.5%—2.5%的衰退。尽管如此，俄罗斯经济在2023年上半年虽历经剧烈波动，但进入下半年后，却展现出强劲的复苏势头，资本投入显著增长，实体经济迅速回暖。②

具体来看，2023年10月27日，俄罗斯央行将2023年国内生产总值增长率预期从负增长修正为正增长，区间为2.2%—2.7%。随后，11月10日，时任俄罗斯经济发展部部长马克西姆·列舍特尼科夫在与白俄罗斯经济部的会议上表示，预计2023年全年经济增长率将达到3%。到了12月14日，俄罗斯总统普京在莫斯科举行的"年度盘点"活动上对本国经济发展形势进行总结时更是宣布，预计2023年国内生产总值将实现3.5%的增长。③ 而根据俄罗斯统计局公布的最新数据，2023年俄罗斯经济实际增长率高达3.6%，超出了市场预期。

在就业市场方面，俄罗斯失业率同样呈现积极态势。据塔斯社报道，截至目前，俄失业率已降至1992年以来的最低水平，仅为3.2%，充分反映了俄经济的韧性和强劲复苏能力。④ 这一系列数据不仅证明了俄经济的韧性，也展示了其在面对外部压力时的适应能力和内生动力。然而，这种经济增长伴随着通货膨胀的加速。2023年12月，俄罗斯通货膨胀率达到7.0%。

在农业方面，2015年以来，随着中俄双方在农产品出口检疫、市场准入等方面的合作取得重大进展，俄多种农产品获准进入中国市场，中

---

① 《2023年俄罗斯通胀率达7.42%》，国家外汇管理局，2024年1月16日，https://www.safe.gov.cn/heilongjiang/2024/0116/2272.html。

② 《西索观欧亚·年终特辑｜成就与困境：2023年俄罗斯经济》，澎湃，2024年1月10日，https://www.thepaper.cn/newsDetail_forward_25948757。

③ 《普京：俄罗斯经济2023年预计增长3.5%》，新华网，2023年12月14日，http://www.news.cn/2023-12/14/c_1130027881.htm。

④ 《俄罗斯统计局：2023年俄罗斯GDP增长3.6%》，新华网，2024年2月8日，http://www.news.cn/world/20240208/ca4c7baa429447b3ba49980cfd22a439/c.html。

国对俄大宗农产品净进口量开始大幅增加。①

俄罗斯远东地区是亚洲的一个巨大地区，濒临北冰洋和太平洋。它西面与俄罗斯西伯利亚地区接壤，东面隔着白令海峡与美国相望，南面是中国和蒙古国。该地区与中国黑龙江省和内蒙古自治区接壤4195公里。俄罗斯远东地区面积约620万平方公里，约占俄罗斯总陆地面积的1/3，人口约1200万，这相当于莫斯科的人口。该地区虽然人口稀少，但具有众多优势：巨大的农业潜力，以及从石油、天然气、矿产到木材和淡水等各种材料的巨大储量，是通往俄罗斯和正常情况下通往欧洲的两个日益具有战略意义的接入点。

俄罗斯远东地区的符拉迪沃斯托克海港是一个全年的深水港，也是跨西伯利亚铁路的东部终点站。符拉迪沃斯托克对中国和东南亚出口商来说都越来越重要，因为这条铁路提供了通往俄罗斯所有地区的通道，有延伸到中亚的路线，并向西延伸到俄罗斯的欧洲部分，可通达莫斯科、圣彼得堡，在正常情况下，可继续通往欧洲。中国出口商对符拉迪沃斯托克海港越来越感兴趣，在西方供应商退出俄罗斯市场的情况下，他们希望填补俄罗斯的消费缺口。

同样具有日益重要意义的是北海航线（NSR），符拉迪沃斯托克现在是通往该航线的门户。北海航线从符拉迪沃斯托克向北延伸，然后向西穿过北冰洋，绕过俄罗斯远东、西伯利亚（巨大的液化天然气储量所在地）的北部海岸线，之后延伸到俄罗斯西部和靠近挪威边境的摩尔曼斯克。摩尔曼斯克与莫斯科和圣彼得堡有着良好的铁路连接，而经由挪威海岸的许多其他路线则通往西欧市场。这条路线，尤其是目前通往西伯利亚气田的路线，已经被中国和印度用于将液化天然气运输到各自的国内市场。

2022年，尽管俄罗斯仍存在新冠疫情、供应链中断、通货膨胀和制裁等问题，但中俄双方都强调，贸易关系在基本面上是稳定的。2021年

---

① 从贸易规模看，2022年俄罗斯对华农产品出口增至70亿美元，增长44%，中国在俄罗斯农产品出口中的比重提升至20%，超越欧盟，是俄罗斯禽肉、牛肉、大豆、燕麦和亚麻籽的最大进口国。俄罗斯占中国农产品进口的2%，成为中国第八大大宗农产品进口来源国、第一大油菜籽进口来源国。详见徐向梅《推动中俄经贸合作量质并进》，《经济日报》2023年4月3日第11版，http://paper.ce.cn/pc/content/202304/03/content_271911.html。

中俄贸易额增长了30%，达到1450亿美元。2022年1月至7月，中俄贸易额已达970亿美元，两国都希望到2024年达到2000亿美元的目标。中国对俄罗斯的"一带一路"倡议投资并没有枯竭，大量新的基础设施投资已经或即将成熟，包括核能和其他能源项目（计划中的西伯利亚2号管道经蒙古国的天然气定价已经达成一致），这些项目正在开发或上线。中国已与俄罗斯主要天然气供应商俄罗斯天然气工业股份公司达成协议，以卢布和人民币支付俄罗斯天然气费用。中国对俄罗斯布里亚特（东西伯利亚，蒙古国北部）锡布尔石化工厂（Sibull）的投资目前正在建设中。锡布尔是世界上成长最快的石化企业之一。中俄新的桥梁、公路和铁路正在联合融资，其中一些现已投入运营，如黑河和布拉戈维申斯克之间的黑龙江大桥。这座桥的通车意味着中国黑龙江省的大量贸易与跨西伯利亚铁路连接起来。随着中俄边界沿着黑龙江中心线延伸，两国将共同开发其他几座跨河大桥，创造更多的跨境贸易渠道。俄罗斯铁路公司报告称，2022年年初至今，中国和俄罗斯之间的跨境运输量增长了6%。

2022年上半年，哈尔滨和符拉迪沃斯托克之间的贸易额增长了70%以上。中国的黑龙江省是一个内陆省份，而俄罗斯滨海边疆区拥有符拉迪沃斯托克这一深水港。这使得绥芬河和波格拉尼奇尼之间的过境点变得越来越重要，因为这些过境点通过跨满铁路通往符拉迪沃斯托克港。虽然黑河航道更适合俄罗斯的进出口，但符拉迪沃斯托克（海参崴）也提供了俄罗斯通往日本和韩国市场的航道，以及俄罗斯通往上海和香港等其他港口的南部航道，或直达印度钦奈和越南的航道。随着中国现在成为包括日本和韩国在内的RCEP自由贸易协定的一部分，这条路线也显示出巨大的增长潜力。中国和俄罗斯还通过东盟和欧亚经济联盟与越南签订了自由贸易协定。中国绥芬河边境地区发展成为俄罗斯乳制品加工和销售中心，绥芬河乳制品加工厂正在扩建，到2023年年底将加工100万吨来自俄罗斯的原料奶。据估计，已有500吨其他乳制品被采购并销往中国市场。

八 马来西亚经济形势

2023年，马来西亚经济表现放缓，GDP增长3.7%，低于马来西亚国家统计局此前预测的3.8%。与2022年反弹式恢复性增长8.7%相比，增速大幅回落，且低于市场和政府的预期。马来西亚央行认为，2023年国内消费与就业市场复苏支撑了经济基本面，导致经济下行的主要压力来自外部，包括全球贸易放缓使外部需求长期疲弱、出口低迷，以及地缘政治局势紧张和货币政策收紧等因素。2023年，马来西亚通胀率回落至2.5%，核心通胀率平均为3%。经常项目盈余保持在GDP的1.2%水平，截至2023年年底外债余额相当于GDP的68.2%，维持可控水平。2023年年底政府财政赤字从2022年的5.6%压缩至5%。时任马来西亚总理安瓦尔·易卜拉欣表示，对2024年经济实现4%—5%的强劲增长保持信心。马来西亚劳动力市场保持着较高的就业水平，2023年5月，马来西亚失业率为3.5%，较2022年第四季度的3.6%有所降低，林吉特兑美元已升值5.3%，兑马来西亚主要贸易伙伴的货币也有所升值。与此同时，除了外国直接投资的令人鼓舞的表现外，外贸继续创下两位数的增长。2024年1月19日，马来西亚投资、贸易和工业部公布了2023年马来西亚全年贸易统计数据，马来西亚全年贸易规模为2.64万亿令吉，虽然同比下降7.3%，但仍是连续3年贸易规模保持在2万亿令吉以上。其中出口额为1.43万亿令吉，同比下降8%；进口额为1.21万令吉，同比下降6.4%；贸易顺差为2141亿令吉。贸易额下降的主要原因有：一是部分国际大宗商品价格下降（棕油和天然气等）；二是地缘政治冲突带来的不确定性；三是高企的通胀率抑制消费；四是全球半导体领域处于下行周期；五是2022年马来西亚的贸易额基数较高。2022年，该国在第四季度的净外国直接投资为193亿林吉特，而在2022年第一季度为123亿林吉特。然而，该国的国内生产总值增长预计将在2023年放缓，这与国际货币基金组织（IMF）和世界银行最新的全球经济展望一致，后者估计世界经济增长将从2022年的3.4%降至2023年的2.9%。马来西亚国家银行表示，在刺激措施和低基数效应的支持下，该国2022年第四季度的GDP增长了7%，而2022年第三季度为14.2%。

马来西亚在东盟成员国中率先与中国建交，开启了中马友谊和中国—东盟关系的新篇章。在两国的共同努力下，双边交流蓬勃发展，现已升级为全面战略伙伴关系。中马友谊源远流长，在发展地区关系方面发挥了带头作用。随着中国坚定不移地推进高水平开放和中国式现代化，马来西亚和其他国家将迎来新的机遇,两国加强"一带一路"建设,推进重点项目,培育数字经济、绿色发展、新能源等领域合作的增长点。中国和马来西亚都是亚洲全球化和多边主义的受益者、贡献者和捍卫者,两国坚持战略独立,恪守东亚合作的初衷,维护东南亚国家联盟的中心地位。双方坚决反对冷战思维和集团对抗,坚持真正的多边主义,以维护发展中国家的共同利益。[①]

中国已成为马来西亚最大的贸易伙伴。双边贸易额已超过1000亿美元。这使马来西亚成为中国在亚洲的第四大贸易伙伴,仅次于日本、韩国和越南。根据"一带一路"倡议,两国共同推动了以互联互通、基础设施和工业园区为中心的合作,如马来半岛南部的东海岸铁路线(ECRL)铁路项目、"森林城市"和马六甲港。

20世纪90年代,马来西亚开始成为中国人在社会和文化领域的热门国家。它是中国游客在东南亚的首选目的地之一。许多名胜古迹和当地美食吸引了源源不断的中国游客。2018年,近300万中国人访问马来西亚,同比增长30%。与此同时,还启动了许多学生交流项目。越来越多的中国学生开始学习马来语,越来越多的马来西亚学生冒险到中国深造。中马关系远不只局限于政府关系,而是由两国人民之间的联系驱动的,这为双边全面战略伙伴关系奠定了坚实的基础。

未来几年,中国和马来西亚应该首先关注人文交流。"一带一路"倡议强调"五通",即政策协调、设施互联、贸易畅通、金融一体化和人文纽带。其中,人文纽带对中马两国尤为重要,因为人文关系是两国全面战略伙伴关系的基础。两国高层还应注意两国社会的文化差异,这对两国关系的稳定发展非常重要:对华人来说,应当了解马来文化和语言、伊斯兰教和马来人的生活方式,意识到马来西亚社会的多样性,比如该国公民包括马来人、马来西亚华人、马来西亚印度人等。对于马来西亚人来说,有必要了解中国人的思维和行为方式,这种方式是建立在温和与和谐基础上的。为了促进中马关系,两国政府需要在促进教育交流、旅游、青年交流、宗教间对话等方面做越来越多的工作。

---

① Mo Jingxi, "Consensus a new chapter in relations with Malaysia", *China Daily*, April 1, 2023, https://www.chinadaily.com.cn/a/202304/01/WS64279ab9a31057c47ebb7d27.html.

中国和马来西亚应充分利用"东盟+"框架，加强双边以及中国与东盟关系。中国与东盟的关系发展是东盟与其他国家建立的所有伙伴关系中最具活力和成果的。习近平主席推动建设中国—东盟命运共同体，马哈蒂尔总理强调亚洲价值观，积极推动东亚一体化。未来，中国和马来西亚应讨论如何改善东盟层面的政策协调，加强中国与东盟的互联互通，以防止保护主义和反全球化抬头。

作为一个经济大国，中国将基础设施建设视为一种与全球贸易伙伴建立更紧密联结，促进商业和投资的重要途径。消除极端贫困是中国近年来的主要成就之一，为世界树立了典范。通过"一带一路"倡议，中国有能力帮助各国发展，实现工业化，并为那些社会经济发展动力不足的国家创造机遇。这便引出了"一带一路"倡议的核心理念：构建人类命运共同体。这一愿景塑造了中国基于互利关系的新国际秩序观。它主张公平公正的普遍价值观，寻求通过对话与合作加强安全，促进经济增长。中国的目标是实现具有包容性的可持续发展，获得共同利益。我们也可以将这一目标视为中国梦的国际化，通过"一带一路"等倡议的实施，提升各国人民福祉，实现全人类的共同愿望。

2023年1月，马来西亚总理安瓦尔为该国推出了一个新口号："昌明大马。"（MADANI）这句马来语口号概括了指导马来西亚未来发展的六大核心原则：永续、繁荣、创新、尊重、信任和关怀。在许多方面，"昌明大马"六项原则能够与人类命运共同体理念共鸣，两者都力求实现令全民受益的全面、可持续的发展，不分种族、阶级和信仰。因此，中马两国可以开展合作，为实现各自目标，构建人类命运共同体而努力。在习近平主席强调的以人民为中心的发展理念指引下，中国积极参与马来西亚东海岸铁路等项目，帮助马来西亚实现更公平和平衡的发展，这一战略合作无疑将促进中马两国互惠互利。[1]

九 越南经济形势

越南在一代人内从世界上最贫穷的国家之一转变为中等收入经济体。

---

[1] 拿督马吉德：《马来西亚专家："一带一路"和"人类命运共同体"标志着中国作为世界大国的回归》，中国日报网，2023年5月10日，https://cnapp.chinadaily.com.cn/a/202305/10/AP645c4edfa31008-fa31dc3b2a.html。

2002—2021年，越南人均GDP增长了3.6倍，几乎达到3700美元，贫困率（2017年购买力平价3.65美元/天）从2010年的14%下降到2020年的3.8%。

2022年越南国内生产总值（GDP）首次突破4000亿美元，达4090亿美元，人均GDP约为4110美元，全年经济增速为8.02%，为12年来最大增幅。国际货币基金组织、亚洲开发银行等机构日前上调对越南2023年经济增长预期，认为该国政府采取的一系列促进出口与扩大内需的举措有助于经济复苏。

从行业看，2022年越南农业、工业和建筑业、服务业均实现增长，增幅分别为3.36%、7.78%和9.99%，对GDP增长的贡献率分别达到5.11%、38.24%和56.65%。越南统计总局认为，这表明越南经济结构正不断优化，增长质量持续提高。

出口和投资依然是拉动越南经济增长的重要动力。越南2022年进出口总额超过7300亿美元，创历史新高，并连续7年实现贸易顺差。其中，出口额超10亿美元的商品有36类。越南工贸部介绍，越南积极推动出口商品结构转型，其中制造业产品出口比重持续增加，占比达86%。越南外商投资企业协会副主席阮玉美表示，政府通过灵活有效的宏观调控措施，在确保经济社会稳定的同时，不断改善营商环境，吸引外国投资。2022年该国吸引外国直接投资约277亿美元，到位资金224亿美元，同比增长13.5%，为2018年以来的最高水平。

旅游业复苏、数字经济加快发展成为2022年越南经济的亮点。据越南海关总局统计，自2022年3月以来，该国已接待国外游客366万人次，国内游客数量超过1亿人次。全年旅游市场营收约500万亿越南盾（1元人民币约合3478越南盾），与2019年相比增长66%。2022年越南数字经济规模约1480亿美元，同比增长10%，其中通过数字方式进行的商品交易额约230亿美元，同比增长28%。数字经济迅猛发展正改变越南社会的消费习惯。据越南媒体报道，目前有六成越南民众正在使用或倾向使用网上购物。

为促进经济持续增长，越南政府不久前出台规划，重点发展河内、胡志明市两大城市群，打造老街—河内—海防—广宁与木排—胡志明市—头顿两大经济走廊。同时，继续加大对基础设施领域投资，包括建设南北高速公路、南部重要内水与海港交通一体化扩建升级等多个国家重点项目。①

世界银行预计，由于国内需求和出口的缓和，越南 2023 年 GDP 增长率将从 2022 年的 8% 降至 6.3%。越南的经济增长预计将在 2024 年反弹至 6.5%，因为从 2024 年开始，国内通货膨胀可能会减弱。这将得到其主要出口市场（美国、欧元区和中国）加速复苏的进一步支持。②

2022 年，世界经济出现了较大的不确定性，对各国经济造成了较大冲击。在此背景下，越南经济取得了许多令人鼓舞的成果，为 2023 年及以后的快速可持续发展奠定了基础。越南经济正在全面开放，其生产在很大程度上依赖进口原始材料和燃料，存在阻力，竞争力有限。在这种背景下，越南在 2022 年的经济增长创造了奇迹，达到 8.02%，高于许多人的预估。从总体增长情况看，越南农林渔业增长 3.36%，确保了粮食供应充足和价格稳定。2022 年，越南经济增长率是通货膨胀率的 2.5 倍，在全球正面临 40 年来最高通胀水平和增长放缓的背景下，这一数据是非常可观的。

2022 年，越南在国际贸易中的经济地位得到巩固和确认。在全球总需求下降、供应链中断、出口生产者投入供应和消费市场困难的情况下，越南商品出口额不降反升。商品进出口总额超过 7300 亿美元，其中 36 项商品进出口总额超过 10 亿美元。越南水产品出口额首次达到 100 亿美元，成为世界第三大水产品出口国，占全球市场份额的 7% 以上。贸易顺差高达 112 亿美元，有助于缓解市场的外汇压力。

在国际贸易和投资疲软之际，进入越南的外国直接投资（FDI）是越南经济的亮点。2022 年，多达 1107 个项目注册增加投资基金近 101.2 亿美元。全年外国投资者实际使用外资 224 亿美元，比 2021 年增长 13.5%。特别是，越南的外商直接投资转移到高科技产业，这符合政府提高质量和优先发展现代化高新技术项目的政策，以创造极具竞争力的产品，同时实现绿色和可持续发展目标，并将越南经济更深地融入全球供应网络。外商直接投资和国际贸易数据显示，投资者对越南的投资环境和经济在全球供应链中的地位充满信心。国际社会评价越南在促进国际贸易方面发挥着重要

---

① 《越南经济加快复苏》，《人民日报》2023 年 1 月 31 日第 16 版。
② "The World Bank in Vietnam", World Bank Group, https://www.worldbank.org/en/country/vietnam/overview#3.

作用，并致力于在未来一段时间扩大对越南的投资。

2022年，越南经济全面发展，实现了国会确定的15项社会经济指标中的14项。疫情导致企业面临投入材料、燃料和物流的高昂成本；装配和制造的部件不足；资金和财政资源不足；劳动力短缺和监管障碍。在困难的情况下，越南工商界依然实现全年新办企业14.85万家，恢复正常经营企业5.98万家，平均每月新办复工企业1.74万家。

鉴于越南经济前景的亮点，穆迪（1900年创立的投资服务公司）将越南的信用评级从Ba3上调至Ba2，展望为稳定。惠誉国际评级（Fitch Ratings）给予其BB级评级，展望为"积极"。日经亚洲将越南的新冠疫情恢复指数提升至世界第2位。

2022年，越南有20.83万家企业成立或恢复正常经营，14.32万家企业破产。如果作为国家经济增长引擎的公共投资能够更快投入，其效果将会更强。对越南经济而言，如果公共投资支出增加1%，GDP将增长0.058%。特别是，在全球总需求疲软影响越南出口的情况下，加快公共投资资本支出是其恢复和提高经济能力和竞争力、促进增长和抵消出口下降的重要而有效的解决方案。大宗商品出口是国家经济增长的另一个重要引擎。然而，越南的出口营业额过于依赖某些产品和外国直接投资部门。越南8类产品占其出口总额的70.1%。电话和电子产品是两种外商直接投资主导的产品，占出口总额的30.8%。这反映了该国国际贸易的脆弱性。[①]

中越友谊源远流长，两国保持着深厚的政治、经济和文化联系。中国和越南都处于社会和经济快速发展的阶段。党的二十大后，中国现代化建设新征程将为包括越南在内的周边国家创造更多发展机遇和红利。中越两国在现代化建设方面取得的成就以及两国之间的友好关系不仅符合两国人民的利益，而且在地区和世界上都具有积极的示范作用。在政治上，中越作为社会主义国家，长期以来一直是彼此的"同志和兄弟"，在追求社会主义现代化的道路上有着共同的愿望，并在各自的道路上实现了令人印象深刻的经济增长和政治稳定。两国自1991年邦交正常化以

---

① 《越南2022年的经济奇迹》，RCEP中文网，2023年1月18日，https://cn.rcepnews.com/2023/01/18/1266.html。

来一直保持密切接触，已发展成为全面战略合作伙伴关系。中越关系的特殊领域之一在于党际交流，这对确定两国关系的方向起着重要作用。"同志和兄弟"的特殊友谊是中越两党和两国人民的宝贵财富。自20世纪90年代初双边关系正常化以来，两党一直保持着在党代会后互致贺电和高层互访的做法。

由于经济的比较优势、地理位置的接近和外交关系的密切，两国一直互为重要的贸易伙伴。中越之间的合作将为日益不确定的世界注入急需的稳定和活力。作为亚洲的两大经济引擎，中国和越南之间的持续增长和经济合作可以重振疲弱的全球经济。中国一直是越南最大的贸易伙伴和重要的外国直接投资来源国。尽管受到新冠疫情的消极影响，但两国双边贸易额继续增长，2021年达到2302亿美元。在东盟各国与重庆市贸易往来中，越南已连续三年成为重庆在东盟最大的贸易合作伙伴，占重庆与东盟贸易总额的40%以上。[1]

在文化上，两国有着深厚的历史渊源和文化渊源，两国人民之间的联系依然牢固而充满活力。更重要的是，作为儒家思想的继承者，两国高度重视人民以及国家间关系的和谐。[2]

---

[1] 《越南与中国重庆贸易有望强劲增长》，中华人民共和国商务部，2023年5月9日，http://hochiminh.mofcom.gov.cn/article/jmxw/202305/20230503408782.shtml。

[2] Yuan Sha, "China-Vietnam relations entering a new stage", CGTN, November 2, 2022, https://news.cgtn.com/news/2022－11－02/China-Vietnam-relations-entering-a-new-stage-1eCVGIwXXe8/index.html。

第四章

重庆中西部国际交往中心建设：突破与挑战

国际交往中心，是城市发展的高级形态，也是城市现代化国际化水平的重要标志。当代国际政治经济文化交往活动的80%以上发生在城市，而以城市为舞台的这些国际交往活动又有80%以上发生在世界大城市，从而催生了北京、上海、巴黎、伦敦、纽约、香港、重庆等重要国际交往功能突出的特大城市，它们充当着国际交流网络关键节点的作用。然而，今天的国际形势正经历冷战以来最复杂、最深刻，也最难预料的变化，逆全球化的浪潮席卷而来，人们习以为常的国际交往活动不断受地区冲突、意识形态分歧等干扰，不同文明的交流互鉴也因互联网的无处不在而面临巨大的数字化挑战，国际格局处在十字路口，国际交往发生着多元转型，国际交往中心则为这一切的发生提供了舞台。

重庆正致力于构建一个广泛的国际物流通道，在"一带一路"和长江经济带的交汇处，积聚全球资源和要素，引领全球"命运纽带"的发展。从内陆到开放前沿，新思维正孕育，新资源正汇集，新枢纽正带动发展。这座山城正奏响高水平对外开放的交响乐。

作为国家战略的重要一环，重庆既是丝绸之路的发端，又是西北与西南的连接点。在胡焕庸绘制的人口地理分布线中，重庆位于中部末端和西部起点。

在果园港的码头平台上，多座橙色门式起重机准确地将集装箱移至预定位置。该港年吞吐量达到2000万吨以上。货船穿梭，铁路纵横，车流繁忙。作为连接"一带一路"和长江经济带的枢纽，重庆果园港成为中国西部与全球对接的"中转站"。欧洲的汽车和奶粉通过中欧班列到达果园港，再沿长江运送到全国。东南亚的服装、皮鞋等商品通过西部陆海新通道运至重庆，再经长江转运至上海，或通过中欧班列运往欧洲。果园港的多样物流方式可根据需要"灵活搭配"：急需时走铁路或公路；不急时走水路。

随着重庆将视野和愿景向西延伸，中国首条中欧货运班列"渝新欧"随之开通，将重庆与欧洲的时空距离从40多天缩短至约15天。2013年，习近平总书记提出"一带一路"倡议，重庆积极融入并加快对外开放步伐。如今，在世界地图上，众多国际物流通道在重庆交汇：东向长江黄金水道持续优化；渝甬班列直达宁波舟山港，连接全球；西向中欧班列（渝新欧）累计开行超10000列，通达亚欧26国40余个城市；南向重庆建设西部陆海新通道，通过广西北部湾等港口连接106个国家（地区）的304个港口；北向"渝满俄"班列途经西伯利亚直达莫斯科，已实现常态化运营，频率不断提升。

果园港的快速发展使其成为重庆对外开放的重要平台，也是成渝经济圈发展的关键门户，对改善西部地区的物流格局产生了重要影响。重庆的地理位置优越，不仅向西连接中亚和欧洲市场，还向南延伸至东南亚和南亚市场，并依托长江航运优势服务国内市场。这座开放的城市吸引了众多全球企业，尤其是汽车、电子和新兴贸易领域的企业，共同推动了重庆成为全球电子信息产业基地之一。

作为中国中西部唯一的直辖市和国家中心城市，重庆在中国内陆地区对外开放中占据着重要地位，尤其在推进"一带一路"合作中发挥着关键作用。重庆在水运、陆运和空运方面都拥有显著优势，是中国重要的交通枢纽。2022年数据显示，重庆外贸进出口总值显著增长，特别是与RCEP成员国和共建"一带一路"合作国家的贸易增长明显。

重庆作为国家的老工业基地和现代制造业基地，拥有全国大部分工业门类，是全球重要的笔记本电脑和手机生产基地。重庆拥有强大的电子信息产业集群和汽车产业集群，以及其他多个千亿级产业集群，成为中国现代先进制造业的重要基地和工业互联网产业的高地。作为国家重点的内陆国际金融中心和中西部国际交流中心，重庆为推动"一带一路"合作提供了坚实的基础。随着产业集群的形成和发展，重庆将继续作为中西部地区经济增长的重要引擎，促进地区间的经济协调发展。

欧洲商品通过海上运输抵达中国西部通常需耗时超过两个月，而该地区的市场潜力尚未充分挖掘。中欧班列的开通将助力欧洲汽车品牌拓展新的市场。早在2014年，重庆就发布了实施意见，明确将自身定位为丝绸之路经济带的关键战略支点、长江经济带的西部核心枢纽以及21世纪海上丝绸之路的产业基地。在西部陆海新通道的建设方面，总体规划的推出为重庆对现有国际物流通道的重新布局和整合带来了新机遇。重庆正全力推进沿线物流枢纽和平台的建设以及产业合作，加速构建"四通八达"的国际物流通道体系。

重庆积极与"一带一路"共建国家进行直接投资和国际产能合作。在吸引外资方面，重庆自贸试验区依托制度创新，推动投资体制改革，不断提升投资便利化水平。截至2022年10月，重庆拥有逾6700家外资企业，包括逾300家世界500强企业落户重庆。重庆两江新区与德国、瑞士、意大利、日本、韩国等国建立了国际合作产业园，打造了多功能的开放平台，其集聚效应日益显著。

对外开放不仅是重庆的战略选择，也为全球带来新机遇。在重庆"一带一路"商品展示交流中心，来自40多个国家的数万种商品汇集一堂，包括俄罗斯蜂蜜、马来西亚燕窝、肯尼亚手工艺品等。对于对时间敏感的货物如海参、蜂蜜，现在可以通过中欧班列运输。而对于对时效要求较低的货物，则可以选择成本更低的江海联运。

在新冠疫情全球蔓延期间，重庆利用自身优势，成为"人类命运共同体"的纽带。当水上运输和航空运输受到阻碍时，中欧班列（渝新欧）和中国西部陆海新通道在疫情期间保持了正常运行，向全球其他地区输送防疫物资。面对全球供应链中断的风险，重庆市与中国邮政、海关总署合作，首创开辟了积压国际邮件的新运输通道。2020年4月3日，首趟国际包裹专列从重庆出发，为疏运新冠疫情期间积压的国际邮件开辟出一条新通道。中欧班列和新的陆海通道展现了它们在抗击疫情和促进经济合作方面的重要作用，生动诠释了人类命运共同体的理念。

为加速融入成渝地区双城经济圈建设，重庆和四川合作，共同打造了一个分工高效、相互融合的现代产业体系。2021年12月14日，双方签署了《成渝地区双城经济圈共建世界级装备制造产业集群实施方案》，计划到 2025 年装备制造业主营业务收入突破 1 万亿元，初步形成世界级装备制造产业集群。这意味着四川和重庆将共同将装备制造业打造成为世界级万亿元产业集群，继汽车和电子信息产业集群之后，这是双方共同打造的第三个世界级万亿产业集群。川渝不仅在装备制造领域开展合作，双方政府部门也积极参与。成渝地区双城经济圈建设启动以来，江北机场园区已多次与德阳经济开发区进行对接。机场园区开发投资运营公司依托园区内企业建立了 3D 打印公共服务平台，为东方电气、国机等德阳重型装备企业提供服务。川渝两地共建装备制造产业集群，重点在于产业链的融合，形成两地相互支撑的格局至关重要。四川和重庆在装备制造细分领域已经形成了一个相对完整的产业体系。两地装备制造业具有高度的关联性和较强的互补性，具备了实现高质量一体化发展的条件。在复杂严峻的国际形势下，成渝地区已成为中国向西、向南开放的窗口。成渝"双城记"的成功，将有力推动中国形成以国内大循环为主体、国内国际双循环相互促进的新发展格局。

如今，重庆已全面融入"一带一路"倡议建设、长江经济带发展和西部大开发。西部地区正在成为中国经济高质量发展的"新动力源"。在加快构建"双循环"新发展格局的背景下，中国最具潜力的内需市场——西部地区，将是国内大循环畅通的重要基点，也是连接国内国际双循环的战略枢纽，这对中国和世界来说都是一个新的机遇。[①]

第一节　国际交往设施

一　国际交往空间结构规划

国际交往空间通常是指人们有意愿在国际层面进行随机聚集、谈话等接触、交流活动，并且由相关人群所共同拥有的某种"半公共性质空间"。对标国际标准、突出本地特色，重庆将加快建设中西部国际交往中心。2021 年 8 月，重庆市人民政府常务会议审议了《重庆市建设中西部国际交往中心"十四五"规划（2021—2025 年）》，对下一步工作提出要

---

① "Chongqing: One Belt One Road Bridgehead in western China", Seetao, October 20, 2022, https://www.seetao.com/details/187553.html.

求、作出部署。重庆提出到2035年进入现代化国际都市行列的目标。打造国际交往中心，是推进国际化现代都市建设的"标配"和重要的实施路径之一。

国际交往中心一般指具备联通和服务世界功能、能够集聚高端国际要素、在全球事务中发挥重要影响的全球性或区域性中心城市，是国际交往动态网络中的关键性节点和枢纽性平台。该定义强调了国际交往中心的功能、属性和作用，指出了一座城市的吸引力、影响力和联通力是衡量其国际交往能力的重要标准。一座城市满足什么条件才能成为国际交往中心？从国际交往基本需求的角度看，作为国际交往的重要承载地，至少应具备十个方面功能：一是政治对话功能，充当展现国家治理能力和辐射带动能力的核心载体；二是外交服务功能，充当服务国家开展国际交往、参与和引领国际事务、发挥国际政治影响力的重要舞台；三是经济合作功能，充当全球高端要素的集聚高地和国际经济金融活动的主要场域；四是文化展示功能，具备多元、文明、包容、友善的社会心态，拥有接轨国际惯例、满足国际人士需求的服务体系；五是对外交流功能，充当跨国人文交流的窗口和文化创意的策源地；六是创新创意功能，充当全球顶尖科学、技术、信息、数据等创新要素的重要汇聚地；七是国际旅游功能，成为令全球游客神往的旅游目的地；八是国际枢纽功能，充当国际人员、物资、资金、信息和技术流通的国际枢纽，以及全球城市网络体系的中心节点；九是安全管控功能，始终是开放与稳定的安全之城，令人安心居住、放心游玩的良善之地；十是辐射示范功能，充当引领城市化时代潮流、展示城市国际化发展方向的样板和典范。

当前，重庆正积极融入共建"一带一路"和长江经济带发展，肩负着建设内陆开放高地、西部陆海新通道、中新互联互通项目等国家赋予的战略重任。建设国际交往中心，有利于重庆完善城市功能、提升城市品质，在更大范围内集聚各方资源，提升城市的国际影响力和竞争力，从而在国家发展大局中发挥更重要的作用。同时，建设中西部国际交往中心，重庆拥有区位、生态、产业、体制等诸多优势。作为国家中心城市和中西部唯一的直辖市，重庆市是西部大开发的重要战略支点。与此同时，重庆也因处于"一带一路"与长江经济带的联结点上，因而成为西部陆海新通道的起点，具有连接西南西北和沟通东亚与东南亚、南亚的独特优势，在国家总体外交、国家重大战略中具有独特而重要的战略地位。因此，中西部国际交往中心这一定位，无疑更符合重庆的实际，表明重庆将立足中西部、放眼国际，推动内陆开放高地建设走深走实。

建设中西部国际交往中心，是重庆对自身开放程度和国际化程度的一次检验。早在2019年2月，在全市外办主任会议上，重庆就提出要建设中西部地区国际交往中心。经过多年发展，重庆在国际交往合作和开放型经济发展上取得了显著成效。

一是国际交往能力不断提高。重庆加快建设西部陆海新通道、中欧班列（渝新欧）、长江黄金水道等开放大通道；两江新区、重庆自贸试验区等开放大平台建设向更广领域、更高水平发展；先后举办上合组织地方领导人会晤、上合数字经济论坛、智博会等国际性会议；友好城市、驻渝领事机构数量不断增加；政策、法律、人才等国际化服务水平持续提升。

二是城市国际化功能更加丰富。近年来，重庆相继获批建设国际消费中心城市、西部金融中心、服务业扩大开放综合试点等，陆续出台稳外贸稳外资12条、利用外资25条等措施，从软硬件方面提升开放环境和国际化程度；截至2020年年底，已经有300多家世界500强企业入驻重庆；同时，在重庆的外商投资市场主体也已达到6700户。2020年，重庆在《GN中国城市综合竞争力评价指标体系》排名中进入前十强，再次入围全球城市创新集群100强，城市吸引力和美誉度不断提升。

三是经济外向度持续提升。开放型经济是衡量开放水平和国际化程度的重要指标，2022年，重庆外贸进出口总值超8000亿元，持续保持增长；实际利用外资48.2亿美元，同比增长20.1%，新设外企增长超三成，其中高技术企业占比近三成。外贸辐射力、外资集聚力、外经竞争力和区域合作影响力不断增强。

随着开放程度和国际化程度不断增强，重庆在国家区域发展和对外开放格局中发挥着越来越重要的作用。接下来，重庆在建设中西部国际交往中心的同时，要立足当前、着眼长远，对标国际标准、发挥比较优势、突出重庆特色。

首先，要服务于国家发展大局，不断增强重庆国际影响力和城市美誉度。重庆将继续优化国际交往空间，打造渝中半岛、江北嘴、弹子石、广阳岛、艺术湾等特色优势外事交往区域；吸引更多国家和国际组织来渝设立领事、商务和办事机构，培育高水平涉外专业服务机构和人才队伍，加强与跨国公司地区总部、国际组织等合作，增强国际交往能力，到2025年，在渝国际机构或组织超过40家。

其次，要提升开放能级，提升国际化服务能力水平，不断提高经济外向度。重庆将继续加强中欧班列、西部陆海新通道、长江黄金水道等出海出境大通道建设，持续增加国际航线，强化国际化服务设施建设，在软硬件方面向国际标准靠拢，高标准实施中新互联互通项目，提高城市发展的国际化水平。

最后，找准定位，奋力前行。重庆全市上下要进一步提高战略站位，树立开放意识，强化落实，加快建设国际交往活跃、国际化服务完善、国际影响力凸显的中西部国际交往中心，更好地服务于国家战略、推动重庆高质量发展。[①]

二 国际交往服务设施建设

1. 广阳岛国际会议中心

广阳岛国际会议中心位于广阳岛东部山体采石尾矿区域，占地面积约18.12公顷，总建筑面积约7.5万平方米，包括会议中心、酒店两大功能区。项目以"讲中国故事、看长江风景、品重庆味道、论生态文明"为设计理念，依循台地高差，叠加立体山水生态园林，塑造"广阳山水"的格局，营造"山水礼乐"的独特会客场景。项目遵循绿色、低碳、循环、智能、人文的原则，充分展示绿色低碳健康建筑的亮点。建成后，广阳岛国际会议中心将承载国家重要外事活动。[②]

2. 重庆寸滩国际邮轮中心

寸滩国际邮轮中心是促进寸滩国际邮轮母港发展的关键设施和显著地标，设计遵循全球视野、国际规范和重庆特色。该项目位于寸滩港区，

[①] 《这个"中心"怎么建？重庆将出施工图》，两江观察，2021年8月27日，https://baijiahao.baidu.com/s? id=1709216790731592500&wfr=spider&for=pc。

[②] 《广阳岛国际会议中心主体结构完成75%，预计今年竣工》，重庆经济技术开发区，2022年1月19日，https://jkq.cq.gov.cn/zwxx/jkdt/202201/t20220119_10316250.html。

占地面积6.6公顷，总建筑面积达6.5万平方米，包括1.5万平方米的客运枢纽和5万平方米的商业空间。邮轮中心将与现有货运码头的改造相结合，共同构建成一个邮轮母港城市综合体。该项目的中标方案由MAD建筑事务所和中国建筑科学研究院有限公司（联合体）提出。MAD建筑事务所的创始人及合伙人马岩松解释说，设计灵感来源于寸滩港过去普遍的"龙门吊"，旨在保留城市发展的印记，延续历史记忆。项目中，六座独立的橘红色建筑被提升至空中，形似一座巨大的移动城市或一组巨型机器人，为重庆创造一个独特的标志性建筑，打造出一个具有文化特色、视觉标识性的场所，引发公众的好奇和兴趣。为了有效利用地下、地面和空中空间，建筑下方的架空区域将建设成草坡公园，将城市内陆和滨江区域连接起来，最大限度保留室外公共空间供市民使用。交通功能区全部设置在地下，与码头区域无缝对接。

3. 重庆寸滩邮轮母港站TOD项目

邮轮母港站TOD项目是寸滩国际新城重要的交通和商业综合体，位于中轴线北侧、轨道9号线邮轮母港站之上，占地2公顷，总建筑面积为10万平方米，其中商业区域3万平方米，商务办公区域7万平方米。该项目的中标方案由凯达环球（亚洲）有限公司、北京市建筑设计研究院股份有限公司和中铁二院工程集团有限责任公司提出。凯达环球的全球设计董事温子先介绍说，建筑采用"金滩龙门"造型，从江面上看似一扇门，从寸滩邮轮母港看似一扇窗，营造出"开放之门、未来之窗"的空间意境。该项目同样注重空间的高效利用，设计了中轴景观廊道，顶部通透，留出创造空间的可能。建筑体量稳重对称、造型简洁、标志性强，展现出现代感。通过强化城市轴线，有效促进了城市门户地区标志性的塑造。相关专家指出，寸滩地区拥有深厚的历史文化底蕴，从村落梯田到集装箱码头，再到当前的邮轮母港，都是为了适应城市发展的时代需求。两个建筑方案在造型和色彩上，都尊重了城市发展的轨迹，有效延续了历史文脉。近年来，重庆市开展了大量国际方案征集工作，吸引了来自12个国家和地区的91家高水平设计机构参与，引入了14位院士和建筑大师，有效提升了重庆市建设项目设计水平，增强了重庆市在规划建设领域的影响力，持续吸引着越来越多的国内外高水平设计机构参与到重庆的规划建设中来。下一步，重庆将持续做好城乡特色风貌塑造工作，把更多美术元素、艺术元素应用到城乡规划建设中，增强城乡审美韵味、文化品位。同时，以美为媒，加强国际文化交流，带动本土设计力量的提升，持续深化将城市美学、城市哲学融入规划管理，为加快建设山清水秀美丽之地贡献力量。

寸滩国际邮轮母港的规划区域占地1.6平方公里，处于长江发展轴线的核心位置，毗邻西部的"长嘉汇"历史景区和东侧的"广阳岛"江景。在规划上，寸滩新城计划保护两段高约70米的原始崖壁，恢复长江及双溪河的河岸自然环境，重修至善桥与寸滩老街的连通性，营造融合古典与现代风貌的"寸滩八景"。交通规划方面，寸滩新城将接入4号、9号、23号轨道交通线，打造"3轨5站"的交通枢纽，规划"3快4横6纵"的道路网络和特色水上巴士服务，形成地面与地下互联、快慢结合、港城互通的交通体系。在建设方面，寸滩国际邮轮母港项目预计投资约300亿元，目标是"五年基本建成、十年功能完善"。在基础设施建设方面，寸滩国际新城将建设四层地上地下立体交通系统，规划包括自动驾驶、自清洁低碳道路系统以及片区统一直饮水供应等设施，预计年底开始实施路网建设工程。[1]

另外，作为外籍人士聚居区，重庆市渝中区深入实施"外事为民"八项实事计划，提升涉外服务质量。解放碑、化龙桥国际社区建设取得初步成效，公共场所外语标识标牌规范化工作进展顺利，文化旅游、交通、公共设施、政务服务、金融等行业基本实现外语标识全覆盖。渝中区重庆来福士移民事务服务站的设立，使入境、签证、居停等国际化服务更便捷。截至2023年3月，共有10所国际学生接收学校，与70余所海外友好学校建立了联系。支持区内三级甲等医院开设涉外门诊、发展涉外医疗服务，新加坡莱佛士医院已在重庆来福士落户。[2]

---

[1]《重庆新地标！寸滩国际邮轮母港码头来了》，人民资讯，2021年12月22日，https://baijiahao.baidu.com/s?id=1719842048409692867&wfr=spider&for=pc。

[2]《让开放之门越开越大 渝中高水平建设中西部国际交往中心核心区》，重庆市渝中区人民政府，2023年3月10日，http://www.cqyz.gov.cn/zwxx_229/bmjd/202303/t20230310_11734031.html。

三 国际交往通道设施建设

2019年8月，国家发展和改革委员会印发《西部陆海新通道总体规划》，明确重庆为通道物流和运营组织中心，重庆市委、市政府高度重视，将西部陆海新通道建设作为重庆发挥"三个作用"的重要载体，大力推动通道建设战略部署落地落实。2017年首列广西北部湾港至重庆的铁海联运班列成功运营。自此，西部陆海新通道从概念到实践、从倡导到共同建设、从中国西部延伸至全球，已经成为促进重庆以及西部地区实现更高层次对外开放的关键驱动力。[1]

作为中老友谊和共建"一带一路"的标志性项目，中老铁路通车以来，有效带动了共建国家物流、产业、贸易融合发展。2022年以来，随着RCEP生效，中老两国共享更大的合作发展机遇。中老铁路班列从重庆出发，途经云南，4天后到达老挝首都万象，货运时间比传统海运缩短近20天。再通过铁铁、铁公联运，仅需1天即可到达泰国曼谷等中南半岛国家主要城市。截至2023年9月底，重庆累计开行中老班列420列，运输0.96万标箱，货值14.15亿元。[2]

2022年6月23日上午10时，一列中欧班列（重庆）满载着电子产品、机械零件、日用百货等货物，缓缓驶出重庆团结村中心站，驶向德国杜伊斯堡。这是中欧班列（重庆）开行的第10000列重箱折列。重庆成为全国首个且唯一重箱折列突破10000列的中欧班列开行城市，中欧班列（重庆）也成为开行数量最多、运输货值最高、辐射范围最广、去回程最均衡、货源结构最优、带动产业最强的中欧班列。重箱是指装载了货物的集装箱，重箱折列的意思是每41个重箱可折算为一趟班列。简单来说，重箱折列是排除空箱之后，中欧班列实际运输货物的班列数量。统计重箱折列，目的是避免班列把空箱计算入内，是给中欧班列"挤水分"的举措，也是衡量中欧班列高质量发展的重要标准。

---

[1] 《重庆举行重庆市推进西部陆海新通道建设情况新闻发布会》，中华人民共和国国务院新闻办公室，2022年4月26日，http://www.scio.gov.cn/xwfb/dfxwfb/gssfbh/zq_13847/202207/t20220716_244325.html。

[2] 《搭上陆海新通道 重庆老挝经贸合作迈上新台阶》，澎湃新闻，2023年11月3日，https://www.thepaper.cn/newsDetail_forward_25171486。

重庆是中欧班列的发源地，也是全国中欧班列集结中心之一。2011年3月19日，中国首条中欧班列线路"渝新欧"在重庆诞生。2016年6月8日，中国铁路正式启用中欧班列统一品牌，"渝新欧"更名为中欧班列（重庆）。班列开行之初仅有1条线路，如今已拥有稳定运行线路近40条，可实现辐射国内59个铁路站点和29个港口，通达亚欧近百个城市。货物种类方面，中欧班列（重庆）的货物已从单一的IT产品拓展至智能终端、汽车整车及零部件、高端医疗药品及器械、邮包、轻工制品、大宗物资等上千种，运输货值超4000亿元。货物的集结分拨方面，重庆的中欧班列现已形成"3+8+N"体系，干支网络基本辐射亚欧大陆全境，并实现了与长江黄金水道、西部陆海新通道等物流通道的无缝衔接，助力重庆从开放"末梢"向"前沿"迈进。作为中欧班列的"先行者"，中欧班列（重庆）的一系列创新成果也得以复制推广，助推全国各地中欧班列发展。中欧班列（重庆）作为重庆与欧洲连接的国际铁路大通道，为重庆产业集聚提供了物流基础，包括笔电、汽车、跨境电商等产业在内，重庆多个产业都与中欧班列（重庆）有密切联系。如今，中欧班列（重庆）已成为重庆建设内陆国际物流枢纽和口岸高地，打造内陆开放高地，进一步融入"一带一路"具有重要载体。截至2022年7月，包括中欧班列（重庆）、西部陆海新通道、渝满俄国际班列、渝甬班列在内，重庆国际铁路班列已超过17000班，数据位居全国第一。[1]

在增强国际资源配置能力方面，除中欧班列（重庆）外，西部陆海新通道已覆盖全球107个国家（地区）的319个港口；渝满俄班列开行频次不断加密；长江水道航运优势进一步发挥；江北国际机场国际航线增至108条；中新国际数据通道已为200余家企业提供服务，互联互通的综合立体开放通道体系已基本形成。[2]

加快建设西部陆海新通道，交通责无旁贷，必须当好先行者、做好支撑。在项目方面，重庆启动建设了成渝中线高铁、成达万高铁、渝万

---

[1] 《中欧班列（渝新欧）重箱折列突破1万列》，中华人民共和国国家发展和改革委员会，2022年7月1日，https://www.ndrc.gov.cn/fggz/dqjj/sdbk/202207/t20220701_1329940_ext.html。

[2] 何春阳：《加快建设中西部国际交往中心 重庆"国际范"越来越足》，《重庆日报》2022年7月13日。

高铁,在建的渝昆高铁和渝湘高铁重庆至黔江段正在加快推进;渝黔复线高速公路建成通车,西部陆海新通道贵州方向高速公路出口通道达到6个;全面开工重庆港万州港区新田作业区二期工程,长江朝涪段4.5米水深航道整治等航运航电枢纽工程项目有序推进;有序推进重庆新机场前期工作,江北国际机场T3B航站楼及第四跑道主体工程建设全面铺开,万州、黔江机场改扩建加快实施。同时,全力推进多式联运示范工程,2021年果园港打造"一带一路"与长江经济带战略连接点铁水联运示范工程正式命名为"国家多式联运示范工程",有效连通"一带一路"和"长江经济带",实现中欧班列、西部陆海新通道与长江黄金水道的无缝衔接。下一步,按照《重庆市综合立体交通网规划纲要(2021—2035年)》《重庆市综合交通运输"十四五"规划(2021—2025年)》,加快布局"4向3轴6廊"的重庆综合立体交通网对外运输大通道,着力构建西部陆海新通道和重庆—北部湾西部陆海走廊,将一批涉及西部陆海新通道的重点交通项目优先纳入规划、优先安排实施,确保完成西部陆海新通道建设任务,为西部陆海新通道高质量发展奠定基础、当好先行。[1]

四 国际交往口岸设施建设

当前,中国正处于推动经济高质量发展、构建高水平对外开放新格局的关键阶段。为了确保中国经济平稳运行和高质量发展,促进贸易高质量发展势在必行。2017年3月,国务院在重庆等七个地区印发《中国自由贸易试验区总体方案》。作为自由贸易区,其竞争力越来越取决于物流能力。因此,把发展物流业放在首位,是重庆自由贸易试验区(以下简称重庆自贸区)应对经济全球化、提高竞争力的迫切需要,有利于经济发展,提高自贸区的运营质量。在"一带一路"倡议和长江经济带战略相继提出的背景下,重庆正在着力建设内陆国际物流枢纽和港口高地。

中国(重庆)自由贸易试验区于2017年3月15日经国务院批准设立,并于4月1日成立,实施范围119.98平方公里,涵盖两江区、西永

---

[1] 《重庆举行重庆市推进西部陆海新通道建设情况新闻发布会》,中华人民共和国国务院新闻办公室,2022年4月26日,http://www.scio.gov.cn/xwfb/dfxwfb/gssfbh/zq_13847/202207/t20220716_244325.html。

区和果园港区三个区域。自贸试验区运行两年多时间，全区引进项目2225个，签订合同金额6271.23亿元。截至2019年10月，重庆自贸区已积累197项制度创新成果。

作为中西部唯一的直辖市，重庆处于"一带一路"与长江经济带的"Y"字形连接点，是促进西部大开发的重要战略支点。虽然地处内陆，但重庆内陆国际物流枢纽的框架已经形成。目前，重庆已基本建立东、西、南、北、航空五大国际物流通道体系。2019年上半年，其内陆港口完成货物吞吐量8379万吨，是排名全国第八的内河港口。

目前，重庆规划的三大枢纽港中，除果园港外，万州新田港和涪陵龙头港正在规划建设铁路进港。这些项目建成后，重庆内陆港的货物吞吐量有望在全国进一步提高。铁路方面，重庆已形成"一枢纽十干线"铁路网，里程2371公里。值得一提的是，正在建设的重庆铁路枢纽东环线将联合六大物流港口，有效连接九个园区，有助于提高货物集疏运效率，降低物流成本。

机场方面，T3B航站楼和江北机场第四跑道的前期工作已陆续启动。建成后可满足年货物吞吐量300万吨。此外，第二国际机场和荣昌货运机场的筹备工作已经开始。荣昌货运机场落地后，将有助于抢占西部货运机场布局的先机，为增强重庆的集聚和辐射力发挥重要作用。在高速公路方面，重庆正在大力实施高速公路三年行动计划，弥补公路对外集输网络的不足，加强通道建设，加强与周边高速公路的通道连接，加快射线高速公路扩建工程。

自贸区的综合功能决定了其国际物流业务的复杂性。因此，专业物流人才的缺乏是内陆国际物流枢纽建设中的一个主要问题。物流人员必须具有更高的综合素质，特别是一些高科技的加入，使自贸区物流业务需要一些高素质的复合型人才来工作。具体而言，一是要加强内部员工的培训和沟通，加快现有员工的培训，提高他们的管理、技术和业务能力，从内部发现和挖掘人才，提高内生动力；二是急需引进和培养一批高水平的科研教育机构，为重庆内陆国际物流枢纽建设培养大批高素质人才；三是要积极引进一大批在现代物流、信息服务、运营监管、风险防控等方面具有丰富实践经验、熟悉多种语言和国际惯例的高素质人才，打破工资限制，为自贸区框架下的重庆内陆国际物流枢纽建设提供人才支持。

要想做大做强国际物流，首先必须有顶级的设计。重庆内陆国际物流枢纽的建设可以借鉴荷兰鹿特丹港的建设，从而进行创新和可持续发展。从设计上看，鹿特丹港将其定位为欧洲乃至国际领先的物流中心。重庆建设内陆国际物流枢纽，首先要从战略、技术、实施等方面做顶层设计，规划内陆国际物流中心的总体格局。加强战略规划引领，统筹有序推进内陆国际物流枢纽建设。荷兰鹿特丹港的成功离不开国家的支持。重庆内陆国际物流枢纽的建设需要政府出台优惠政策，如支持性贸易政策、税收政策和人才政策。

尽管重庆已成为内陆省份中唯一具备铁路、公路、水路、航空协同运输和江海协同运输条件的国家中心城市，但自贸区的推进和各种物流基础设施建设相对滞后。因此，重庆内陆国际物流枢纽需要不断完善物流基础，构建高效的物流体系。在财政层面，应增加对物流基础设施的投资，并积极引入外国投资。在基础设施层面，一是加快路网建设，完善铁路基础设施，让其支持更多的产品运输；二是规范整个航空货运设施的建设。同时，应制定物流发展的长期规划，合理规划有限的资金。通过参考鹿特丹港的物流基础设施，可以建设符合重庆自贸区特点的物流基础建设，从而在短时间内以较少的投资取得更大的成效。

现代信息技术的应用也是物流业的主要支撑点之一。物流信息化可以降低运营成本，达到提高经济效益的目的。因此，重庆内陆国际物流枢纽的建设需要做好信息化工作，利用现代物流技术提高竞争力。在保证信息化水平的前提下，加强物流信息平台建设，使物流信息能够在信息平台上进行交换和共享，实现物流信息的准确跟踪，物流各方面可以有机结合。通过这种方式，可以展示国际物流枢纽的强大优势，如集疏运信息交换、信息交互、可视化监控等，从而大大提高物流的技术水平。

五 国际交往制度支持

在海关总署的指导和支持下，重庆海关于2019年10月牵头通道沿线15个直属海关共同签署《区域海关共同支持西部陆海新通道建设合作备忘录》。重庆海关锐意进取、凝心聚力，充分发挥海关职能作用，推动西部陆海新通道贸易便利化水平稳步提升，为助力重庆打造内陆开放高地持续贡献海关力量。

为优化口岸营商环境，重庆海关实施了多项改革措施，包括"提前申报""两步申报""两段准入"，以满足企业在不同贸易和物流模式下的通关需求。重庆海关积极推动智慧口岸的建设，运用创新的智慧监管方式，推广转关自动核销模块、预约查验 App、空箱检测设备、非侵入式查验设施和智能审图系统等技术，在符合条件的港口推行进口货物"船边直提"和出口货物"抵港直装"，有效缩短了货物在口岸的停留时间。此外，重庆海关与陆海新通道沿线其他海关共同推广中欧班列回程运费分摊政策，建立了统一的中欧班列回程运输境内段运费扣除机制，为企业减免税款 3100 余万元，共计扣减货物价值 35 亿元。重庆海关还深入研究东盟国家的技术性贸易措施，与重庆大学、西南大学等高校合作进行科技攻关，协助潼南柠檬出口企业应对印尼进口柠檬的新准入规则。加强与口岸海关的业务协调和应急处理合作，促进重庆特色产业发展，帮助小康汽车、长安汽车等"重庆造"产品通过新通道直达海外市场，支持柑橘、洋葱等特色农副产品通过海运冷链首次实现原箱出口。2023 年第一季度，重庆对东盟的进出口额达到 326.3 亿元，同比增长 8%。

在提升开放平台能级方面，重庆海关积极协助相关部门合理规划布局新设综保区，助推两路寸滩综保区调规为两路果园港综保区；推动万州、永川综保区获国务院批准设立，万州综保区已完成预验收。支持重庆港成功获批扩大开放至果园港区，指导重庆铁路场站、重庆港果园港区和江北国际机场航空口岸建设肉类、水果和粮食等海关指定监管场地，不断拓展完善口岸功能。

重庆海关积极支持自贸试验区的建设，已经实施了 79 项创新措施，包括全国推广的"四自一简"海关监管制度和"一保多用"海关担保模式。此外，与成都海关合作推出的"关银一KEY通"模式，是全国自贸试验区海关协同创新的先例，实现了电子口岸用户认证服务的跨关区通办，为企业节省了大量时间和费用。

接下来，重庆海关将继续发挥其职能，按照国家《"十四五"推进西部陆海新通道高质量建设实施方案》的要求，助力重庆利用其"一带一路"和长江经济带的联结点优势，通过"通道+平台+口岸"的功能叠加和要素集聚，促进"物流+经贸+产业"的融合发展。目标是将重庆的地理和通道优势转化为经贸和产业优势,加强对区域产业链供应链的支持,推动西部陆海新通道的高质量发展。①

第二节　国际交往动力

一　国际高端要素资源

2022年9月,重庆市人民政府办公厅印发《重庆市推动外贸高质量发展三年行动计划(2022—2024年)》指出:"加速吸引国际和东部地区的产业转移。支持两江新区建设国家级加工贸易产业园,加速推进西部科学城和重庆高新区国家级加工贸易产业园的建设,探索以'共建、共管、共享、共赢'为准则,以制度创新和模式创新为核心,以产业链的协同发展为目标,深化与东部地区在产业对接、人才交流培训等方面的合作。实施'承接产业转移东部行'计划,重点关注西永综合保税区和两路果园港综合保税区,推进电子信息产业链的补充、加强和延伸;重点关注江津综合保税区、涪陵综合保税区、万州综合保税区和永川综合保税区,加速承接集成电路、医药化工、机床、运动器材等产业的转移;鼓励渝东北、渝东南地区根据环境容量和承载能力,利用资源优势,适应地域特点承接纺织服装、鞋类、家具、塑料制品、玩具等传统劳动密集型加工贸易产业和加工组装产能的转移。每年在全市范围内分层次举办10场以上的'承接产业转移东部行'活动,加快承接来自欧美、日韩、港澳台和东部地区的产业转移。""培养具有双循环特性的贸易企业。积极促进内外贸一体化的发展,培养一批在国内外市场协同互动、创新驱动能力强、竞争力强、带动效应显著的双循环贸易企业。支持企业引入国际先进的生产要素,整合国内的创新资源,努力提高国内产业链和供应链的稳定性和竞争力。积极拓展国际生产布局和供应渠道,加快形成国内外相互补充、相互促进、高效畅通的全球营销渠道和生产供应网络。到2024年,力争在全市培养出10家国家级双循环贸易企业和100家

---

① 《重庆举行重庆市推进西部陆海新通道建设情况新闻发布会》,中华人民共和国国务院新闻办公室,2022年4月26日,http://www.scio.gov.cn/xwfbh/gssxwfbh/xwfbh/chongqing/Document/1724048/1724048.htm。

市级双循环贸易企业。""创新外资使用方式。鼓励外资成立私募股权投资基金、风险投资基金、创业投资基金，支持外资依法参与不良债权的重组与处置，完善相关的管理和退出机制。发布外资并购项目的机会清单，引导外资通过合资、并购重组等方式参与本市制造业企业的转型升级和国有企业的混合所有制改革。"[1]

二 国际商务交往合作

在国际商务合作交流方面，重庆市积极利用RCEP协议生效的机遇，发挥其作为西部地区与东盟市场连接桥梁的作用，主要开展了以下六项工作。

第一，规划引导支持通道建设。把西部陆海新通道的建设纳入重庆市内陆开放高地建设的整体规划中，成为《重庆市全面融入共建"一带一路"加快建设内陆开放高地"十四五"规划（2021—2025年）》的重要部分。

第二，积极拓展东盟市场。依托西部陆海新通道，积极增加与东盟的贸易往来，推进重庆汽车、通机、电子等优势产业的出口，增加东盟海鲜、农产品等优势商品的进口，同时提高进出口商品的集散和分拨水平，打造"一带一路"进出口商品集散中心。

第三，深化与东盟的经贸合作行动计划。吸引东盟跨国企业、全球500强亚太总部等到重庆投资。支持东盟国家的商贸龙头企业在重庆建立区域性总部，拓展高端消费服务功能，助力重庆国际消费中心城市的培育和建设。

第四，服务重庆企业积极"走出去"。支持重庆汽车、摩托车、通机、农机、钢铁等行业的龙头企业在海外建立工厂或维修中心，推动相关零部件企业、物流供应链企业等联合出海，投资东盟和"一带一路"共建国家。

---

[1] 《重庆市人民政府办公厅关于印发重庆市推动外贸高质量发展三年行动计划（2022—2024年）和重庆市建设高质量外资集聚地三年行动计划（2022—2024年）的通知》，重庆市人民政府，2022年9月20日，http://wap.cq.gov.cn/zwgk/zfxxgkml/zfgb/2022/d18q/202210/t20221020_11207173.html。

第五，建设活动平台。重庆建立了中国西部投资贸易洽谈会、陆海新通道国际合作论坛等平台，扩大了通道的影响力和吸引力，推动了中国西部与东盟共同商议、共建、共享陆海新通道。

第六，深入研究广泛宣传。宣传西部陆海新通道、RCEP，使更多企业和人士了解并利用它，促进共同发展。西部陆海新通道既属于中国，也属于东盟各国。随着物流的顺畅、经贸的繁荣、产业的发展，它们将相互促进，惠及更广泛的国家和人民。[1]

建设国际商务区是重庆加强国际商务交往合作的重要体现。2022年6月18日，重庆国际商务区重大招商项目集中签约活动举行，渝中区人民政府与万科（重庆）企业有限公司签订联合打造重庆国际商务区战略合作协议。重庆国际商务区作为全市唯一授予的涉外商贸区，自开发以来累计投资近300亿元，建成高端商务商业载体110万平方米，入驻企业数量超过3200家，是重庆重要的现代服务业集聚区，拥有突出的产业先发优势和综合配套优势。陆海国际中心封顶，万科集团携手广大知名企业倾情加盟，标志着重庆国际商务区建设站在了新起点、重庆对内对外开放迈出了新步伐，将为"两江四岸"核心区打造国际山水都市客厅汇聚更多的世界目光，为重庆建设国际消费中心城市、中西部国际交往中心集聚更优的资源要素，为深化成渝地区双城经济圈建设注入更大的发展动能。作为重庆的世界窗口、世界的重庆客厅，渝中将充分利用重庆国际商务区这一宝贵平台，以最优的服务、最佳的环境、最好的氛围，让广大企业家在渝中放心投资、安心发展、舒心生活，大力推动高端前沿产业集群化发展，全力将重庆国际商务区打造成为具有国际影响力的发展新高地。作为重庆国际商务区重要产业载体，陆海国际中心拥有重庆第一高楼的观光层、大型购物中心、悦榕庄酒店、出山穿楼跨江的地铁，定位清晰、特色突出，未来将积极承接西部陆海新通道所规划的贸易物流、产业合作、科技人文交流的跨国合作新机制，助力资金融资渠道双向拓宽，探索国际多式联运、贸易规则与数字通道新

---

[1] 《重庆举行重庆市推进西部陆海新通道建设情况新闻发布会》，中华人民共和国国务院新闻办公室，2022年4月26日，http：//www.scio.gov.cn/xwfbh/gssxwfbh/xwfbh/chongqing/Document/1724048/1724048.htm。

体系建设等。①

三 重点开放平台交往

1. 中新互联互通项目

中新（重庆）战略性互联互通示范项目（以下简称中新互联互通项目）是重庆重要的开放平台。重庆借助中新互联互通项目，加快推进陆海新通道建设，有序带动沿线国家参与通道共建是重要举措。2022年6月，中国和新加坡共同编制的《中新（重庆）战略性互联互通示范项目国际陆海贸易新通道合作规划》在重庆正式发布，明确了50个重点合作项目，涉及金融、物流、贸易、供应链、数字化等多个方面。重庆已率先启动30个项目，如中新海关关际合作、数字经济产业园合作等。中新互联互通项目启动时，定下金融服务、航空产业、交通物流、信息通信四大重点领域。这四大重点领域依旧是未来发力的重点，将通过项目化、清单化方式推进。例如，金融领域将继续加强中新绿色金融合作；航空领域将探索开展中国—新加坡 AEO 互认安排落地实施的合作试点；交通领域将推动新加坡企业以中新（重庆）多式联运示范基地为载体，布局前置仓和集散分拨中心；信息领域将探索开展国际互联网大数据产业合作等。中新互联互通项目将加速拓展合作领域，继续实施商务、农业、人才培训、文旅四大合作计划。例如，中新双方将共同推进中新（重庆）农业国际合作示范区建设，探索共建中国—东盟食品产业园，研究布局中国—东盟汽车零部件集采分拨中心等。重庆有很多开放通道、开放平台，中新互联互通项目要增加与这些开放元素的联动。接下来，重庆市中新项目管理局将推动中新互联互通项目与国家级经济开发区、综合保税区、口岸等各类开放平台协同发力，增强项目与自贸试验区、服务业扩大开放综合试点等政策集成，努力实现政策效用最大化。另外，中新互联互通项目将在医疗、教育、文旅等领域集聚一批高品质生活性服务业态，更好满足市民国际化消费

---

① 《重庆国际商务区重大招商项目集中签约》，重庆市渝中区人民政府，2022年6月19日，http://www.cqyz.gov.cn/zwgk_229/ldhd_new/202206/t20220619_10828273.html? I5ZNWM=7L7SD4。

需求。①

2. 重庆国际物流枢纽园区

重庆国际物流枢纽园区在阡陌间崛起对外开放平台。在通道建设上，园区开行的国际班列从每天不足4班，增加到各类国际班列每天稳定开行13班。"四向齐发"国际铁路通道格局形成，建起了欧洲、东盟和重庆交往的经贸桥梁。在口岸建设方面，园区口岸从"零"起步，已建成内陆地区首个一类铁路口岸、首个进口药品和生物制品口岸、首个国际邮件互换局铁路口岸中心等，带动促进重庆开放型口岸体系日益完善。中国的乘用车、农产品、智能终端产品从团结村运到全世界的同时，全世界的优质商品也由此进入中国市场。截至2022年10月，园区整车进口累计超过3万辆，保时捷分拨中心落地，德国大众中国平行进口总经销落户于此；药品口岸已进出口24个品种，一批世界知名药企落户园区。随着国际班列开行数量不断增加，园区围绕"通道带物流、物流带经贸、经贸带产业"的发展思路，积极为中国和全球商品"带货"，逐步建成面积近2平方公里的口岸保税功能区域，变"过道经济"为"通道经济"。目前，园区已形成以国际物流为基础，国际贸易、供应链金融、城市配套、智慧科创等多业态发展的产业格局。"朋友圈"里不乏美团、小米、象屿、大众、阿斯利康等国内外行业巨头；黄金湾·智谷将成为沙坪坝智能科技和生命科学两大产业的重要基地，落地园区的沙坪坝区企业创新服务中心则迎来赛力斯总部及相关业务集群。据统计，园区市场主体已从10年前的不到200家增加到现在的5200余家，税收从原来的1000万元增加到2021年的62亿元。在建设园区通道口岸、发展新兴产业同时，园区以建设国际经济开发区的创新思维，打造"产城景港"融合发展的国际物流城"升级版"。园区规划构建"一轴两廊两心四片"的空间结构，目前已落户2000余套人才公寓和2所小学、1家医院，另有优质中学、星级酒店、高铁站TOD正在布局。今后，园区还将高标准配置医疗、体育、文化等公共资源，不断丰富国际城市功能。未来五年，园区有望通过以铁路为中心的多式联运枢纽体系，让重庆和中国对外连接的

---

① 《释放中新互联互通项目优势　助力重庆打造"开放之城"》，重庆市人民政府官网，2023年2月3日，http://www.cq.gov.cn/ywdt/jrcq/202302/t20230203_11564304.html。

通道更多更畅、口岸更丰富；宜居宜业的国际物流枢纽城市基本建成，国际内陆消费中心高地初步成型，以此服务重庆开放建设和城市发展，为国家大战略、大发展贡献力量。①

四 跨区域国际经济交往

在跨区域国际经济交往方面，重庆积极实施多元化国际市场拓展行动。

一是持续优化国际市场布局。支持企业组合应用5G、VR、AR、大数据等现代信息技术和线上展会、电商平台、海外仓等多种渠道，继续深化与欧盟、日韩、美国等发达经济体的贸易合作，持续拓展共建"一带一路"合作国家和地区、非洲、南美洲等新兴市场。抢抓中新"点对点"、成渝—东盟"面对面"和RCEP经贸合作机遇，综合考虑市场规模、贸易潜力、消费结构、产业互补、国别风险等因素，加强细分市场研究。坚持政策引导与重点扶持并举，全方位开拓日本、韩国、越南、新加坡、马来西亚等重点国别市场。到2024年，重庆对共建"一带一路"合作国家的贸易占比达到30%以上。

推进贸易促进平台建设。办好中国国际智能产业博览会、中国西部国际投资贸易洽谈会、陆海新通道国际合作论坛等国际性展会活动，不断提升对外吸引力和国际影响力。积极组团参加中国国际进口博览会、中国进出口商品交易会、中国国际服务贸易交易会、中国国际消费品博览会、中国国际投资贸易洽谈会等国际性贸易投资活动，深化国际投资、贸易、技术等领域交流合作。发挥重庆汽车、摩托车、通用机械、五金工具、化工、医药等产业优势，在共建"一带一路"合作重点国家（地区）及RCEP成员国策划举办一批线上线下品牌展，开展"品牌商品海外行"活动，带动重庆产品"走出去"。每年分层级举办100场"线上展、云对接"活动，到2024年全市累计超过1万家（次）外贸企业拓展国际市场。

二是加强国际营销体系建设。支持外贸企业、跨境电商企业和物流

---

① 《重庆国际物流枢纽园区 阡陌间崛起对外开放平台》，重庆市人民政府，2022年10月11日，http://www.cq.gov.cn/ywdt/jrcq/202210/t20221011_11175664.html。

企业加快在中欧班列（重庆）、西部陆海新通道、国际航线沿线重点国家及地区围绕汽车、摩托车、通用机械、消费品等领域，建设一批品牌推广效果好的公共展示中心、集散配送功能强的分拨中心、区域辐射半径大的批发市场、市场渗透能力强的零售网点、实地服务与智能化远程服务融合发展的售后服务网点和备件基地，完善境外营销服务保障体系。制定支持海外仓高质量发展政策举措，鼓励企业综合运用BOT（建设—运营—移交）、结构化融资等方式在重点市场布局海外仓，提供从国内集货、出口退税到国际运输和清关、海外仓储管理及目的国（地区）配送的全程跨境物流服务。鼓励金融机构通过海外项目贷款、内保外贷、外保内贷、"境外项目+出口信贷"、并购贷款等方式对企业建设境外营销网络和海外仓提供信保、融资支持。到2024年，力争全市分层级建设国际营销服务公共平台10家，培育在信息化建设、智能化发展、多元化服务等方面表现突出的优秀海外仓企业8家。

2022年，重庆对东盟、美国分别进出口1266.3亿元、1134.8亿元，分别下降2%、5.4%；对欧盟进出口1247.6亿元，同比增长0.7%，以上三者合计占同期重庆外贸总值的44.7%。同期，重庆对共建"一带一路"合作国家进出口2214亿元，同比增长0.3%。[1] 美国与重庆经贸合作具有坚实基础，双方产业互补性强，深化产业合作前景广阔，双方贸易合作潜力巨大。美国驻华机构是中美经贸交流合作的桥梁和纽带，在促进两国贸易、旅游、教育和投资等领域的全面合作中发挥着重要作用。重庆市各级政府、相关部门及企业重视与美合作，持续推动城市对外开放发展取得良好成绩。重庆在商贸、先进制造、运输物流、生命科学、信息技术等领域与美国州市有很强的互补性。[2]

重庆加快建设支撑西部地区参与国际经济合作的陆海贸易通道，搭建推动构建开放型经济体系的合作平台，覆盖面和辐射影响力实现"新拓展"。带动经贸合作与区域经济发展的效果持续显现，重庆与东盟国家

---

[1] 《2022年重庆进出口简况》，中华人民共和国重庆海关，2023年1月19日，http://jinan.customs.gov.cn/chongqing_customs/515860/515862/515864/4812362/index.html。

[2] 《美国7个州驻华代表机构组团访渝：积极发挥桥梁纽带作用，促进重庆与美地方州市合作》，凤凰网，2023年3月28日，http://cq.ifeng.com/c/8OWXqeWr9D3。

进出口贸易额从 2017 年的 794 亿元增长到 2022 年的 1266 亿元。同时出台了《西部陆海新通道沿线省区市与东盟国家合作行动方案（2022—2025）》，牵头建设"单一窗口"西部陆海新通道平台，单证处理耗时压缩 80%，准确率提高到 99.99%，并常态化举办陆海新通道国际合作论坛，发布《新通道　新格局　国际陆海贸易新通道发展报告（2017—2022）》。下一步，要加快拓展国际合作空间，加强对接 RCEP 和澜湄流域经济发展带建设。依托跨境电商综合试验区，建立"丝路电商"东盟合作机制。联动沿线地区的高新区、经开区、综保区、边（跨）境经济合作区，建设国际合作园区和大宗商品集散中心。加强"陆海优品""东盟商品集采城"宣传推介，高水平举办陆海新通道国际合作论坛，办好面向 RCEP 国家的相关展会论坛。

加快建设推进西部大开发形成新格局的战略通道，成为促进产业转型升级、维护供应链稳定的重要动能，促进区域经济发展迈上"新台阶"。近年来，重庆的通道作用显著增强，成为产业"引进来、走出去"的主要渠道。如长城汽车、海尔电器、浙江正凯加大在渝产能布局，重庆小康工业集团、宗申产业集团在印尼、泰国投资建厂。重庆国际物流枢纽园区在册企业超 5000 家，营收超千亿元。2022 年重庆外贸进出口总值超 8158 亿元，创历史新高。开行"铁海联运+内外贸同船"创新模式班列和铁海联运铁路箱下海出境专列，缩短运输时间 2 天，每标箱减少费用 1000 元，并成为疫情期间最稳定的货运通道之一，中国捐赠的医疗物资和食品经通道运达东盟各国。重庆持续推动通道与产业深度融合，支持跨区域综合运营平台与电信、汽摩、装备制造等重点企业合作，打造集采交易和贸综服务平台，协同研发、制造、销售、售后等全链条服务体系。会同沿线地区制定"产业链图谱"，公开发布投资项目清单。力争重庆对东盟国家投资设立企业累计达到 150 家以上，带动与东盟国家贸易占外贸总额达到 15% 以上，实际利用东盟国家外资年均增长 10%。

进一步提升西部陆海新通道运力和物流效率。面向中国中西部地区和东盟十国广阔消费市场布局产业，做好目标市场特征分析，重点发展适用技术和产品，为西部陆海新通道物流运输提供更多的货源保障。打通铁路运输关键缺失路段、加快推进扩能改造既有铁路线路，积极谋划推动与东盟国家铁路互联互通，构建覆盖东南亚地区的洲际铁路运输网络。积极拓展商品车、农产品等特色联运班列,开展冷链、罐箱、敞顶箱等适应铁海联运的差异化物流运输业务。大力发展公路物流货运集散中心,提高西南地区陆路边境口岸的通关能力,发挥公路运输"门到门"的灵活优势,保障面向东盟国家的消费品贸易通道畅通。充分利用位于西部陆海新通道、中欧班列、长江黄金水道交汇点的优势,发挥不同方向物流运输通道的交会对接、多式联运功能,积极搜寻货源,对接整合物流需求,通过规模经济降低成本,提高通道物流运输效率。对综合立体交通网络进行数字化改造,进一步提高流通效率和国民经济整体运行效率,生产配套体系布局在更加广阔的地理空间范围,优化成渝地区双城经济圈内大中小城市之间的协同发展关系,合理布局城市群生产力空间分布。[1]

得益于便利的通道,重庆与欧盟的商贸往来日益频繁。数据显示,2022年重庆与欧盟进出口总额1247.58亿元,欧盟成为重庆第二大贸易伙伴。欧盟很多跨国企业非常重视重庆,不少已经在重庆投资落户。巴斯夫、西门子等全球知名企业都在重庆进行投资,巴斯夫还在长寿区设立了巴斯夫聚氨酯(重庆)有限公司。有的欧盟企业不仅在重庆投资布局,还为重庆经济发展建言献策。比如苏伊士集团原主席兼首席执行官梅斯特雷向重庆市政府建议,希望重庆能够成立市长国际经济顾问团,吸收更多来自全球企业的发展经验。重庆果断采纳了这一建议,重庆市市长国际经济顾问团会议应运而生。如今,它已持续十余年,成为重庆与跨国公司、世界500强等企业学习沟通共促发展的重要平台。重庆与欧盟还不定期举行经贸恳谈会。比如在2021年,双方通过线上举行了恳谈会,中国欧盟商会近40家会员企业参加。

重庆与澳大利亚的国际经济往来愈加频繁。2022年,经贸合作方面,重庆与澳大利亚进出口总额202.9亿元,增长14.3%,澳大利亚成为重庆第十大进出口国家或地区。相互直接投资方面,澳大利亚伊士顿电梯集团在重庆设立了重庆伊士顿电梯有限责任公司。该公司60米高的电梯实验塔,已成为南岸区茶园的标志性建筑之一。中冶赛迪为澳大利亚怀阿拉

---

[1] 《抓好西部陆海新通道这个新重庆建设的重要抓手》,《重庆日报》2022年2月13日第11版。

1000万吨钢厂项目提供了规划、设计、咨询等服务。该项目将采用低碳和绿色能源工艺，立志打造面向未来的绿色智能高效的钢铁制造基地。

墨西哥是重庆在拉美地区最大贸易合作伙伴。2022年7月，在渝举办的第四届西洽会上，墨西哥代表团堪称阵容强大——墨西哥参议长桑切斯在开幕式上视频致辞，墨西哥驻华大使施雅德率团来渝参会，中国墨西哥商会组织20多家墨西哥企业组团来渝参展参会，举办墨西哥国家馆开馆仪式、中国（重庆）—墨西哥投资贸易洽谈会、中国墨西哥商会重庆办公室揭牌等系列活动。这次大会，墨西哥是主宾国。主宾国可看作展会的第二个"东道主"，墨西哥愿意担任第四届西洽会的主宾国，也是因为近年来墨西哥与重庆经贸来往密切。2022年，重庆与墨西哥进出口总额136.4亿元，增长6.2%。目前，墨西哥是重庆在拉美地区的最大贸易合作伙伴。[1]

第五届中新（重庆）互联互通倡议金融峰会于2023年4月20日至21日在中国重庆和新加坡同时举行。峰会第三次小组讨论围绕绿色金融改革和创新，深入探讨中新（重庆）战略互联互通示范倡议下渝中区外资金融集群的发展、加强绿色和跨境金融创新以及深化自由贸易区金融自由化。渝中区金融业拥有1000亿元人民币（约145亿美元）的产业规模，拥有433家不同的金融机构。外资银行和保险机构占全市总数的近70%。2022年，渝中区金融业实现增加值380亿元，占全市的15.3%。人民币和外币存贷款余额达1.27万亿元，占全市总量的12.8%。

重庆将推进绿色金融试点，重点实现碳排放峰值和碳中和，并依托建设绿色金融改革创新试验区。重庆将继续加强绿色金融产业，支持绿色经济转型，加快建设重庆绿色金融中心。在加强绿色金融跨境合作方面，重庆将有序推进跨境金融业务创新，支持自由贸易区发展开放账户体系，鼓励金融机构为企业提供跨境债券发行、跨境投资并购等跨境金融服务，不断提高跨境金融服务能力。重庆将积极推进中新金融合作，加快在重庆来福士发展中新合作金融服务产业园，争取实施中新财富管理互联互通、基金互联互通等创新试点，推动中新金融等产品和服务增加

---

[1] 《多国老朋友相聚重庆话合作》，重庆市人民政府，2023年2月17日，http://wap.cq.gov.cn/ywdt/jrcq/202302/t20230217_11616823.html。

跨境绿色债券和国际商业贷款。重庆将探索和促进跨境金融市场互联互通，发展与 RCEP 成员国领事馆、商会和金融机构的合作机制，鼓励当地企业与新加坡和共建"一带一路"合作国家（地区）开展相互投资和筹资。

2022 年，渝中区建成中西部首个 RCEP 贸易促进中心，着力发展 RCEP 信息、国际贸易信息、国际金融服务等平台，帮助中小微企业开拓海外市场；在中国西部（重庆）东南亚商务中心引进了首个中国—东南亚经贸合作平台，为成渝地区涉外经贸文化交流合作搭建了新平台——成渝地区外国商会联盟，促进国际机构聚集，跨国企业、涉外商会、商业协会和其他开放实体；打造中国西部第一个买断式游戏产业出口集群——重庆数字文化出口基地和中国西南最大的对外文化贸易集群——重庆对外文化贸易基地，提升文化的国际吸引力。

渝中区以金融支持绿色交通和绿色建筑为重点，积极引入绿色金融国家垄断经营、绿色金融中心、绿色金融经营单位等。通过探索成立重庆市绿色金融研究院，旨在帮助增加绿色信贷和债券规模。

西部金融中心司法供应。渝中区于 2010 年启动了中国西部第一个金融法庭，并于 2022 年启动了成渝金融法院。随着重庆市中央法律服务区的加快发展，金融和法律生态系统得到进一步完善。成渝金融法院管辖重庆、四川属于成渝经济圈的相关金融民商事案件和金融行政案件，由中级人民法院管辖。其具体管辖权以最高人民法院的有关司法解释为准。成渝金融法院的成立，标志着四川和重庆协同进入司法改革的新阶段。通过协调整合两地公务和办案，建立高效、协调、跨省、一体化的金融审判工作机制，推动共同为建设金融法律协调中心作出贡献，全面提高金融审判的有效性、引领性和可预见性，建设服务西部金融中心的司法供给高地。继续积极发挥成渝金融法院作用，进一步完善金融领域法治综合治理，加大金融案件执行力度。渝中区将支持重庆高级金融学院的发展，加大司法执法人员金融专业知识培训力度，提高金融公正水平。[1]

---

[1] Yan Deng, Vivian Yan, "Chongqing Enhances Innovation in Green Finance and Cross-border Finance | District Mayor Interview", Chongqing International Communication Center (for Culture and Tourism), April 21, 2023, https：//www.ichongqing.info/2023/04/21/chongqing-enhances-innovation-in-green-finance-and-cross-border-finance-exclusive-interview/.

第三节 国际交往载体

一 驻渝领事机构交往

2019年以来，重庆引进乌拉圭、白俄罗斯、缅甸在渝中设立总领事馆，打破了重庆市2013年之后领事机构零增长的局面。截至2023年9月，入驻重庆的13家外国总领事馆全部集中在渝中区。

2010年2月，匈牙利在重庆设立总领事馆，领事范围涉及重庆、四川、云南、贵州、陕西、甘肃等地区。近年来，重庆和匈牙利在科技创新领域开展了一系列卓有成效的交流合作。其中，重庆3个项目入选中匈共建"一带一路"优先合作项目清单。2016年，中国—匈牙利技术转移中心（重庆）正式成立，中心已举办中匈创新项目线下对接会14场，促成22个项目合作签约，11个项目落地实施。2017年4月，中欧班列（重庆）"重庆—匈牙利"班列成功开行，直达货运班列的开通进一步拉近了重庆与匈牙利的时空距离，搭建起一条经贸往来的重要桥梁。2017年5月，西南大学和匈牙利国家农业研究与创新中心共同发起成立的"中匈食品科学合作研究中心"在西南大学揭牌。2018年，匈牙利驻重庆总领事馆率团参加首届"智博会"，展示了各类人工智能穿戴和大数据相关展品与技术。2019年12月底，重庆—布达佩斯航线成功首航，为双方经贸、人员往来注入了新的动力。这也是重庆机场首条直飞中欧的国际航线。此外，重庆和匈牙利共同组织举办国际科技交流与合作活动，2021年4月，中国（成渝地区）—匈牙利创新合作大会在渝举行，大会集中组织7项成渝地区和匈牙利的创新合作项目签约，并以"线上+线下"方式展示推介了27项成渝地区和匈牙利的科技成果项目。匈牙利驻渝总领事馆每年邀请并组织匈牙利政商代表团参会参展重庆举行的"智博会""西洽会""文博会"等，助推重庆市内陆开放高地建设；每年的布达佩斯文化之春、布达佩斯文化之秋活动，为重庆市民带来匈牙利美术、音乐、电影、体育等文体盛宴，已成为重庆市国际文化交流活动的知名品牌。①

2022年7月12日，缅甸驻重庆总领事馆正式开馆，重庆与缅甸交往合作开启全新篇章。缅甸驻重庆总领事馆是经外交部批准在重庆设立的第13个外国总领事馆，也是重庆建设中西部国际交往中心结下的又一硕果。就在当日，缅甸推广中心正式在璧山揭牌投用，搭建起了双方交流合作的桥梁和纽带。璧山将秉持"来了就是璧山人"的热情和包容，以开明的理念、广阔的胸襟、一流的服务、优惠的政策，加快促进双方在智能网联新能源汽车、电子信息、智能装备、大健康、数字经济等领域的合作，不断拓展中缅经贸合作的深度和广度。缅甸驻重庆总领事馆领区包括重庆市、四川省及湖北省，具有商务、文化、签证、领事保护职能。开馆当日还举行了"重庆—缅甸交流合作签约揭牌仪式"，重庆市文化旅游委与缅甸国家饭店和旅游部综合司交换合作备忘录文本，缅甸推广中心成功揭牌，4个重庆与缅甸合作项目在现场集中签约。②

2008年12月菲律宾驻重庆总领事馆设立，并于2009年正式开馆。十多年来，菲律宾驻重庆总领事馆与重庆市政府各部门、各有关单位建立了很好的交往合作关系，共同架起了一座和平之桥、友谊之桥、合作之桥，促进重庆与菲律宾的友好交流与合作。菲律宾驻重庆总领事馆玛友总领事到任以来，积极参与渝中区举办的第一届中国城市商圈发展大会、解放碑国际消费节开幕式等活动并对渝中经济社会发展给予大力支持。虽受新冠疫情影响，但重庆与菲律宾之间经贸往来、人文交流活动不断，尤其是渝中已举办的国际消费节、同庆中国年等涉外活动仍然给

---

① 《匈牙利驻重庆总领事：未来将在汽车、医疗、旅游等领域加深合作》，上游新闻，2023年1月13日，https://www.cqcb.com/topics/jiayou2023/2023-01-13/5143502_pc.html；《匈牙利驻渝总领事馆开馆十年，细数那些友好合作"瞬间"》，上游新闻，2023年5月30日，https://www.cqcb.com/hot/2020-05-30/2459893_pc.html。

② 《渝中外事"朋友圈"再添新成员 缅甸驻重庆总领事馆开馆》，重庆市渝中区人民政府，2022年7月13日，http://www.cqyz.gov.cn/zwgk_229/ldhd_new/202207/t20220713_10913737.html?KWP2JR=7KUIHN；《璧山组团赴缅甸开展招商经贸促进活动》，重庆市人民政府，2023年3月27日，http://www.cq.gov.cn/zjcq/yshj/zshd/202303/t20230327_11815759.html。

玛友总领事留下了深刻印象。① 为切实提升重庆家政从业人员职业技能，加快培养具有全球竞争力的国际化技能人才，在中国—东盟开放合作持续深化之际，2022年9月21日，菲律宾驻重庆总领事馆玛友总领事应邀至重庆市人力社保局参观座谈。玛友总领事介绍了菲律宾政府家政行业技能培养的优势资源，双方围绕技能培养合作展开热烈讨论，最终达成初步合作共识。②

2021年1月，白俄罗斯驻重庆总领事馆正式开馆，为双方在经贸、投资及人文领域的交往合作带来更多助力。2022年是中国和白俄罗斯建交30周年。在上海合作组织成员国元首理事会第二十二次会议期间，中白两国元首共同签署了建立全天候全面战略伙伴关系的联合声明。值得强调的是，在这份由两国领导人签署的文件中提到了重庆，并将其纳入中白深度经济地区合作的大型方案中。重庆与白俄罗斯互为中欧班列（重庆）项目建设战略合作伙伴。2022年1—8月，重庆与白俄罗斯进出口总额同比增长48.5%。白俄罗斯是最早支持"一带一路"倡议的国家之一，已成为"一带一路"倡议的支撑平台。目前，重庆—白俄罗斯直达班列已实现常态化开行。从中国到欧洲的所有铁路集装箱运输，超过65%都过境白俄罗斯，其中包括最大的中欧班列（重庆）路线。2022年，中白建交30周年图片展、重庆—明斯克电视周在重庆举行，双方电影制作、艺术交流、外语教学等方面的合作稳步推进。③

2022年5月9日，由重庆市工商业联合会、重庆市文化和旅游发展委员会、重庆国际文化交流中心联合主办的"2022重庆国际文旅经贸沙龙"启动仪式在重庆文旅之窗举行。现场共发布9个沙龙主题，启动仪式后，主办方将陆续邀请中外政府及企业开展系列沙龙。据介绍，本次活动旨在为中外政企搭建"旅游+经贸"双向交流合作平台、构建"文

---

① 《渝中区政府外办主任江永红一行走访菲律宾驻重庆总领事馆》，重庆市渝中区人民政府外事办公室，2022年2月25日，http：//www.cqyz.gov.cn/bm_229/qzfwb/zwxx_97154/dt/202202/t20220225_10439973.html。

② 《菲律宾驻重庆总领事馆玛友总领事来市人力社保局参观座谈》，重庆市人力资源和社会保障局，2022年9月22日，http：//rlsbj.cq.gov.cn/zwxx_182/gzdt/202209/t20220922_11131467_wap.html。

③ 《多国总领事旁听重庆政府工作报告："听"出合作新机遇》，重庆人大，2023年1月14日，https：//www.cqrd.gov.cn/site/article/1211318206255353856/web/content_1211318206255353856.html。

旅搭台、经贸唱戏"的对外交流合作新格局，是重庆市文化和旅游发展委员会加速释放重庆国际文旅之窗涉外文化旅游公共服务平台聚合效能的又一举措。此次9个系列沙龙主题包括悦享最"加"健康生活、文创产品、医疗美容、时尚服装、高端食材、农副产品、机械制造、汽车与新能源等领域。主办方介绍，希望通过举办此次活动提升重庆经济、文化活力和国际交往参与度，共同促进国际文旅经贸往来与交流，引导企业参与"一带一路"建设。由加拿大驻重庆总领事馆举办的加拿大悦享最"加"健康生活沙龙，作为系列活动的第一场，在启动仪式后顺利举办。活动促进了加拿大企业和重庆企业的交流，也能助力重庆打造国际消费中心城市。①

英国驻重庆总领事馆自2000年设立以来，积极推动重庆与英国各领域交流合作，取得了丰硕成果。2021年，重庆和英国的贸易再创新高，达到了130亿元；新增6家英国企业落户重庆，在渝英国企业总数已近100家。2022年适逢中英建立大使级外交关系50周年，重庆市与英国驻重庆总领事馆共同努力，以两国建交50周年为契机，切实遵循两国领导人达成的共识，继续加强交流、深化合作、共谋发展。2022年6月9日晚，英国驻重庆总领事馆在位于大渡口区的重庆工业博物馆举办英国女王生日酒会暨白金禧年庆典，英国驻重庆总领事史云森及领馆人员、在渝英国企业及侨民代表、重庆市及英国驻重庆总领事馆领区相关省的代表、各国驻渝总领事及代表等出席活动。② 2022年7月19日，重庆市经济和信息化委员会与英国驻重庆总领事馆签署合作谅解备忘录，下一步，双方将重点围绕数字化转型、氢能转型和现代服务业三个领域加强对接，共同推动重庆与英国相关产业合作。近年来，重庆与英国重点聚焦大数据、智能化、绿色化及现代服务业升级等领域展开深入合作，取得了积极成效。在英国驻重庆总领事馆积极组织下，英国连续四年参加中国国

---

① 《搭建文旅经贸国际交流合作平台 重庆将开展9场国际文旅经贸沙龙》，华龙网，2022年5月9日，https://baijiahao.baidu.com/s?id=1732362878207156712&wfr=spider&for=pc；《重庆国际文旅经贸沙龙启动》，中华人民共和国文化和旅游部，2022年5月11日，https://www.mct.gov.cn/whzx/qgwhxxlb/cq/202205/t20220511_932926.htm。

② 《英国驻重庆总领事馆在渝举办英国女王生日酒会暨白金禧年庆典》，重庆市人民政府，2022年6月14日，http://zfwb.cq.gov.cn/zwxx_162/bmdt/202206/t20220614_10813302.html。

际智能产业博览会，并于 2019 年任主宾国。在此背景下，重庆市政府外办与英国驻重庆总领事馆建立工作小组，会同有关各方推动重庆与英国各领域交流与合作。重庆市经济信息委与英国驻重庆总领事馆签署合作谅解备忘录，即是两地合作的务实举措之一。①

早在日本国驻重庆总领事馆开馆前的 20 世纪八九十年代，就有很多日资企业进入重庆，在重庆的经济发展、日本与重庆的经贸关系中发挥了巨大作用，期待和重庆的经贸关系可以进一步深化发展。据日本国驻重庆总领事馆统计，目前在渝日企数量达 240 家。2022 年，有多家日本企业进入重庆市场并扩大投资。参会的日资企业代表表示，重庆发展势头强劲，产业配套齐全，营商环境优良，在渝发展取得了良好业绩，希望进一步拓展发展和合作空间。② 近年来，重庆与日本在文化交流方面的合作也在不断加深。2022 年 11 月 5 日，由重庆市人民对外友好协会、四川省人民对外友好协会和日本驻重庆总领事馆共同主办的日语作文演讲大赛通过线上线下相结合方式举行；"2022 日本国际交流基金巡回展《日本佳礼　心意成形——日本传统馈赠之美》重庆站"于 2022 年 6 月 1 日至 21 日在九龙意库新邻里艺术中心举办。③

2013 年 11 月，继在北京设立大使馆，广州、上海和香港设立总领事馆后，荷兰在重庆设立了总领事馆，这是荷兰在中国中西部地区第一家总领事馆。荷兰位于欧洲西北部，陆、海、空交通运输十分便利，是欧洲大陆重要的物流交通枢纽。荷兰鹿特丹港是欧洲第一大港，也是非常重要的物流货品集散中心。位于"一带一路"建设和长江经济带联结点的重庆极具物流枢纽优势。荷兰是农产品、食品出口大国，未来更多荷兰及欧洲国家的农产品，可通过中欧班列（重庆）更安全、高效地运至重庆。2022 年 3 月 4 日至 13 日，荷兰驻重庆总领事馆在重庆举办了"中

---

① 《重庆市经济信息委与英国驻重庆总领事馆签署合作谅解备忘录》，重庆市人民政府，2022 年 7 月 22 日，http://zfwb.cq.gov.cn/zwxx_162/bmdt/202207/t20220722_10948322_wap.html。

② 刘相琳：《重庆与日本举行经贸交流　冀进一步拓展发展和合作空间》，中国新闻网，2023 年 3 月 29 日，https://m.chinanews.com/wap/detail/chs/zw/9980840.shtml。

③ 谭旭：《日本驻重庆总领事：期待重庆与日本企业加深合作》，上游新闻，2023 年 1 月 3 日，https://www.cqcb.com/topics/jiayou2023/2023-01-13/5143908.html。

荷建交50周年荷兰花艺装置展",以郁金香、代尔夫特瓷器为主线,展示两国历史人文等方面的交流,得到社会各界的广泛关注。2022年是中荷建立大使级外交关系50周年,文化的多样性为交流互鉴提供了广阔空间,交流互鉴为创造性发展注入了不竭动力。2022年4月27日,荷兰国王日庆祝招待会在荷兰驻重庆总领事的官邸举办。荷兰国王日即荷兰国庆日,是荷兰最盛大的节日。2022年,荷兰国王日在停办两年后,得益于重庆有力的防疫措施和良好的卫生环境,荷兰驻重庆总领事馆成为2022年荷兰在华唯一举办国王日庆祝招待会的领事机构。[①]

二 国际友好城市往来

2022年5月12日,重庆市与蒙古国首都乌兰巴托市通过线上方式签署建立友好城市关系谅解备忘录。双方表示将依托互补优势,进一步密切友好交流合作。2022年6月,重庆多个市级部门组成对乌兰巴托交流合作工作专班,持续推动双方合作商洽。[②]

2022年7月5日,重庆市举行中国(重庆)—老挝重点合作项目签约及揭牌仪式。作为老挝重点合作项目之一,重庆市巴南区与老挝乌多姆赛省勐赛县线上签署《建立友好城市关系意向书》,标志着双方开启友好交流合作序幕。为更好地配合国家总体外交,服务地方经济社会发展,深度融入"一带一路"建设,推动东盟班车线路拓展和加深与老挝的经贸往来,在重庆市人民政府外事办公室、老中经贸促进会的积极推荐和中国驻琅勃拉邦总领事馆的指导帮助下,巴南区与勐赛县达成建立国际友好城市关系共识。勐赛县与巴南区在旅游、经贸等方面有许多相似和互补之处,双方建立国际友好交流城市关系,有利于服务国家总体外交,促进两国、两地的经济社会发展,进一步巩固中老人民长期以来建立的深厚友谊;有利于推动共建"一带一路"走实走深,为两地的经贸合作

---

① 《荷兰驻重庆总领事馆在渝举办荷兰国王日庆祝招待会》,重庆市渝中区人民政府办公室官网,2022年5月7日,http://www.cqyz.gov.cn/bm_229/qzfwb/zwxx_97154/dt/202205/t20220507_10692216.html?F2F526=HM8DJB。

② 孙琼英:《蒙古国乌兰巴托市来渝抛"橄榄枝" 这些领域有合作机会》,上游新闻,2023年2月13日,https://baijiahao.baidu.com/s?id=1757709705334335912&wfr=spider&for=pc。

注入新动力、开辟新领域。①

2022年9月13日，重庆市与乌兹别克斯坦塔什干州签署建立友好市州关系协议书。根据签署的友好市州关系协议，重庆市与塔什干州将进一步加强在经贸、旅游、科技、文化、教育、体育、卫生等领域交流合作，努力打造中乌两国地方合作的新亮点。重庆市与塔什干州两地友谊源远流长，早在1998年，两市州就签署了友好合作关系协议；2018年，塔什干州政府高级代表团访问重庆，与重庆部门、区县、企业进行广泛对接，并在经贸人文等多领域达成合作共识，两地全面交往愈加紧密。重庆市政府外办相关负责人介绍，自2018年第一趟中亚班列开行以来，渝新欧中亚班列辐射包括乌兹别克斯坦在内的多个中亚国家，共运输货物近1.5万标箱，运输货值近35亿元，去回程货物涵盖通信设备、整车、汽车零配件、机械配件、日用百货、粮食、金属矿产等多种类。2020年7月，首趟重庆跨境公路班车（中亚班车）从重庆出发，驶往乌兹别克斯坦，实现了中亚跨境公路班车陆运通道的贯通。2022年1—7月，重庆对乌兹别克斯坦进出口总额增长1.4倍，两地合作前景广阔。此次协议签署，标志着重庆正式牵手塔什干州，共同架起连接"一带一路"及欧亚地区合作之桥。②

三 国际机构和专业性国际组织落户

2022年，重庆引进外事机构实现新突破。重庆市渝中区持续发挥外事机构集聚区优势，引进澳大利亚贸易投资委员会、美国加州首府萨克拉门托市驻华代表处等外国政府机构入驻该区。渝中区引导和支持英国、新加坡等7国驻渝蓉领事馆在陆海新通道·国际消费中心设立国别馆。承办"2021重庆澳门周""缤纷港·美丽渝"等活动，带动交易金额近亿元。牵头举办区域经济发展圆桌会等经贸合作交流论坛10余场，引进香港万嘉国际有限公司、缅甸南亚未来投资发展集团等20余家涉外机

---

① 《重庆市巴南区与老挝勐赛县签署〈建立国际友好城市关系意向书〉》，中国网，2022年7月7日，https://cq.china.com.cn/2022-07/07/content_42028870.html。

② 王玮：《重庆市与乌兹别克斯坦塔什干州建立友好市州关系》，华龙网，2022年9月18日，https://cq.cqnews.net/html/2022-09/18/content_10211684452446855168.html。

构、企业来区考察,已落户总部企业2家、首店首牌1个、代表处2个。

重庆市渝中区织密国际交往网络,提升经济发展外向度。推动中国(重庆)东盟商务中心、中国(重庆)—东盟经贸合作产业园等重大项目落地。推动各国商品入驻陆海新通道·国际消费中心,打造新型保税贸易平台。用好成渝双城(重庆)国际商务中心,引进国观智库、墨西哥商会等来区发展。协同成渝两地外事资源,在招商引资、经贸合作等领域高效联动,为提高区域经济发展外向度做出积极贡献。

重庆市渝中区持续发挥外事资源优势,提升城市国际知名度。全面建设外事机构集聚区,在解放碑、朝天门、化龙桥区域打造外事机构和国际商务商贸集聚地,吸引老挝、越南、印度尼西亚、马来西亚等东盟和RCEP成员国以及墨西哥、哥伦比亚、巴拿马等拉美和加勒比国家共同体成员国设立总领事馆,成立重庆移民事务服务中心渝中分中心,提供涉外便利服务。[①]

第四节　国际交往平台

一　国际会议会展活动

2019年以来,重庆举办上海合作组织地方领导人会晤等地方国际会议20余场,接待国宾及重要外宾来访60余批次。联动驻渝领事机构,打造"红岩公园国际友谊林",持续举办新春、中秋联谊会及匈牙利布达佩斯之春(秋)等精品外事活动200余场次。组织区级部门公务出访交流,联动辖区学校、企业等开展国际经贸合作和人文交流活动60余场次。2019年以来组织商社集团、渝商发等50余家企业参加哥伦比亚、白俄罗斯等国际投资洽谈会。

2022年8月22日至24日,2022中国国际智能产业博览会(以下简称"智博会")在重庆举行,来自意大利、韩国、以色列等19个国家(地区)的665家国内外单位参展,来自法国、以色列、瑞士等9个国家

---

① 《加快中西部国际交往中心核心区建设》,重庆市渝中区人民政府外事办公室,2022年6月2日,http://www.cqyz.gov.cn/bm_229/qzfwb/zwxx_97154/dt/202206/t20220602_10776362.html?WL9U6I=IN9BQB。

（地区）的团队（选手）线上线下同台竞技。和历届智博会一样，本届智博会取得丰硕成果，赢得广泛赞誉。在2022智博会重大招商项目线上签约活动中，共签约70个项目，合同总投资额达到2121.1亿元，涉及智能制造、健康、新材料、新能源等众多产业领域，其中战略性新兴产业项目数量达到80%。作为智博会上的"常客"，华为聚集智能制造、生命健康、自动驾驶等重庆优势和特色产业，将在渝打造多个百亿级产业集群，助力重庆建设国家重要先进制造业中心。截至2022年8月，华为已同长安、中冶赛迪等多家企业和高校科研机构达成合作意向，共同孵化、拓展人工智能应用场景。本届智博会上，新能源及智能网联汽车，是多方关注的焦点。事实上，一直以来，制造业都是重庆重要的"城市标签"。如今，借助智博会，这张标签融入了"智能因子"。随着本届智博会签约项目落地，重庆的智能产业将拔节生长，为经济赋能，为发展插上智能化"翅膀"。①

2022年7月21日至24日，第四届中国西部国际投资贸易洽谈会（以下简称"西洽会"）在重庆国际博览中心和重庆悦来国际会议中心顺利举行，墨西哥担任主宾国，因此在"墨西哥国家馆"举行开馆仪式。本届西洽会是在中国新一轮高水平开放、加快构建新发展格局背景下举办的一次重要经贸活动，旨在以西洽会为"媒"，以陆海新通道为"桥"，搭建立足西部、辐射东盟、沟通世界的经贸交流合作平台，为世界经济发展贡献力量。38个国家（地区）、25个省区市、1个特别行政区、1212家企业（机构）来渝参展参会，全面提升西部地区经济承载力、辐射带动力、发展支撑力，推动西洽会成为西部地区和世界经贸合作的桥梁纽带。作为中国西部地区的对外交流平台、贸易合作平台和投资促进平台，西洽会一直备受瞩目。在本届西洽会上，16万平方米的展览区亮点纷呈，百余场主题活动丰富多彩，有力推动西部地区高水平对外开放，为西部各省区市服务新发展格局、融入共建"一带一路"高质量发展做出积极贡献。在本届西洽会重大项目签约仪式上，重庆市内集中签约重大项目66个，投资金额达2228.5亿元。此外，其他省区市在本届西洽会上集中

---

① 《城市与盛会相互成就 2022智博会"答卷"成色十足》，智博会，2022年8月26日，https://www.smartchina-expo.cn/zbh/xwzx/hyzx/csyshxhcj2022zbhdjcssz/index.html。

签约项目 38 个，签约投资额 240.2 亿元。本届西洽会还同期举办了 7 场投资贸易活动及主宾国、主宾省系列活动。"跨国公司重庆行"活动由商务部联合地方政府举办，吸引福特汽车、三星电子、罗氏制药、惠普、SK 集团等 23 家跨国公司代表参加，其中世界 500 强企业 20 家，17 家为首次赴渝考察，为跨国公司到重庆及西部地区搭建了信息交流、产业合作和项目对接的平台。在同期举办的"2022 陆海新通道国际合作论坛"上，来自国内外的专家学者齐聚重庆，聚焦"陆海新通道新使命——提升对地区产业链供应链的支撑作用"等议题进行深入探讨。论坛上发布了西部陆海新通道发展指数，启动上线国际贸易"单一窗口"西部陆海新通道平台。[1]

2022 年 7 月 22 日，第四届中国西部国际投资贸易洽谈会在重庆悦来国际会议中心开幕，2022 陆海新通道国际合作论坛同步举行。本次论坛由中国商务部、新加坡贸工部和重庆市人民政府共同举办。来自陆海新通道沿线国家（地区）的政、商、学、研各界精英齐聚重庆，以陆海新通道绘就"一带一路"工笔画为主题，共同探讨陆海新通道新使命——提升对地区产业链供应链的支撑作用，为深入推进陆海新通道国际合作提供了新思路、注入了新动能。陆海新通道是在共建"一带一路"框架下，以重庆为运营中心，西部 12 个省区市与海南省、广东省湛江市、湖南省怀化市等共同打造的国际陆海贸易新通道。西洽会期间，商务部国际贸易经济合作研究院与西部陆海新通道物流和运营组织中心共同发布的《新通道新格局国际陆海贸易新通道发展报告 2017—2022》显示，自 2017 年开始建设以来，陆海新通道"通道+枢纽+网络"现代物流体系加快完善，有效连通了中西部地区重要节点城市，国际辐射范围不断扩大。陆海新通道破解了中国西部国际物流难题，中国与东盟等区域经贸往来愈加密切。报告显示，陆海新通道建设以来，沿线省区市与东盟进出口额逐年提升，由 2017 年的 589 亿美元增至 2021 年的 1077 亿美元，运输货物品类由 50 余种发展到 640 余种。从本届西洽会的签约成果来看，集中签约的 71 个内外资重大项目，有 100 亿元级项目 9 个、50 亿元级项目 6 个、30 亿元级项目 7 个，涉及智能网联新能源汽车、电子信息、生

---

[1] 《第四届中国西部国际投资贸易洽谈会圆满落幕》，《人民日报》2022 年 7 月 27 日第 16 版。

物医药、新材料、节能环保、消费品、现代金融等产业领域，其中不乏新加坡狮城资本、艾威集团、亿利国际等知名外资企业身影。与会外资企业纷纷表示，看好中国西部地区开放发展前景，看好陆海新通道带来的新机遇，以及由此形成的供应链新优势。在第四届西洽会暨2022陆海新通道国际合作论坛上，来自国内外的专家学者提出，陆海新通道有力保障了区域产业链、供应链安全，世界级产业集群正沿着国际化大通道重新布局。在拓展国际合作空间方面，专家认为，联动沿线产业园区、经济合作区，建立面向东盟的产业合作联盟，形成产业链、供应链跨境示范带，依托口岸枢纽，打造高品质陆港经济区，积极发展新业态、新模式，将带动区域经济转型升级。陆海新通道充分发挥国际大通道功能，有效促进了国际货物、人员、资金、信息等要素资源加速融合，为畅通国内国际双循环注入新动能。①

二 外国政党政要重点参访区

重庆市渝中区持续推动涉外历史文物资源活化利用，美国大使馆旧址开设中美同盟共同抗击日本军国主义影像展，中英联络处旧址香港维岸画廊、十八梯香港警务礼品店成为渝港交流的桥梁。布局外事参访点、涉外重点参访区，用好成渝双城（重庆）国际商务中心，打造红岩公园国际友谊林，支持来福士、WFC、十八梯、白象街等高端楼宇和历史文化街区，强化涉外功能，打造"一核两岸多点"国际交往空间。②

对于重庆市渝中区而言，下一步，一是推动重庆特色外事参访区建设。重点打造"解放碑—朝天门"外事核心参访区，加快"两岸"建设，利用好第二次世界大战同盟国驻渝外交机构旧址群、抗战涉外历史文化旧址、史迪威博物馆等独有涉外遗址资源，高品质建设红色"三岩"大景区、解放碑全国示范步行街、鹅岭公园等一批外事与旅游、文化、消

---

① 王文博、赵宇飞、伍鲲鹏：《陆海新通道拓展经贸合作新空间》，中新互联互通项目综合服务网，2022年7月25日，http://www.cciserv.com/content/2022-07/25/content_10388706.htm。

② 《让开放之门越开越大 渝中高水平建设中西部国际交往中心核心区》，重庆市渝中区人民政府，2023年3月10日，https://www.cqyz.gov.cn/bm_229/qzfwb/zwxx_97154/dt/202303/t20230310_11734031.html。

费互促共融的外事活动场所，讲好中国故事。依托巴渝文化、抗战文化等外事特色资源，承接高规格外事访问活动、重大国际会议在渝中举办，提升国际交往层次和国际影响力，推动建设国际会议目的地。积极承接元首外交活动，让更多的外国元首、政府首脑、政党领袖、前政要和国际组织负责人、国际名人贤达等来渝中参访，做好党宾、国宾团组的参访接待。二是打造"一核多级"文化外交格局。以重庆外交外事历史陈列馆为核心，全面推动重庆各驻渝外交机构旧址保护利用，合理规划高规格外事参访线路，讲好中国共产党的故事。以建设外交外事历史陈列馆为契机，进一步搭建文化外交、学术外交等平台，以举行活动、开办论坛等互动方式，开展一系列以缔结友城、外交外事培训、青少年国际交流等内容为主题的项目，将其打造成为面向全国的外交外事培训基地，全面促进国际友好交流与合作。三是创新文物资源利用形式。深化探索文物保护和科技创新的有机结合，坚持精准施策，有效释放文物资源活力，多方位呈现中华文化独特魅力。深入挖掘开放历史文化资源历史内涵，以编制《渝中外事志》为契机，理顺重庆开放文化历史脉络，精确阐述重庆开埠文化、抗战文化的起源和意义，不断增强文化自信，深化文化底蕴。深层实践应用互联网、大数据等现代化工具和手段，建立完善文物资源数字化平台，不断拓展文物价值研究阐发的广度和深度。[①]

三 国际性赛事活动

2022年11月1日，2022"仙女山杯"第十七届中国国际山地户外运动公开赛（重庆·武隆）暨2022年全国山地户外运动锦标赛在武隆区开赛。中国国际山地户外运动公开赛是目前在中国举办的唯一国际山地户外运动A级赛事。本届比赛全程约150公里，设置有越野跑、山地车、皮划艇、游泳、丛林穿越、速降、背高架、探洞等项目。赛道贯穿世界自然遗产重庆武隆天生三桥和仙女山国家森林公园，沿途喀斯特地貌风光十分优美。中国国际山地户外运动公开赛已成功举办了17届，共吸引

---

① 《加快中西部国际交往中心核心区建设》，重庆市渝中区人民政府外事办公室，2022年6月2日，http：//www.cqyz.gov.cn/bm_229/qzfwb/zwxx_97154/dt/202206/t20220602_10776362.html？CB93QG=X2VAI3。

了英国、美国、法国、俄罗斯、加拿大、新西兰、韩国、日本等70多个国家（地区）的户外运动高手参赛。①

四 教育和文化旅游国际交流合作

2022年6月29日，澳大利亚昆士兰州政府国际教育署承办的成渝双城（重庆—昆州）国际职业教育发展与中外人文交流研讨会在重庆国际文旅之窗成功召开。研讨会的成功召开为昆士兰州—重庆各个院校在职业教育领域的国际产学研合作奠定了坚实的基础，开启了广阔合作新篇章。②

2022年8月25日，重庆市教育国际交流协会与重庆市云计算和大数据产业协会联合主办的2022中国—东盟教育交流周"全球数字化转型背景下职业教育共建共享研讨会"在中国—东盟教育交流周永久会址黄果树厅举行。本次研讨会包括一个主会议和两个平行论坛，来自中国、印尼、马来西亚、泰国、菲律宾、澳大利亚、波兰、俄罗斯、韩国、英国、肯尼亚、巴布亚新几内亚、西班牙共13个国家及145个国内外高校和机构的代表通过在线方式参加了会议。研讨会围绕数字化转型与职业教育的发展关系问题，邀请国内外23位学者和专家，通过线上和线下相结合的交流方式，发表了最新的研究成果和实践观点。在线参会的各领域社会人士和企业代表近千人。时任印度尼西亚大使馆教育文化参赞苏塔里亚（Mr. Yaya Sutarya），时任泰国职教委副秘书长蒙通·帕苏万（Monthon Parksuwan），时任英国驻重庆总领事馆代总领事蒂姆·斯坦布鲁克（Tim Standbrook）致辞。③

2022年5月9日，由重庆市工商业联合会、重庆市文化和旅游发展委员会、重庆国际文化交流中心联合主办的2022重庆国际文旅经贸沙龙

---

① 周令高、王鑫、董卫红：《2022"仙女山杯"第十七届中国国际山地户外运动公开赛圆满落幕》，重庆市武隆区人民政府，2023年1月5日，http://cqwl.gov.cn/bmjz_sites/bm/wlw/zwxx_98939/wlthd/202301/t20230105_11456080_wap.html。

② 《2022重庆—昆士兰州国际职业教育发展研讨会成功召开》，中外文服，https://www.scipe.org.cn/nd.jsp?id=122。

③ 《2022中国—东盟教育交流周——〈全球数字化转型背景下职业教育共建共享研讨会〉》，重庆市教育国际交流协会，2022年8月25日，http://www.cqeaie.org/article/268。

在重庆国际文旅之窗拉开帷幕。2022 重庆国际文旅经贸沙龙旨在搭建"旅游+经贸"双向交流合作平台，构建"文旅搭台、经贸唱戏"的对外交流合作格局，是重庆市文化和旅游发展委员会加速释放重庆国际文旅之窗涉外文化旅游公共服务平台聚合效能的又一举措。在沙龙启动仪式上，主办方发布了 2022 重庆国际文旅经贸沙龙的 9 个沙龙主题，涵盖健康生活、文创产品、医疗美容、时尚服装、高端食材、农副产品、机械制造、汽车与新能源、高端度假等，接下来将邀请中外政府及企业逐一开展。以健康生活为主题的重庆—加拿大悦享最"加"健康生活沙龙作为首场沙龙在启动仪式后举行。重庆市文化和旅游发展委员会、重庆市工商业联合会、重庆市人民政府外事办公室、重庆市公安局出入境管理局等相关部门领导，加拿大、荷兰、英国、菲律宾、日本、匈牙利、意大利等国驻重庆总领事馆官员及代表，部分在渝涉外企业机构代表等参加了沙龙，就相关内容进行了分享交流及商务洽谈。由重庆市文化和旅游发展委员会、重庆市人民政府外事办公室、重庆两路寸滩保税港区管委会共同打造的重庆国际文旅之窗自运行以来，已与日本驻重庆总领事馆、意大利驻重庆总领事馆等 27 家驻渝蓉总领事馆和新加坡旅游局成都办事处、澳大利亚旅游局华西办事处等十余家驻渝蓉经贸旅游办事处、商协会建立密切合作关系，成功举办了"中国—上海合作组织数字经济产业论坛智慧旅游分论坛"、"第五届意大利全球设计日"、匈牙利魔方友谊邀请赛、"渝"见不同——国际旅游推介会、"匠心之致——日本传统工艺展"等近 20 余次国际交流活动，正日益成为重庆市文旅经贸对外交流合作的"桥头堡"。[①]

2022 年 7 月 1 日，2022 重庆国际都市文旅消费节启动仪式暨"元宇宙"文旅大会在重庆"母城"渝中区开幕。作为中国西部地区文旅行业重点品牌展会，本次大会以"文旅新消费融合新发展"为主题，由重庆市渝中区文化和旅游发展委员会和重庆市渝中区旅游协会主办，旨在通

---

① 陈潜：《重庆国际文旅经贸沙龙启动》，中华人民共和国文化和旅游部，2022 年 5 月 11 日，https://www.mct.gov.cn/whzx/qgwhxxlb/cq/202205/t20220511_932926.htm；冯文彦：《2022 重庆国际文旅经贸沙龙启动》，人民网，2022 年 5 月 10 日，http://cq.people.com.cn/n2/2022/0510/c365401-35261394.html。

过打造渝中文旅 IP，全面提升都市文旅消费繁荣度、时尚度、创新度、活跃度和知名度，加快培育建设富有巴渝特色、彰显中国风范、引领国际时尚的国家文化旅游消费聚集区，满足民众更高水平的文化旅游需要。为期 3 天的活动设国际旅游目的地、元宇宙文旅、"母城·NEW 出发"创意场景、渝中—巫溪协同发展、"都市 & 山水"五大主题展区，将重点展示推广国内外文旅项目、旅游目的地、文旅产品、元宇宙技术等。同期将举行"元宇宙"文旅大会和第十一届全国旅游产品采购大会，进一步探索数字文旅发展新方向。此次活动吸引到巴基斯坦、匈牙利、白俄罗斯、老挝等 8 个国家，玉龙雪山、蜀南竹海、九黎城、乌江画廊、仙女山、金佛山等 200 多个景区、景点及文旅企业参展参会。[①]

第五节　国际交往环境

一　国际交往规则日益完善

探索构建陆上国际贸易规则体系，是国家赋予重庆自贸试验区的重要任务。为此，重庆自贸区围绕服务共建"一带一路"，以中欧班列国际大通道和西部陆海新通道为依托，以推动解决铁路运单物权属性问题为突破口，积极探索陆上贸易规则，取得了明显成效。

第一，创设铁路提单并推动国际适用。开立全球首份"铁路提单国际信用证"，推动铁路提单批量化运用，目前累计签发铁路提单 48 份，货值达 4 亿元人民币，实现了跨境铁路提单融资、结算便利化、常态化。

第二，探索推动单证标准化体系建设。由重庆自贸试验区推动制定的《国际货运代理铁路联运作业规范》等 3 项国家标准，于 2020 年 3 月 31 日通过国家市场监督管理总局、国家标准化管理委员会审批并发布，于 2020 年 10 月 1 日起正式实施。

第三，为解决跨境铁路运输物权纠纷案件提供司法指引。2020 年 6 月 30 日，重庆自贸试验区法院依法对全球首例涉"铁路提单"商事案件做出宣判，铁路提单物权效力得到司法审判实践支持，开创了国际贸易

---

① 钟旖：《激发文旅创新动能　重庆启动国际都市文旅消费节》，中国新闻网，2022 年 7 月 1 日，https://www.chinanews.com.cn/cj/2022/07-01/9793277.shtml。

史先河。

第四，推动国际组织达成广泛共识。首届"国际贸易中的铁路运单使用及未来法律框架高级别研讨会"于2019年12月11—12日在重庆成功举办，推动联合国贸法会、铁路合作组织等开展"铁路运单物权属性"相关问题探索，推动建立适应陆上贸易发展、更加完善、更具包容性的法律框架和规则体系。此外，重庆自贸区还积极推动多式联运创新，形成国际国内共建机制，搭建统一运营平台，推行多式联运"一单制"，探索铁路集装箱"一箱到底"全程多式联运创新模式。在全国率先启动物流金融创新试点并不断深化。

2022年5月17日，重庆市政府新闻办举行新闻发布会宣布，作为中国中西部地区开展服务业扩大开放综合试点的唯一直辖市，重庆将探索实施服务贸易负面清单管理模式，在数据跨境流动、多式联运、知识产权等规则方面先行先试，深化服务业扩大开放。重庆将对标高标准国际经贸规则，探索实施服务贸易负面清单管理模式，在数据跨境流动、多式联运、知识产权等规则方面先行先试，探索形成更多可复制可推广的创新做法。[①]

二 公共服务体系持续优化——以渝中区为例

重庆市渝中区聚焦"外事为民"，着力提升国际化服务水平。2022年编制了《外籍人士服务指南》《渝中区涉外服务指南》《重庆市渝中区考察点简介》等，创刊《领事保护简讯》，组织区级机关干部、辖区涉领馆物业单位开展涉外安全知识培训，走访慰问涉外疫情防控一线工作人员，落实外事为民8项实事。配合区教委推动区属10所学校获批国际学生接收学校。同时，支持重医附一院、附二院等7家三甲医院建立涉外医疗工作机制，为驻渝领事机构外交官和家属以及外籍人士提供便利化就医、疫情防控核酸检测、疫苗接种等服务4000余人次。鼓励JW万豪酒店、解放碑威斯汀酒店拓展国际会议空间。指导解放碑、化龙桥、南纪门等区域打造国际社区，推进公共场所外语标识规范化建设。

[①] 《重庆将在数据跨境流动等规则方面先行先试 深化服务业扩大开放》，中国新闻网，2022年5月17日，https://www.chinanews.com.cn/cj/2022/05-17/9756766.shtml。

根据规划，渝中区一方面提升人居环境舒适度。优化国际语言环境，持续推动全区公共场所外语标识标牌规范化设置。优化提升解放碑、化龙桥等区域国际社区建设；支持10所国际学生接收学校开设国际班；优化7家涉外医疗定点医院就诊流程和服务机制。做好涉外领域风险防范，定期开展涉外意识形态风险研判。做好涉外疫情防控工作，严格落实外国人来渝"快捷通道"，推动疫情防控"闭环管理"，巩固疫情防控成果。另一方面建设国际人才理想居住地。与区人社局加强沟通，强化国际人才引进，通过新建、配建、改造、购买、租赁、调剂等方式提供国际公寓周转服务，满足国际人才入住需求。重点在解放碑—朝天门区域改造部分楼宇打造国际公寓，改造楼宇室内空间、提升装修水平、增设高品质公寓配套等，符合国际化人才入住需求。继续做好一年一度的留学归国人员专场招聘会，为涉外人才在渝中就业创造机会。以化龙桥国际社区为依托打造外籍人士交流平台，满足外籍人士交流需求。①

对于国际交往公共服务体系优化，重庆市渝中区还有更为详细的落实政策如下。

第一，完善服务热线及卫健部门完善外语服务功能和就医诊疗外语服务机制。针对市民有关"服务热线及卫健部门完善外语服务功能和就医诊疗外语服务机制"的建议，渝中区有关部门积极开展工作。一是充分发挥资源优势。重医附一院、重医附二院、重医附属儿童医院、重医附属口腔医院、市中医院、市妇幼保健院、市急救中心作为全市涉外医疗服务定点医院创建单位，提供双语服务，开通24小时双语咨询电话，逐步设置和规范外语标识标牌，为外籍人士提供高端优质的国际化医疗服务。同时重医附一院作为外籍人士新冠疫苗接种定点医院对外提供服务。二是切实提供优质服务。渝中区在选择了其中4家市级涉外定点医院基础上，还增加了重庆市中医骨科医院作为驻渝领事机构外交人员就医定点医院，为驻渝领事机构有关人员及家属提供优质、便捷的医疗服务，可享受门诊、急诊、住院、健康体检等就医便利化服务，通过综

---

① 《加快中西部国际交往中心核心区建设》，重庆市渝中区人民政府外事办公室，2022年6月2日，http://www.cqyz.gov.cn/bm_229/qzfwb/zwxx_97154/dt/202206/t20220602_10776362.html? WL9U6I=IN9BQB。

合+专科的模式，提供全方位医疗保障，截至目前为50余人次提供了便捷医疗服务。三是持续提升便利化水平。各定点机构优化流程，指定专人负责对接联系，做到有需必应、热情周到、耐心细致，主动对接领事机构需求，建立随访机制，为服务对象就医提供优先、高效、安全的诊疗服务。打造医疗品牌，发挥专家、专科、技术等优势，突出特色医疗服务，在疑难危重症诊治、医学人才培养、临床研究、医院管理等方面代表全市甚至全国领先水平。

第二，推动发布区政府及有关部门发布突发事件预警、应急处置与救援等有关信息的外语版本。针对市民有关"区政府及有关部门发布突发事件预警、应急处置与救援等有关信息的外语版本"的建议，区应急局拟将渝中区政府外办纳入预警信息接收范围，及时将突发事件预警、应急处置与救援等相关信息向渝中区政府外办发布，因预警信息发布要求精准，为避免翻译不准确给公众带来不必要的麻烦，将由专业翻译人员对发布的相关信息进行翻译，并在公开信息网站进行公布。配注英文标题，便于信息检索。信息发布部门后续将逐步试行对相关预警信息标题配注英文，便于公众根据需要通过翻译软件等方式自行获取预警相关信息。

第三，规范外语标识。渝中区争取市翻译中心支持，举办"国际交往能力研讨班"，提升国际语言环境，推动渝中全域双语标识标牌规范化建设。目前由区城管局负责管理的各类标识标牌约1632块，其中路名牌约207块、巷名牌约195块（中、英双语），箱体式人行指引牌（旅游导视牌）约257块（中、英双语），道路指示牌41块（中、英双语）；公厕室外标志牌（杆）共计832块。均符合现行设置规范标准。同时制订了下一步行动计划。一是持续保障市政标识标牌日常运行管理，严格按照市区两级相关部门关于市政标识标牌规范设置管理等工作的总体要求和部署，有序推进市政标识标牌规范化设置和管理工作，并对在市政道路设置各类标识标牌的行为进行严格把关。二是在全区内开展外语标识标牌纠错活动，社会公众可就外语标识标牌提出工作意见和建议，做到全民参与、全民共建，提升公众在渝中区国际建设中的参与度与积极性，共同打造国际化生活环境。

第四，鼓励外籍人员就业、居住较多的学校、企业、社区等开展传统文化交流活动。一是利用渝中区丰富的教育资源，进一步推动渝中区校际文化交流。巴蜀中学成立国际教育中心，秉承巴蜀中学优秀办学理念，以国家课程为本，以教育国际化为目标，以多方互通的平台，将中华传统文化传播至五湖四海；重庆市人民小学和渝中区德精小学同期举办"趣巴西"交流活动，来自巴拿马驻华大使馆的嘉宾朋友在活动中体验古筝、中国画、书法、舞龙等中国传统文化。二是发挥渝中区领事机构集聚优势，扩大渝中区国际知名度与影响力。联动辖区内驻渝领馆开展"匈牙利当代艺术展""意大利摄影展""巴拿马莫拉刺绣展"等文化交流活动，促进国际友好交流；策划举办"月见山海·欢聚渝中"中秋联谊会、外国驻渝领事官员同庆中国年等传统文化推广活动，加强文化宣传。三是营造"类海外"环境，吸引、集聚和服务好国际人才。在化龙桥国际社区举办"汉风雅韵·揽月中秋"文化沙龙活动，吸引外籍人士深入了解中华传统文化；编印《渝中区涉外服务指南》，涉及生活服务、公共服务以及部分行政机关信息等内容，向区内重点楼宇、涉外酒店公寓发放，保障涉外服务质量，提升外籍人士宜居度和满意度。渝中区计划以新加坡、日本、韩国、新西兰以及澜沧江—湄公河流域的东盟国家为重点，不断深化与RCEP成员国的经贸、文旅等务实交往合作，吸引缅甸、老挝等更多共建"一带一路"合作国家、RCEP成员国、欧美国家在渝中设立总领馆或办事机构，持续扩大渝中区国际交往"朋友圈"。渝中区将推动区内学校与美洲地区学校交流合作，为人民小学、巴蜀小学、巴蜀中学、复旦中学与美洲地区开展校际交流搭建平台、提供支撑，为引进墨西哥、哥伦比亚等国涉外机构奠定基础，进一步凸显渝中区领事机构集聚优势。渝中区还将协助开展、主动谋划、持续举办更多高品质文化交流活动，加强传统文化输出与宣传，提升城市国际知名度与美誉度，持续巩固国际友好关系，务实多双边交流合作。[1]

三 历史文化资源深度挖掘

重庆是一座历史文化名城，有着深厚的文化底蕴。其六大显著的历

---

[1] 《关于对"进一步规范渝中区国际交往公共服务"建议的办理情况》，重庆市渝中区人民政府，2022年6月2日，http://www.cqyz.gov.cn/zwxx_229/bmjd/202206/t20220602_10776372.html? P56EVT = IPEMDK。

史文化特征包括中国的山区城市、国家战略支柱、商业中心、开放港口、作为中国西南移民城市和交流中心的重要性、作为巴渝和三峡文化的起源以及红岩精神的起源。重庆发布《重庆市关于在城乡规划建设中加强历史文化保护传承的实施意见》（以下简称《意见》），列出了全市所有历史文化资源。重庆市将全面保护各种自然和历史资源，包括自然景观格局、知名城镇、传统村落和不可移动文物。作为重庆市城乡历史文化保护和传承体系的一部分，工业遗产、农业遗产、文化遗产和其他历史文化资源都将得到保护和传承。旨在建立科学分类、有力保护和有效管理的体系。《意见》提出，到2025年，完善多元保护传承体系，到2035年，全面实施系统保护传承体系。根据该文件，重庆将继承巴渝文化和全方位的历史。下一步，重庆将着重保护非物质文化遗产及其相关文化生态，保护地名和老字号文化遗产。更具体地说，重庆将传承巴渝的诗歌和歌曲，收集和整理口述历史，编纂和出版文化经典。重庆正在采取一些行动来提高防灾、减灾和救灾能力。《意见》中明确禁止大规模拆迁，而是只能通过对文化遗产进行轻微和渐进的改造来补充基础设施和公共服务设施。《意见》的出台也意味着这是推进长江和长江国家文化公园（重庆段）规划建设的绝佳机会，重庆将不遗余力地在綦江区和酉阳县建设两个主要建设区，在城口县建设一个市级重点开发区，在黔江、石柱、秀山和彭水县建设四个扩展区。[①]

渝中半岛山水交融，人文荟萃，独具"老重庆底片、新重庆客厅"的魅力神韵。自1891年开埠以来到中华人民共和国成立初期，作为重庆母城，渝中区与外国在政治、经济、军事、外交等活动中形成了一系列具有历史、科学、艺术价值的重要史迹和外交机构旧址，这些建筑是渝中区作为重庆母城开放历史的见证，是宝贵的历史文化资源。如何进一步盘活这些历史文化资源，承载国际交往功能，对于重庆建设中西部国际交往中心，扩大城市影响力与竞争力，建设国际化城区具有重要意义。

---

① Yan Deng, "Chongqing Releases All-embracing List of Historical and Cultural Resources", Chongqing International Communication Center（for Culture and Tourism）, September 11, 2022, https://www.ichongqing.info/2022/09/11/chongqing-releases-all-embracing-list-of-historical-and-cultural-resources/.

重庆具有3000多年的悠久历史，是中国"战时陪都"，世界反法西斯战争东方战场的指挥中心，中国共产党倡导的、以国共两党合作为基础抗日民族统一战线的重要政治舞台，是一座骨子里流淌着红岩精神血液的城市。重庆红岩，曾是中共中央南方局暨八路军驻重庆办事处驻地。红岩精神是抗日战争和解放战争时期，以周恩来同志为书记的中共中央南方局结庐红岩，高举抗日民族统一战线伟大旗帜，领导南方国统区广大共产党人、革命志士和人民群众，在争取民族解放和人民民主的艰苦卓绝斗争中培育形成的，其主要内涵是"崇高思想境界、坚定理想信念、巨大人格力量和浩然革命正气"。红岩精神是中华优秀传统文化的光辉结晶，是中国共产党优良传统和作风在特定历史环境中的继承和发扬，她同井冈山精神、长征精神、延安精神一样，都是中国共产党人和中华民族的宝贵精神财富。[1]

据统计，渝中区开放历史文化资源共有21处，其中驻渝外交机构旧址13处，涉及10个国家（苏联、美国、韩国各2处，法国、英国、澳大利亚、土耳其、荷兰、丹麦、德国各1处），这些开放历史文化资源相对集中地分布在鹅岭公园片区和沧白路—五四路—凤凰台—枇杷山—两路口一线。重庆开埠时期的重要建筑5处（江全泰号、白象街151号民居、重庆海关监督公署旧址、重庆海关报关行旧址、重庆海关办公楼旧址），这些建筑主要集中于重庆最早开埠地区——白象街片区。另有3处为抗战时期中外共同抗击法西斯侵略的见证——苏军烈士墓，第二次世界大战期间中外交流的见证——中苏文化协会旧址、罗斯福图书馆暨中央图书馆。近年来，随着对重庆大后方抗战文化遗产价值认识的逐步深入，各级政府和文物行政管理部门对重庆抗战遗址遗迹等抗战大后方历史文化物质载体的保护力度逐渐增强，文物旧址得到了有效的保护利用。[2]

重庆渝中区致力于打造有"国际化基因"的重庆"第一街"。近代以来，重庆解放碑商贾云集、人文荟萃，囊括购物、旅游、商贸、金融等

---

[1]《重庆革命文化传统简介》，中华人民共和国审计署，2017年4月18日，https：//www. audit. gov. cn/n6/n1558/c115514/content. html。

[2]《用好母城开放历史文化资源　助力国际化城区建设》，政协重庆市渝中区委员会，http：//zx. cqyz. gov. cn/content. jsp? id = 297e30d083ea449a0186977234cd1636&classid = 2771-ef3e88aa46e5bec7acb8be86bbd8。

城市综合功能。"第一街"就是以解放碑为核心,东至朝天门,西至通远门,南至长滨路,北至嘉滨路,将面积约3.2平方公里范围打造成的"超级街区"。在"第一街"建设规划中,渝中区构建了"一主、两辅、两滨、八道、百巷"的空间结构。"一主"为朝天门—民族路—民权路—通远门主轴;"两辅"为陕西路—解放东西路—山城巷历史风貌带辅轴和朝千路—临江路—中山一路文化艺术带辅轴;"两滨"为长滨路和嘉滨路;"八道"为八条纵横分布的山城步道;"百巷"为百余条具有烟火气息的后街小巷。渝中区提出打造四个"第一"价值体系。"第一街"将形成立体山水都市"第一地脉",营造未来巴渝烟火风韵"第一文脉",构建西部金融服务和国际消费"第一金脉",打造中西部地区国际交往"第一动脉"。如今,重庆作为一座"网红"城市,到解放碑打卡成为"新时尚",越来越多游客在这里寻找老重庆"味道"。"第一街"融入世界需要做到传统与现代、经典与时尚、诗意与烟火的有机融合,让优秀历史对接现代开放元素,成为国际友好交流的重要纽带。目前,"第一街"正在打造山城巷、白象街、十八梯、戴家巷、鲁祖庙等七大历史风貌区、山城老街区,推出后街支巷、云端天台、临崖步道、防空洞穴、惬意江岸等特色消费场景,植入精品商业、艺术小店、特色文创,在老山城中注入新味道、感受慢生活。渝中区建设"第一街"目的是让其成为国际资源进入重庆的首站。中国(重庆)自贸试验区、中新互联互通示范项目、解放碑中央商务区等开放优势在此叠加,还有多家驻渝总领馆、国际机构、跨国公司、外事机构在此聚集,"第一街"建设有着肥沃的国际化"土壤"。此外,"第一街"建设还有着良好的国际化"环境"。近年来,渝中区高质量承办上海合作组织地方领导人会晤等大型国际会议20余场,举办首届中国城市商圈发展大会、"一带一路"陆海联动发展论坛等会议论坛50余场,组织开展"意大利美食节""英国嘉年华"等各类国际经贸文化交流活动180余场,年接待入境旅游商务人士达155万人次。

四 国际交往人才日渐保障

重庆市委六届二次全会指出,建设现代化新重庆,要着力推进科教兴市、人才强市建设,以科技创新赋能产业发展,办好人民满意的教育,加快建设国家吸引和集聚人才平台。重庆市人力资源和社会保障局会同西部科学城重庆高新区出台《加快西部（重庆）科学城人才双向离岸创新创业发展的若干措施》，依托中国·重庆留学人员创业园，聚焦人才国际合作交流和创新创业便利化，探索建立人才"双向"离岸创新创业新机制，加快形成人才国际竞争的比较优势。

第一，强化平台建设，打造集聚海归人才项目"梧桐林"。中国·重庆留学人员创业园作为西部（重庆）科学城重点打造的创新创业平台。在重庆市委、市政府的支持下，率先在留学人员创业园施行国际离岸公司通用规则，融入国家离岸人才创新创业基地优势，实现两个国家级人才平台政策叠加。聚力海内外人才项目双向奔赴，打造立足西部（重庆）科学城、辐射成渝地区双城经济圈、引领产业创新发展的海内外创新资源汇聚整合配置平台和海外人才创新创业项目双向离岸孵化平台。目前，园区已建成运营重庆高新区线上金融服务平台和西部（重庆）科学城大创谷信息共享平台，有效通过公共技术服务和信息技术手段，提升园区公共技术服务能力、科技企业精准孵化能力、产业资源整合输出能力，有效结合高新区创业种子基金等科技金融服务资源，为企业储备融资源和拓展融资渠道等。这种平台集成的服务资源和能力正是许多留创人才创办科技型企业、开展科技成果转化时最急需的。

第二，鼓励人才双向离岸，提高海外人才项目落地"加速度"。良禽择木而栖，贤才观海听潮。人才强市的背后，折射出的是重庆不断优化政策、创造环境，让人才创新创造的活力更强，让人才大展拳脚的舞台更宽。重庆建立"区域内注册、海内外孵化、全球化运营"的人才"双向"离岸创新创业新机制。旨在聚焦海归人才科研成果转化和产业化，授权人才开展离岸研发、离岸服务贸易等经营业务，同时享受海内外双向注册、双向孵化、双向运营等优惠政策，让人才项目既可以走出去转化，又可以引进来转化，使科研成果转移转化更加灵活便利。中国·重庆留学人员创业园已吸引重庆西玛福科技、重庆驰知科技、重庆秋纹生物、重庆效隆神思科技等人才科研成果转移转化项目23个，吸纳留学回国人才31人，其中海外高层次人才23人。

第三，加大政策支持力度，强化海外人才入住"吸引力"。近年来，重庆一直致力于为各类人才搭建多层次、多领域、全方位、高水平的服务载体和发展平台，着力将重庆打造为人才的聚集之地、用武之地、向往之地。据了解，人才双向离岸机制在战略上集成市区两级优势政策，激发"1+1＞2"效应。动态实施"鸿雁计划""金凤凰"人才支持政策，支持对象不限国籍，可免费入住最高240平方米人才房，服务期满8年免费赠送，给予支持期内最高10%的年薪奖励，并为人才提供"68+N"人才服务，对发展急需的顶尖人才及团队实行"一人（团队）一策"。此外，对符合条件的离岸人才，申报国家留学人员回国项目时将优先推荐。

第四，营造良好生态环境，提升综合服务"满意度"。多年来，重庆市人力资源和社会保障局一直致力于推进人才队伍建设工作，全面制定并出台了一系列人才支持政策，加快提升人才工作水平，旨在培养具有国际化视野的人才，成为支持和引领重庆高质量发展的先锋力量。目前，在重庆市境外职业资格证书认可清单和境外人才参加专业技术类职业资格考试目录的试点实施中，有87项境外职业资格证书在科学城核心区得到认可。此外，西部科学城重庆高新区推出了33项全流程帮办服务，其中包括"签约即发照"服务，使海外人才创办企业落户更加便利；探索试点人才认定"免评入库"、政策兑现"免申即享"等机制，激励科研人才投入更多精力创新创造；提供最长3年、最多200平方米的办公场地优惠以及配套孵化培育服务和科技金融支持；加快建设国际人才社区，优化医院、学校等公共服务资源配置；建立西部（重庆）科学城英才服务港等人才服务平台，提供"全天候""一站式"服务。截至2023年1月，共举办了43场创业导师问诊、学习交流、科技成果发布等活动，累计帮助企业融资380笔、15.5亿元，2022年入驻企业的满意度达到96%。[①]

对于国际交往人才保障，重庆将深入实施重庆英才计划和引进外国专家倍增行动计划，加大"高精尖缺"国际人才和团队引进力度。加快建设开放型干部队伍，培养具有国际视野的高素质人才。主动参与国际人才智力合作，探索跨国培养与跨境流动的人才培养机制，培育和扶持

---

① 《重庆："双向"离岸聚国际能量 澎湃人才创新创业活力》，重庆市人民政府，2023年1月3日，http://www.cq.gov.cn/zwgk/zfxxgkzl/fdzdgknr/zdmsxx/cjjy/cjjy_ssqk/202301/t20230103_11447168.html。

一批国际化人力资源服务机构。推动政校企合作、产学研结合，建设开放领域人才和干部培养基地，壮大开放领域专业人才队伍。完善人才管理体制和人才激励机制，营造良好的人才发展环境。[1]

为加快建设具有全国影响力的科技创新中心，营造"近悦远来"人才环境，2022年"百万英才兴重庆"国际人才线上行——全球英才云聘会于7月正式启动。此次活动围绕全市重点产业、重点行业，紧扣33条产业链、战略性新兴支柱产业、面向未来的先导性产业需求，引进一批紧缺急需的海外高层次人才，推动中西部国际交往中心建设，构筑面向全球、接轨国际的人才集聚"强磁场"。活动面向全球人才发出"招贤令"，通过与国（境）外各引才联络站、部分世界知名高校国际处、部分国家（地区）高校学联、华人专业协会、博士沙龙协会等机构，开展多渠道、多形式合作，提前发布活动信息，搭建精准对接平台，将重庆人才政策、企业的人才需求和岗位信息精准触达各类海外人才群体。[2]

五 打造优质人居环境

重庆以其独特魅力受到国内外游客的青睐。重庆是中国最大的内陆城市，地处山区，素有"山城"之称，拥有丰富的文化和旅游资源。从山川、森林到瀑布、峡谷，重庆拥有丰富的自然景观。著名的长江三峡和武隆喀斯特国家地质公园是最受欢迎的自然奇观之一，以壮丽的景色吸引着游客。她还拥有几千年的历史，是巴渝文化的摇篮，巴渝文化是一种起源于长江上游的民族文化。这里有许多历史文化遗址，以大足石刻而闻名，大足石刻是联合国教科文组织世界遗产，以数千件可追溯到9世纪的雕塑和雕刻而闻名。此外，令人垂涎欲滴的饮食文化是另一种不可抗拒的诱惑，火锅是其招牌和必尝之选。

重庆的公园增长速度远高于全国水平。在过去20年中，重庆的公园数量增长了8.8倍，面积增长了近17倍。重庆贯彻可持续发展理念，将

---

[1] 《重庆市人民政府关于印发重庆市全面融入共建"一带一路"加快建设内陆开放高地"十四五"规划（2021—2025年）的通知》，重庆市人民政府，2021年10月13日，http://www.cq.gov.cn/zwgk/zfxxgkml/lwlb/cqzxd/zcwj/202110/t20211013_9801241.html。

[2] 刘敏、苟馨月：《重庆向全球人才发出"招贤令"》，澎湃，2022年7月28日，https://m.thepaper.cn/baijiahao_19217506。

公园的社会效益和生态效益带到全市各地。大型公园集中在中心城区的中部和北部，中部是重庆城市的起源和核心，公共设施发达，正在不断更新和改造中。北部地区是重庆近十年来发展的重点方向。在"重庆北上"政策下，北部地区拥有70%（按面积）的大型公园。中型公园聚集在新开发区，包括北部的两江新区以及西部的高新技术开发区。

对于"十四五"时期重庆市民的人居环境将发生的变化，2022年2月15日，市住房城乡建委发布《重庆市城乡人居环境建设"十四五"规划（2021—2025年）》（以下简称《规划》）。《规划》围绕自然生态、人工建设、社会人文三大人居环境系统，明确了重庆"十四五"时期应完成的城乡人居环境建设主要任务。

第一，建设上百个山城公园，打通临江临山城市风廊。首先，计划建设逾百个山城公园，绿化美化300个坡坎崖地，打造功能齐全、景观多样的山城公园体系。此外，重庆将利用其山城江城特色，畅通临江临山城市风廊，引入江风和山风。将建立城市级通风廊道系统，禁止在通风廊道上建设高层建筑群，并对两江干流实施规划退距，保障长江、嘉陵江主通风廊道畅通。同时，合理规划临山建筑布局，降低山谷风输送损耗，确保临山风廊畅通。

《规划》还强调了建设山水田园乡村的重要性。要求实施乡村休闲功能区建设工程，在中心城区发展都市微农业经济圈，并在同城化发展先行区、重要战略支点城市、桥头堡城市打造精致乡村休闲旅游圈。例如，在渝东北三峡库区城镇群重点布局长江柑橘与人文三峡走廊、"粮柚"观光带、乡野田园旅居带；渝东南武陵山区城镇群则重点布局乌江画廊、武陵山区民俗风情带、大武陵山乡村休闲旅游度假带，打造"民族风情"乡村休闲旅游发展区。

第二，2025年初步建成儿童友好型、老人友好城市。2025年初步建成儿童友好型、老人友好城市的规划不仅仅是为了彰显山地人工建设"立体多维"的特色，更是为了持续推动中心城区人居环境的持续提升。《规划》要求结合《重庆市中心城区强度高度密度管理办法》，因地制宜控制城市中心城区密度，新建住宅高度控制在80米以下。

在城市基础设施补短板和更新改造方面，《规划》提出了一系列硬核指标。到2025年，将完成30个城市老旧功能片区更新改造试点项目；开展管线下地（规整）、雨污水管网混错接改造、海绵设施改造、老旧管网改造和二次供水设施改造等工作，力争供水普及率达到100%，新增年供水能力5亿立方米以上；通过新（改、扩）建56个生活垃圾焚烧发电项目、9个厨余（餐厨）垃圾处理项目以及建设一批建筑垃圾和其他固体废物处置利用项目，力争到2025年，城市生活垃圾分类收运系统覆盖率达到100%，初步建成"无废城市"。为了保障全民住有所居，《规划》还要求开展全民友好社会建设提升专项行动，到2025年，儿童友好型、老人友好城市初步建成，城市公共空间无障碍设施覆盖率达到80%，中心城区开展适老化专项设计或改造的居住社区占比达到80%。

第三，建设重庆历史人文核心展示区，培育多个山城江城特色品牌。建设重庆历史人文核心展示区，培育多个山城江城特色品牌，是为了突出重庆人文特色。《规划》提出，要塑造"山水、人文、城市"三位一体的国家历史文化名城，推动3片历史城区建设，以渝中—南滨—江北嘴为主体，建设13.35平方公里的重庆历史人文核心展示区；推动53处历史文化名镇、46个历史文化名村和48个传统村落试点项目、11个历史文化街区、20个传统风貌区和众多历史建筑的有效保护与活化利用。

"十四五"时期，重庆市还将着力塑造城、人、景一体的城市风貌，构建山城特色体系和江城特色体系，打造包括山城公园、山城崖壁、山城洞天、山城步道、山城阳台、山城交通、山城夜景、山城故里、山城记忆等特色品牌，以及培育江城绿岛、江城峡泉、江城绿岸、江城半岛、江城湾区、江城桥都、江城夜趣、江城人家、江城印象等特色品牌。

第六节　国际交往中心建设

一　推动成渝地区双城经济圈建设

2023年3月23日，重庆市人民政府印发《重庆市推动成渝地区双城经济圈建设行动方案（2023—2027年)》（以下简称《行动方案》）。该方案旨在贯彻习近平新时代中国特色社会主义思想和党的二十大精神，落实习近平总书记对重庆的指示，强化历史责任感和战略定力。《行动方案》聚焦"两中心　两高地"战略目标，将成渝地区双城经济圈建设作为重点工程，全面推进，以实现重庆辨识度的标志性成果，成为西部高质量发展的领头羊，打造有国际影响力的科技创新基地，探索内陆改革开放，加速建设高品质生活示范区，服务国家区域发展战略。

1. 实施提升主城都市区极核引领行动

其一，打造新型城镇化和新型工业化的主战场。加快城市更新，推动城市发展由外延扩张向内涵提升转变，滚动实施112个城市更新试点示范项目。加强城市地标性建筑整体塑造，系统开展"两江四岸"整体提升，建成100公里滨江公共空间，持续推进城市内涝治理，加快城市燃气管网更新改造，强化城市公共供水管网漏损治理和供水质量管理，全面提升城市经济品质、人文品质、生态品质、生活品质。强化主城新区产业配套功能，立足特色资源和产业基础，主动承接中心城区产业转移和功能疏解，推动制造业差异化、规模化、集群化发展，建设成渝地区先进制造业协同发展示范区，支持创建国家高新区和市级特色产业基地，围绕细分行业联动培育一批千亿级、五百亿级特色产业集群。支持园区优化整合、提档升级。

其二，建设辐射力带动力强劲的动力源。梯次推动主城新区与中心城区功能互补和同城化发展，提速建设同城化通道，打造轨道上的都市区。畅通璧山、江津、长寿、南川联系中心城区通道，率先实现同城化。加快推动广安全面融入重庆都市圈，着力打造重庆都市圈北部副中心。推动中心城区教育、医疗等公共服务向主城新区延伸共享。加快川渝高竹新区、合（川）广（安）长（寿）协同发展示范区等毗邻地区合作平台建设，聚力推动成渝地区中部崛起、渝东北川东北一体化发展和川南渝西融合发展。依托高速铁路、城际铁路等交通廊道，全面提升与周边地区协同发展能级和水平。

其三，强化城市规划统筹。加强市级统筹，兼顾经济、生态、安全、健康等多元需求，增强城市形态、风格、气质协调性，科学布局基础设施、科技创新、开放平台、公共服务等跨区域、牵引性强的重大功能设施，促进片区开发、项目建设进度时序统一、形成合力。强化主城都市区各区规划实施，适度有序向各区下放经济社会管理权限，推动各区围绕基础设施建设和产业协同、创新协同、改革协同等领域加强合作，引导各区探索建立跨区域重大工程项目、重大平台利益共享和成本分担机制。坚持"亩均论英雄"，建立以人口集聚为导向的资源要素配置机制，推动财政资金、建设用地等资源要素向人口和产业集聚多的区域倾斜。

2. 实施建设现代基础设施网络行动

构建国际综合交通枢纽城市。打造世界级机场群，提高国际航空门户枢纽水平，开工建设重庆新机场，江北国际机场T3B航站楼及第四跑道建成投用，旅客吞吐能力达到8000万人次，货邮吞吐能力达到120万吨，国际（地区）航线达到115条，通达超过80个全球主要城市。加速铁路大通道建设，基本完成"米"字形高铁网，成渝中线高铁、渝昆高铁川渝段、渝湘高铁重庆中心城区至黔江段等项目投入使用，提升沪汉蓉铁路货运功能，完善货运通道"三主五辅"布局，推进铁路专用线等货运设施建设，实现高铁运营里程突破1900公里、铁路网总规模达到3700公里。提升公路网络，加速形成"三环十八射多联线"高速公路网，高速公路通车里程超过5000公里。加快建设长江上游航运中心，积极推进三峡水运新通道启动建设，有效提升长江黄金水道和嘉陵江通航能力，构建以港口为枢纽的多式联运体系，基本建成"一干两支六线"高等级航道网和"三枢纽五重点八支点"现代化港口集群，港口货物吞吐能力达到2.5亿吨。

3. 实施打造国际消费目的地行动

其一，打造高品质国际消费空间。着力打造"重庆山水、重庆时尚、重庆美食、重庆夜景、重庆康养"五大名片，加快发展渝中、江北、南岸等国际消费重要承载地和万州、永川等区域消费中心城市，加快打造大足、南川、武隆、巫山等商文旅体融合发展城市。统筹推进中央商务区、寸滩国际新城建设，提升解放碑—朝天门、观音桥等商圈，建成2—3个世界级商圈、10个高品质商圈。稳步推进陆海国际中心、中环万象城等城市消费新地标建设。提档升级"两江游""母城游""街巷游"，建设夜间消费核心区、示范区、集聚区，打造一批商业文创名街、特色艺术街区、国际美食街区、特色美食街区。

其二，创新发展消费新场景。加速数字消费融合创新，支持企业构建5G全景应用生态体系，加快培育数字消费全场景，推动实体商业加快数字化、智能化升级，打造新消费体验馆、示范店，推进智慧商圈、智慧商店、数字特色街区建设试点，打造"线上+线下""商品+服务""零售+体验""互联网+场景营销"等新模式，发展智慧门店、自助终端、智能机器人等"无接触零售"。提升"两江四岸"品质，美化沿江步道、半山崖道，融入观光休闲、娱乐餐饮消费业态，推动"云端经济""江岸经济"发展。

其三，集聚全球优质消费资源。打造优质市场主体集聚地、国际知名品牌优选地、全球优质服务引领地，推动更多"重庆产品""重庆名品"走向世界。大力发展"四首"经济、品牌经济，开设全球性、全国性和区域性品牌首店、旗舰店、连锁店，集聚全球优质消费供给，新落户品牌首店超1600家。做优做强渝货精品，加强老字号传承振兴，提升重庆品牌国际知名度和影响力。支持发展蕴含巴渝文化、展现工匠精神、承载山城记忆的小店经济，打造"小而美"网红品牌。

其四，建设巴蜀文化旅游走廊。充分挖掘巴渝文化、三峡文化和三国文化等文化资源，打造一批精品旅游线路，扩大长江三峡、南川金佛山、武隆喀斯特、大足石刻、铜梁龙舞、丰都庙会等文化旅游品牌影响力。依托自然特色风光、民俗风情、农事活动等发展乡村旅游。共同搭建川渝文旅发展一体化新平台，培育国家文化和旅游消费示范试点城市，创建都市演艺聚集区、国际舞蹈中心，打造国际范、中国味、巴渝韵的世界级休闲旅游胜地。

其五，发展会展赛事经济。以中国国际智能产业博览会、中国西部国际投资贸易洽谈会、中国西部旅游产业国际博览会等展会为引领，提升全市展会规模和层级，引进2—3个全球知名展会。不断扩大重庆国际马拉松、武隆国际山地户外运动公开赛等国际影响力，积极申办国内外高水平综合性运动会和顶级单项赛事。以"爱尚重庆"为主题，打造特色鲜明的国际消费节庆活动，提升不夜重庆生活节、中国（重庆）火锅美食文化节等特色消费主题活动全球知名度。创办全国和区域节庆活动、联办川渝节庆活动，引进举办重庆国际设计周，支持举办具有国际影响力的时装周、电影节、艺术节、龙舟赛。

其六，致力于塑造安全友好的消费环境。以打造国际消费环境标杆城市为目标，强化国际消费配套设施建设，完善消费服务标准体系，推行优质服务标识制度，构建国际消费促进制度体系。加速完善消费促进政策，提高移动支付、国际消费便利化水平。加快完善消费者权益保障制度，推动服务标准化建设，加强安全、健康、环保等方面产品的强制性认证，完善消费领域信用监管体系，提升在渝"畅享"消费、"乐享"消费、"惠享"消费服务水平。

4. 打造实施内陆开放高地行动

其一，加速建设西部陆海新通道。发挥通道物流和运营组织中心、陆海新通道建设合作中方工作机制秘书处作用，实施重庆市加速建设西部陆海新通道五年行动方案，推动跨区域综合运营平台实现"13+2"省（区、市）全覆盖。健全省际协商合作联席会议机制，深化通道沿线省区市协作，统筹优化基础设施布局、结构、功能和系统集成，提升通道核心竞争力。完善"一主两辅多节点"枢纽体系，提升主通道干线运输能力，优化物流组织体系，全面提升通关效率，促进铁公水空高效衔接、降本增效。加密铁海联运班列、跨境公路班车、国际铁路联运班列等，力争通道货运量、货运值年均增长率15%以上，重庆经西部陆海新通道集装箱运量达25万标箱。加强海外仓布局及建设，创新通道经济、枢纽经济、门户经济、平台经济发展模式，建设通道产业走廊。促进通道与区域经济融合发展，加强与粤港澳大湾区和黔中、滇中、北部湾等城市群合作，更好发挥西部陆海新通道连接西部地区和东盟市场的桥梁纽带作用。研究衔接中国—中南半岛、孟中印缅等经济走廊。

其二，积极构建"一带一路"倡议枢纽，推进内陆国际物流枢纽和口岸高地建设，加速完善出海出境大通道体系。提升西部陆海新通道、中欧班列、长江黄金水道、国际航空网络的接驳联系，强化物流信息平台对接，实现通道无缝衔接。中欧班列（重庆）将高质量发展，优化去回程线路和运力，加快建设中欧班列集结中心，目标累计开行超3.2万列。扩大重庆港水运口岸开放，强化国际航空枢纽功能，加密和拓展国际及地区航线，力争实现RCEP成员国全覆盖。推进"五型"国家物流枢纽建设和多式联运发展，构建国家物流枢纽、市级物流园区、物流中心三级节点网络。

其三，稳步扩大制度型开放，促进要素流动、制度创新和环境优化，探索数字贸易、知识产权、竞争政策等领域新规则新路径。强化政策供给，建立通道规则标准体系，深化落实RCEP、中新等国际合作机制。优化投资贸易自由化便利化政策，探索放开经营模式、牌照、业务范围、经营条件、业务许可等负面清单之外的准入限制措施，推动"非禁即入"

普遍落实。优化口岸营商环境，深化通关便利化改革，推动跨境贸易便利化。深化外汇管理改革试点，推进跨境人民币服务创新，进一步促进跨境贸易和投融资便利化。加快推进标准衔接，积极参与国际标准化工作，培育、发展和推动市内优势、特色技术标准成为国际标准，增强本土产业和产品参与国际市场竞争的能力。

其四，高水平建设对外开放平台，大力实施自贸试验区提升战略，深化中国（重庆）自由贸易试验区集成创新，全面提升贸易、投资、物流、金融、人才、数据等领域的开放度和竞争力，自主培育重点制度创新成果超 30 项，累计超 150 项。高质量推进中新（重庆）战略性互联互通示范项目，实施推动中新互联互通项目走深走实三年行动计划，不断探索体制机制和商业模式创新，加快打造中新金融科技合作示范区、国际航空物流产业示范区、大数据智能化产业示范园区。大力推动两江新区高水平开发开放，优先布局国家重大战略项目、试点示范项目，强化全球资源配置功能、高端产业引领功能，打造内陆开放门户。加快打造一批产业发展优、要素支撑强、体制机制活、空间格局协调的千亿级开发区。

其五，推进开放型经济高质量发展。聚焦建设高质量外资集聚区，全面实施外商投资国民待遇加负面清单制度，依法保护外商投资权益和知识产权，优化外资企业服务。开展招引重大产业化项目专项行动，提升招商引资效果，提倡以亩产效益评价成效。加快外贸高质量发展三年行动计划，推动外贸转型升级，促进内外贸一体化。推动两路果园港、西永等综合保税区高水平开放和高质量发展。强化加工贸易，优化一般贸易，培育外贸新增长点如总部贸易、跨境电商、保税维修等。发展服务贸易，建设特色服务贸易出口基地，加速打造国家级服务外包示范城市，力争服务贸易年均增长率达 5%。深化服务业扩大开放试点，重点关注金融、科技等领域，推动制度创新成果。深化与东盟、南亚等地区经贸合作，高质量实施 RCEP 行动计划，加快建设"陆海优品"综合服务平台，支持企业"走出去"和"引进来"。

其六，加速打造中西部国际交往中心。建立面向东盟、联通全球的国际交往格局，提升重庆在国际事务中的参与度、经济开放度、城市品牌知名度、开放环境舒适度和国际交往功能保障度。吸引更多国家和国际组织在渝设立机构，举办更多国际会议和活动。整合成渝地区双城经济圈的外国机构资源，扩大重点项目对外影响，增加国际友好城市和友好交流城市，争取举办超 200 场国际会议。高标准建设陆海新通道国际交流合作中心，落地西部陆海新通道省际联席会议永久会址。积极申办国际会展如"一带一路"进出口商品博览会，深化文化、教育、医疗等领域国际交流，高质量建设国家文化出口基地。①

二 切实推进重庆中西部国际交往中心建设

建设中西部国际交往中心，是贯彻落实习近平总书记重要指示批示要求的重要举措；是成渝双城经济圈建设规划纲要共建"一带一路"国际交往中心的应有之义；是实现城市更新提升，建设国际化、绿色化、智能化、人文化、现代化大都市的有效途径；是形成高质量发展新格局的坚实抓手。中西部国际交往中心，首先要"立足中西部"，重庆就是要在中国中西部 18 个省区市中发挥国际交往的带头作用、带动作用、示范作用。这项任务，绝非一日之功，不但需要长期的规划和积极的实践，更需要分阶段重点推进，争取有所突破。经济发展水平是重庆对外开放成效的基础，产业结构的调整，产业链供应链的建设等工作是城市发展的中心工作，已有相关的战略部署作出要求，责任明确，考核严格，在此不再赘述。"国之交在于民相亲"，习近平总书记多次强调，人文交流与政治互信、经贸合作，共同构成了中国大国外交的三大支柱。重庆市第六次党代会明确提出"加强对外人文交流，建设中西部国际交往中心"，故此主要围绕中外人文交流工作提出如下建议。

1. 强化统筹，推进规划落实落地

什么是国际交往中心？怎样才算建成国际交往中心？国际和国内没有一致认同的统一的指标体系。重庆"十四五"专项规划提出了六大类 27 项指标，这是学习借鉴其他城市的经验，并结合自身的实际提出的发展目标，这些指标的科学性、有效性、可比性需要根据国际环境、经济

---

① 《重庆市人民政府关于印发重庆市推动成渝地区双城经济圈建设行动方案（2023—2027年）的通知》，重庆市人民政府，2023 年 3 月 23 日，https://www.cq.gov.cn/zwgk/zfxxgkml/szf-wj/qtgw/202303/t20230323_11803613.html。

水平、人文交流的发展变化做出调整和优化。在保持专项规划稳定性、长期性的基础上，应当研究提出年度的工作重点，清单化管理，项目化推进，积跬步以至千里。

围绕年度任务的开展，要充分发挥好市级领导小组的顶层设计、战略谋划作用，着力发挥好区县党委外事工作委员会的统筹协调作用。市政府外办要充分发挥领导小组办公室的牵头协调作用，各成员单位要强力配合、各司其职、积极作为。全市上下要强化"一盘棋"意识，自觉将重庆市中西部国际交往中心建设列入年度重点工作推进落实，坚持政务、经贸、人文交往三轮驱动，用好外事、外资、外贸、外宣等资源，发动协会、商会、华人华侨等力量，达成共识、凝聚合力，加快形成全域共建、全域共融、全域共享的中西部国际交往中心发展新局面。

市级领导小组要加强全市涉外资源的统筹，协调好涉外资源的空间布局、涉外项目的建设规划、外事外商机构组织的引进和落户、会议会展赛事的打造和组织，做到行政区和功能区的适度分离，上下联动、左右协同、凝聚合力，引进、提升、打造系列国际交往品牌项目。积极争取国家支持，推动更多重大主场外交和元首外交及多边外交活动在渝举办，促进更多重大国际会议永久会址落户重庆，引进如博鳌亚洲论坛、进博会等层级的品牌项目，着力提升重庆市涉外项目的能级，加快建设国际会议目的地。持续办好智博会、西洽会、中新金融峰会、陆海新通道国际合作论坛等品牌活动，提档升级重庆英才大会，巩固提升现有经贸活动品牌活动影响力。推进国际活动从数量向质量提升，活动项目从分散向聚集转变，活动品牌从一次性向可持续性发展，积极打造一批世界知名的国际品牌活动。

2. 多措并举，提升人文交往活跃度

坚持官民并举和双向发力。充分发挥国际友城、驻渝领事馆、国际非政府组织及华人华侨等作用，加快建立政府、高校、企业、社会组织等广泛参与的对外人文交往格局，全方位开展具有重庆特色的人文外交。充分发挥市级各职能部门在国际交往中的策划、引导作用，推动、协助、支持各级各类民间交往活动的开展，进一步下沉人文交流重心，加强教育、科技、文化、旅游、体育等方面的交流和合作，切实增强中外人民的参与度和获得感。进一步创新交往方式，丰富交流内涵，坚持"走出去"和"引进来"双向发力，将人文交流与合作理念融入国际交往各个领域。

加强国际文化旅游体育交流合作。继续办好中国长江三峡国际旅游节、重庆国际马拉松锦标赛等国际节会赛事。争取一批高层次高水平的重大国际体育赛事在渝举办，加强中外体育人才交流。推进体育与文化、旅游深度融合，打造特色体育活动品牌，培育壮大体育产业。深挖三峡、火锅、川剧、吊脚楼等巴渝文化特色元素，用好大足石刻、铜梁舞龙、綦江版画、重庆川剧院等本土特色文化品牌，充分展示巴渝风貌乡土人情，传播中华优秀传统文化。支持武隆、大足、巫山等区县推进旅游国际化，打造区域旅游目的地国际化发展示范样板。

加强国际教育科技医疗交流合作。充分发挥中外人文交流教育试验区作用，实现出国留学和来华留学人员规模和质量双提升，大力推进重庆市国际化特色高校（项目）建设，深化教育领域务实合作。聚焦新一代信息技术、新能源、新材料、节能环保、大健康等重点领域，加强国际科技合作。推动与共建"一带一路"国家加强教育科技医疗等学术交流，鼓励有条件的高校、院所组织举办高端国际学术会议及论坛，共商共建共享合作平台。

3. 加强宣传，提升城市品牌知名度

重庆国际传播中心是全国第一个省级国际传播中心。[1] 在此基础上，要以国外受众喜闻乐见为导向，精准确定报道选题，进一步强化报道规范、报道频次、报道强度，增强传播效果。依托国际国内主流媒体、民间交往力量，发挥国际友城、国际友好交流城市、海外孔子学院等作用，构建具有鲜明重庆特色的战略传播体系。要充分运用经贸互动、国际会议、节庆展会、体育赛事、文旅活动等载体，综合采用传统媒体和新兴媒体，加大国际宣介力度。

邀请对渝友好国外主流媒体、国外自媒体达人，来渝参加重大赛事会展活动，组织开展各类文化、体育、旅游等采访报道，拓宽传播面，

---

[1] 截至2022年12月31日，iChongqing海外网络传播矩阵海外总用户数突破1267.3万，海外网络曝光量超过25.56亿，海外用户互动量突破3.66亿，已成为重庆开展国际传播的重要力量和工作平台。

着力提高重庆的对外知晓度和国际影响力。

建强适应新时代国际传播需要的专门人才队伍，掌握国际传播的规律，提高传播艺术，采用贴近不同国家、不同受众群体的精准传播方式，增强国际传播的亲和力和有效性。

4. 完善功能，提升城市环境舒适度

深化友城和友好交流城市的经贸人文交流。探索建立常态化的友城交流机制，开展常态化的交流活动，密切与友城的联系。建设友城陈列馆或展示区，汇集友城资源，打造特色化国际交往功能区。

加快建设重庆外交外事历史陈列馆。深入挖掘和研究重庆市国际交往历史，做好二战同盟国驻渝外交外事机构旧址群保护和展示，切实推进重庆外交外事历史陈列馆建设。完善重庆开埠遗址公园的配套建设，加强研究应用，延续国际交往历史文脉。

着力提高重庆市国际语言环境建设规范化水平。组织实施好《重庆市公共场所标识标牌英文译写规范》，大力推进公共场所标识标牌双语化，持续优化城市国际语言环境。构建外语标识网络信息服务平台，通过政府门户网站或微信公众号发布外文翻译标准和常见外语标识的翻译方法，提供外语标识的规范设置和使用的咨询、查询服务。

强化功能指引，加快培育国际机构集聚区，争取更多领事机构落户重庆，吸引更多国际组织、世界500强等来渝设立办事处或分支机构。加快寸滩国际邮轮母港、广阳岛国际会议中心等国际交往设施的建设，规划建设国际人才公寓，实施国际化示范街区改造等项目。

及时更新政务平台英文版面，精准翻译涉外政策文件，开展涉外人才和业务培训，不断提升涉外政务服务水平。引进培育一批国际交往高端智库，围绕国际交往中心功能建设过程中的重点、难点、热点问题，开展前瞻性、针对性、储备性理论和政策研究，切实发挥好思想库和智囊团的作用，为国际交往中心功能建设提供智力支撑。

5. 区域协同，提升成渝国际影响力

贯彻落实成渝地区双城经济圈建设规划纲要要求，成渝联手打造内陆改革开放高地，共建"一带一路"国际交往中心，必须深化成渝两地的交流合作和协调联动。充分整合各领域涉外资源，全面加强涉外事务合作，促进国际交往政策协同和资源共享。依托成渝两地各自的外事资源优势,推动川渝外事活动场所、平台等共建共享,联合或轮值开展重大外事活动和国际交流活动,增强辐射带动力。强化国际友城资源共享,联动举办友城交流活动,共同举办"一带一路"交流活动,加强旅游、人文、教育、医疗资源等全方位的合作共享,共同拓展国际"朋友圈"。重视外宣合作,以"熊猫""火锅"等极具区域性的文化符号,构建成渝亲切、热情的城市形象。加强川渝涉外政务服务的互办互认,推动有关涉外业务线上办理,密切两地涉外事务合作联动,提高川渝两地涉外事务服务效率和一体化水平。

成渝两地加强协作,进一步深化与港澳台地区、东部地区以及长江经济带沿线省市的交流合作,提升成渝地区国际交往影响力,提升成渝地区对中西部地区国际交往引领辐射水平。

第五章

重庆建设中西部国际交往中心城市的战略展望

"人无头不走,雁无头不飞。"重庆市作为党中央、国务院划定的13个推进落实西部陆海新通道战略省区市中唯一的直辖市,政治级别最高、面积最大、人口最多、经济最发达,因而责任重大、使命光荣,更需要身体力行,带头、牵头推进落实党中央、国务院的重大战略决策,走在前列,干在实处。

鉴此,下文将在充分比较、借鉴西部各省区市省会城市国际交往交流经验的基础上,就如何在未来五年全面提升重庆市国际形象,全面构建以重庆为核心、带动西南、辐射亚太、面向全球的城市国际交往新网络提出系统性解决方案,并阐明重庆借助这一城际网络进一步推进落实西部陆海新通道建设之国家战略的历史使命与具体路径。

第一节 重庆建设中西部国际交往中心城市的必要性与可行性

从党中央和全国全局的高度看,之所以要选取重庆市,将其打造成为中西部国际交往中心城市,并在建设西部陆海新通道的伟大事业中担当排头兵、桥头堡的重任,主要出于对如下客观事实和显著趋势的慎重考量。

一 对内:推进西部大开发、促进区域协同发展的战略需求

重庆作为西部地区的经济中心之一,对外开放水平的提升对于其经

济发展至关重要。西部陆海新通道的建设能够为重庆提供更便捷的对外贸易通道，促进经济发展。

重庆位于中国西部的地理中心，是长江上游的重要城市，具有连接东西部、沟通南北方的独特地理优势。这使得重庆成为西部地区对外开放的重要门户和交通枢纽。重庆也是中国四个直辖市之一，拥有较强的经济实力和较完善的工业体系。特别是在汽车制造、电子信息、装备制造等领域，重庆具有明显的产业优势。重庆作为国家重点发展区域，享受了一系列优惠政策和支持，包括税收优惠、财政补贴、土地使用权优惠等，这些政策为重庆的发展提供了有力的支持。而在人口层面，重庆是中国人口最多的直辖市，拥有庞大的劳动力市场和消费市场，为经济发展提供了丰富的人力资源和市场潜力。与此同时，重庆拥有多所高等院校和科研机构，科教资源丰富，为技术创新和人才培养提供了良好的基础。因此，选择重庆作为推动西部大开发的一个重要节点城市，是基于其独特的地理位置、经济实力、政策支持、人口红利和科教资源等多方面的综合考虑。

中国西部地区相对于东部沿海地区在经济发展上存在差距。选择重庆作为中西部国际交往中心城市，有利于促进区域发展平衡，加快西部地区的经济发展。重庆的发展对于带动周边地区和整个西部地区的经济发展具有重要作用。作为西部陆海新通道的中心城市，重庆可以更好地发挥其辐射带动作用，促进区域协同发展。

从缩小东西部发展差距、推动全国各地理板块协调发展的角度看，重庆位于中国中西部地区的交会点，拥有独特的地理位置，是连接东部发达地区和西部欠发达地区的重要枢纽。通过发展重庆，可以有效地带动周边地区和整个西部地区的经济发展。而重庆作为中国四个直辖市之一，具有较强的经济实力和产业基础，尤其在汽车制造、电子信息等领域具有竞争优势。发展重庆有利于发挥其经济潜力，促进产业升级和经济结构优化。同时，中央政府将重庆定位为西部大开发的重要战略支点，给予了一系列优惠政策和支持，包括财政补贴、税收优惠等，这些政策措施有助于加快重庆的发展步伐。因此，通过发展重庆，可以更好地发挥其在西部地区的辐射带动作用，促进区域内的经济协同发展，缩小地区发展差距。而重庆作为西部地区的国际交往中心城市，通过发展重庆，也可以加强与国际市场的联系，促进外贸和外资引进，提升西部地区的国际竞争力。综上所述，从中央的角度看，可以通过发展重庆而利用其地理、经济、政策等多方面的优势，带动中西部地区的协同发展，缩小地区发展差距，促进国家经济的整体平衡发展。

二 对外：扩大对外开放、深化国际合作、高质量建设"一带一路"的战略需求

随着全球化进程的深入，中国西部地区急需一个强有力的国际交往平台，以促进与世界各国特别是周边国家的经贸合作、文化交流和科技创新。而重庆恰恰就能够满足这一需求。重庆作为"一带一路"倡议和长江经济带两大国家战略的重要节点，其作为中西部国际交往中心城市的地位，有助于更好地对接国家战略，发挥战略联动效应。

反之，如果在推进西部大开发和西部陆海新通道建设的过程中忽略重庆市的独特地位，未能在西南地区打造出一个有实力、有担当、有国际影响力的"中西部国际交往中心城市"，则有可能出现不利后果。一是不利于扭转区域发展不平衡的现状，即西部地区的开放程度和经济发展水平可能会落后于东部沿海地区，加剧区域发展不平衡。二是错失发展机遇，即无法充分利用"一带一路"倡议带来的发展机遇，影响中国与共建国家（地区）的经贸合作和文化交流。三是产业升级受限。这是因为缺乏国际交往中心的支撑，重庆及西部地区的产业升级和结构调整可能会受到限制，影响经济长期可持续发展；而西南地区也有可能因缺乏强有力的增长引擎而出现经济发展放缓。

第二节　重庆推动西部陆海新通道建设的现有成就

自西部陆海新通道战略提出以来，重庆市敢为人先、走在前列，充分利用自身区位优势和经济、社会、文教发展的优质资源，积极响应国家号召，投身到如火如荼的西部陆海新通道建设大潮中，并取得了有目共睹的成就。

一 政策沟通

重庆积极参与"一带一路"倡议和西部陆海新通道的政策对话和协调，与合作国家（地区）建立了多层次、宽领域的政策沟通机制；推动了多项区域合作协议的签署，如中国—东盟自由贸易区升级议定书，促进了政策协同和标准对接。[1]

在政策对话和协调方面，重庆市政府与沿线国家政府共同发起并定期举行中欧班列（重庆）机制会议，通过这个平台，重庆与沿线国家就铁路运输、海关合作、物流标准等方面进行深入沟通和政策协调。[2]

与此同时，重庆与新加坡政府合作开展了重庆—新加坡示范项目，该项目涵盖了金融、航运、信息通信等多个领域，是"一带一路"倡议下的重要政策沟通和合作平台。[3]

此外，重庆市政府代表团还积极参加"一带一路"国际合作高峰论坛、中国—东盟博览会等多边会议，通过这些国际平台加强与共建国家的政策沟通和合作对接。

在区域合作协议方面，重庆作为中国西部重要的国际贸易中心，积极响应并参与了中国—东盟自由贸易区升级议定书的谈判和实施，促进了与东盟国家在贸易、投资等领域的合作。重庆还与沿线国家签订了中欧班列（重庆）合作协议，明确了班列运营、货物通关、信息共享等方面的合作机制，推动了班列服务的标准化和便利化。与此同时，重庆市政府与多个国家（地区）的政府或机构签订了跨境电商合作协议，旨在建立跨境电商平台，促进电子商务的发展，加强了重庆与沿线国家在电子商务领域的政策沟通和合作。

二 设施联通

重庆加快了渝新欧国际铁路联运的建设和运营，实现了重庆与欧洲

---

[1] 杜方鑫、黄立群：《重庆与东盟贸易现状及潜力分析——基于西部陆海新通道背景下的省际面板数据》，《重庆交通大学学报》（社会科学版）2020年第4期。

[2] 郝攀峰：《重庆方案推动西部陆海新通道建设走深走实》，《中国远洋海运》2020年第5期。

[3] 李扬、黄康：《浅析金融支持重庆陆海新通道建设》，《现代经济信息》2020年第10期。

多个城市的直达班列服务，大大缩短了货物运输时间；推进了公路、铁路、水运、航空等多式联运体系的建设，提升了重庆与周边国家（地区）的交通连接效率。[1]

渝新欧国际铁路联运是亮点之一。重庆开通了直达欧洲多个城市的货运班列，如重庆至德国杜伊斯堡、波兰华沙等地的班列。这些班列的开通大大缩短了货物从重庆到欧洲的运输时间，为企业提供了更加高效便捷的物流服务。[2] 随着运营经验的积累和技术的优化，渝新欧班列的运行时间和可靠性得到了显著提升。例如，通过优化路线和提高通关效率，货物运输时间得以缩短。[3]

与此同时，重庆市还积极探索多式联运体系建设——公路—铁路—水运—航空四合一，使其成为设施联通层面上的另一个新亮点。五年来，重庆不断追加投资，强化了与周边省份和国家的公路连接，改善了公路基础设施，提高了公路运输效率。例如，重庆至越南、老挝等国的公路运输线路得到了加强。除了渝新欧班列外，重庆还加强了与国内其他城市的铁路联运服务，提高了货物在国内的运输效率。此外，重庆还利用长江的水运优势，发展了港口设施，加强了与上海等沿江城市的水运联运服务，提升了货物的水路运输能力。与此同时，重庆机场的货运能力得到了提升，开通了更多的国际货运航线，提高了空运的效率和覆盖范围。[4] 通过这些措施，重庆不仅加强了与欧洲的直接联系，还提升了与周边国家（地区）的交通连接效率，促进了区域经济的互联互通和发展。

三 贸易畅通

重庆通过积极参与西部陆海新通道和"一带一路"倡议拓展国际市场，与共建国家的贸易往来日益增加。在这一进程中，中欧班列（重庆）

---

[1] 孙国栋：《重庆—新加坡集装箱多式联运路径选择研究》，《铁道货运》2022年第5期。
[2] 陈钧：《北威州有许多"隐形冠军"企业 欢迎重庆企业前来发掘合作机遇》，《重庆日报》2023年11月10日第3版。
[3] 冉春艳：《基于长江经济带与国际通道的重庆多式联运发展问题及对策》，《广西质量监督导报》2019年第1期。
[4] 陈宝丰：《重庆、武汉集装箱多式联运发展研究》，《交通运输部管理干部学院学报》2015年第4期。

作为"一带一路"倡议的重要组成部分，成为拉动重庆乃至西南地区经济增长的新抓手，同时有力促进了重庆与中亚、欧亚国家和地区之间的全方位交流。据统计，中欧班列（重庆）自2011年开通以来，已成为重庆对外贸易的重要运输通道。渝新欧中亚班列是连接重庆与中亚各国的重要货运通道。自2018年首趟班列成功运行以来，哈萨克斯坦、乌兹别克斯坦、塔吉克斯坦等中亚国家的直达班列相继发运，实现了去回双向稳定运行。渝新欧中亚班列不仅输送了重庆生产的智能家电、通信设备、机械配件等产品，还带回了中亚地区的食品、谷物、金属矿产等货物，累计进出口运输货物价值近40元。截至2023年年底，中欧班列（重庆）累计开行超过3500列，连接了欧洲20多个国家（地区），有效促进了重庆与欧洲国家的贸易往来。[1]

如果说中欧班列（重庆）是向西开放的前沿，那么重庆—东盟国际物流通道则是西部陆海新通道建设向南、向海延伸的范本。五年来，重庆积极推动与东盟国家的贸易合作，建立了重庆—东盟国际物流通道，通过铁路、公路、水路等多种运输方式连接东盟国家。例如，重庆至越南的国际货运班列，为重庆与越南的贸易提供了便利的物流支持。与此同时，重庆还大力发展跨境电商，通过建立跨境电商平台，加强与"一带一路"共建国家的电子商务合作。例如，重庆跨境电商综合试验区的设立，吸引了众多国内外电商企业入驻，促进了重庆与共建国家的贸易往来。[2] 通过这些举措，重庆不仅加强了与"一带一路"共建国家的贸易联系，还促进了当地经济的发展和对外开放的深化。[3]

在产业合作与投资层面，重庆积极参与共建"一带一路"合作国家的产业合作和投资项目。例如，重庆的汽车制造企业在东南亚、中东等地区设立了生产基地，推动了当地的经济发展和就业。同时，重庆也吸引了来自共建"一带一路"合作国家的投资，促进了本地产业的升级和发展。又如，重庆与泰国之间的贸易合作不断深化，中泰国际班列成为

---

[1] 《中欧班列（成渝）重庆—中东欧国家专列启程》，《新西部》2023年第10期。
[2] 张利娟：《重庆跨境电商跑出"加速度"》，《中国报道》2020年第7期。
[3] 王金涛、赵宇飞、李晓婷：《在内畅外联中构筑"一盘棋"开放新格局》，《新华每日电讯》2024年2月17日第1版。

双方贸易的重要通道。重庆生产的农机、小型农机、小电器等工业产品在泰国市场受欢迎，同时泰国的橡胶、木薯粉等原料也是重庆工业生产所需，实现了双方贸易和产业的联动发展。[1]

四 民心相通

在文化交流与人文合作领域，重庆积极推动与"一带一路"共建国家的文化交流和人文合作。举办了一系列国际文化交流活动，如重庆国际文化产业博览会，吸引了来自多个国家的参展商和观众，促进了文化互鉴和民心相通。

2018—2023年，重庆承办了50余场重要国际会议，包括智博会、西洽会、中新金融峰会、陆海新通道国际合作论坛等，持续搭建合作交流平台。[2] 未来，重庆还将举办"一带一路"科技交流大会、川渝地区—湄公河国家地方合作论坛等重要国际会议。

在"请进来"方面，重庆接待了时任新加坡总理李显龙等近40位副国级以上政要来渝访问，邀请"一带一路"共建国家驻华使节、友城代表、商协会和企业代表、外媒记者到访重庆。"走出去"方面，市领导率团出访新加坡、斯里兰卡、尼泊尔、泰国、白俄罗斯等国家，深化政治交往、经贸对接、人文交流。[3]

五年来，重庆积极拓展国际交往"朋友圈"。重庆与共建"一带一路"国家结成国际友好城市29个、国际友好交流城市84个，搭建特色国际交流平台近20个，国际"朋友圈"不断扩大。[4] 尤其在东南亚、东盟方向，重庆紧密围绕三大重点扩大经贸合作，持续拓展东盟市场，促进区域经济一体化。[5] 以上举措不仅展示了重庆在推动文化交流和人文合

---

[1] 秦娟：《中国（重庆）跨境电子商务综合试验区的机遇与挑战》，《时代金融》2017年第12期。

[2] 杨骏、唐琴：《重庆全面融入共建"一带一路"十年成果丰硕》，《重庆日报》2023年10月14日第3版。

[3] 杨进一：《互联互通背景下重庆与新加坡经贸合作探讨》，《全国流通经济》2023年第24期。

[4] 《重庆向多国友好城市或友好组织援助防疫物资》，《重庆与世界》2020年第5期。

[5] 杨骏：《重庆应"以点带面"促进中国和东盟金融互通》，《重庆日报》2023年4月22日第3版。

作方面的积极努力，更加深了与"一带一路"共建国家的友好关系和相互理解。

综上所述，重庆市通过西部陆海新通道建设、国际贸易增长、产业合作与投资、文化交流与人文合作等方面，为"一带一路"高水平建设作出了积极贡献。

第三节　重庆建设中西部国际交往中心城市的当前挑战与应对方案

当前，重庆在打造中西部国际交往中心城市、建设西部陆海新通道的伟大事业上，面临着思想认识、战略规划、组织建设和政策执行四个层面的主要挑战，亟待有司拿出切实有效的方案加以解决。

一　思想认识层面

需要进一步深化对党的二十大精神的学习领会，特别是对中国式现代化的理解和实践要求，以及对重庆在国家发展大局中的战略定位和使命的准确把握。

首先，重庆需要进一步深化对党的二十大精神的理解和实践，需要加强对中国式现代化的理解和实践要求，以及对重庆在国家发展大局中的战略定位和使命的准确把握。这要求全市上下一体学习领会党的二十大报告和习近平总书记重要讲话精神，学深悟透中国式现代化的丰富内涵和实践要求。

其次，重庆需要准确把握自身的历史方位和发展目标，需要深刻领会习近平总书记对重庆所做重要讲话和系列重要指示批示精神的战略意图，准确把握自己所处的历史方位，重点把握好"五个新"[①]，进一步优化完善今后五年发展目标。

再次，重庆必须提升适应和引领现代化的能力。现代化新重庆的建设需要各级党组织主动变革，提升适应和引领现代化的能力，大力弘扬光荣传统，赓续红色血脉，健全全面从严治党体系，与时俱进打造新时

---

① 新发展理念、新发展格局、新发展动能、新发展优势、新发展愿景。

代"红岩先锋"变革性组织。

最后,重庆需要加强党的全面领导和组织保障。建设西部陆海新通道作为国家重大战略,必须加强党的全面领导,强化组织保障,积极加强对接沟通,高效整合各方资源,完善工作机制,健全政策体系,形成全市"一盘棋"协同推动格局,广泛凝聚强大合力。

以上挑战要求重庆市在思想认识层面不断深化改革,加强学习和实践,以更加明确的目标和更加坚定的决心,推动中西部国际交往中心城市和西部陆海新通道的建设。为此,重庆可以有如下具体操作。

第一,强化党的领导:明确党组织在西部陆海新通道建设中的领导地位和作用,确保党的决策在项目推进中得到贯彻执行。建立党委领导下的工作领导小组,统筹协调各方面工作。

第二,完善组织结构:建立健全以党委领导为核心的组织体系,明确各级党组织和党员干部在西部陆海新通道建设中的职责和任务,确保组织保障到位。

第三,加强对接沟通:建立多层次、宽领域的沟通协调机制,加强与沿线省市、相关部门和企业的协作配合,确保信息畅通、资源共享。

第四,高效整合资源:通过党委统筹,优化资源配置,整合政府、企业、社会等各方资源,形成推动西部陆海新通道建设的强大合力。

第五,完善工作机制:建立健全项目推进、监督管理、考核评价等工作机制,确保各项任务落到实处,及时发现和解决问题。

第六,健全政策体系:制定和完善支持西部陆海新通道建设的政策措施,包括财政支持、税收优惠、土地使用、环境保护等方面的政策,为项目建设提供政策保障。

第七,形成协同推动格局:建立全市"一盘棋"的工作格局,通过党委统一领导和指挥,形成上下联动、部门协作、社会参与的工作机制,确保各方协同推进项目建设。

第八,广泛凝聚合力:通过宣传教育、政策引导等方式,动员全社会参与和支持西部陆海新通道的建设,形成广泛的社会共识和强大的合力。

通过这些具体办法和实操手段,重庆市可以加强党的全面领导和组织保障,有效推进西部陆海新通道的建设,促进区域经济发展和对外开放。

二 战略规划层面

面对新时代新征程的要求，重庆需要在"五个新"的基础上，进一步优化完善今后五年的发展目标，明确推进中国式现代化的路径和举措。具体如下。

首先，重庆需要明确发展定位的挑战，尤其需要在习近平总书记新发展理念的指导下，明确自身在国家战略中的定位，发挥自身优势，服务于国家整体发展战略。例如，在"一带一路"倡议中发挥重要节点城市的作用，在西部大开发中发挥引领作用等。①

其次，重庆需要统筹区域协调发展的挑战。在构建新发展格局的过程中，重庆需要协调好城市内部发展和区域间的合作，解决区域发展不平衡的问题。例如，如何平衡主城区与周边县区的发展，如何加强与四川、贵州等邻近省份的协同发展。

再次，重庆要应对好转变发展动能的新挑战。面对新时代的要求，重庆需要转变发展动能，实现经济高质量发展。例如，如何从传统的制造业向高技术、高附加值产业转型，如何发展数字经济、绿色经济等新兴产业等。②

最后，重庆还要着力提升自身的区域竞争优势。在新发展优势的培育上，重庆需要不断提升自身的区域竞争力。例如，如何加强科技创新能力，提高产业核心竞争力；如何优化营商环境，吸引更多国内外投资等。

针对这些挑战，重庆需要在战略规划层面进行深入思考和系统规划，制定具体的路径和举措，以实现中国式现代化的发展目标。具体措施包括三点。

第一，加强科技创新能力。

（1）建设创新平台：重点发展高技术产业园区、创新研发中心等，

---

① 邱海平：《新发展理念是习近平经济思想的主要内容》，《前沿》2023年第4期。
② 徐先航：《重庆智能产业人力资源开发战略研究——基于产业转型升级的视角》，《造纸装备及材料》2021年第2期。

吸引高端人才和科研机构入驻，形成创新高地。

（2）加大研发投入：鼓励企业增加研发投资，支持科研机构与企业的合作，推动科技成果转化应用，提升产业技术水平。

第二，提高产业核心竞争力。

（1）产业结构优化升级：加快传统产业的技术改造和升级，发展新兴产业，如智能制造、生物医药、新能源汽车等，构建现代产业体系。

（2）供应链优化：强化供应链管理，提升供应链的稳定性和效率，降低企业运营成本，增强产业链的竞争力。

第三，优化营商环境。

（1）简化行政审批：简化企业注册、审批等流程，提高行政效率，营造便利的投资环境。

（2）改善法律环境：完善法律法规，加强知识产权保护，保障企业合法权益，吸引更多国内外投资。

（3）提供政策支持：出台优惠政策，如税收减免、财政补贴等，支持企业发展和创新，吸引外资进入重点产业和领域。

通过这些措施，重庆可以进一步提升自身的区域竞争优势，促进经济高质量发展。

三　组织建设层面

现代化新重庆建设需要各级党组织主动变革，提升适应和引领现代化的能力，建立健全全面从严治党体系，努力建设忠诚坚定、依法尽责、清廉为民、唯实争先、整体智治、协同高效的学习型、开放型、创新型、服务型、效能型组织。

首先，重庆市各级党委组织部门需要进一步提高"现代化适应能力"。随着重庆向现代化城市的转型，各级党组织需要不断提升自身的能力，以更好地适应和引领现代化的发展。然而，一些党组织在理念更新、知识结构、工作方法等方面还存在不足，难以有效应对现代化建设的复杂挑战。[1]

---

[1] 赵淑梅：《现代化进程中增强基层党组织的政治功能和组织功能》，《中国特色社会主义研究》2023年第3期。

其次，重庆需要继续加强全面从严治党体系的建设。近年来重庆市在全面从严治党方面取得了成绩，但在部分领域和层面上，还存在监督不力、责任落实不到位等问题。这些问题的存在影响了党组织的凝聚力和战斗力，也影响了党的领导和社会治理的效能。[1]

再次，基层组织还需要提升其服务能力建设，走提质增效的道路。在推动经济社会发展的过程中，党组织需要发挥服务型、效能型的作用，为企业和群众提供高效的服务。然而，一些（地方基层）党组织在服务意识、服务能力、工作效率等方面还有待提高，难以满足发展的需求。

最后，重庆要不断增强党组织的创新能力。创新是推动发展的重要动力。在建设现代化新重庆的过程中，需要党组织不断创新理念、机制、方法，引领和推动创新发展。但目前一些党组织在创新意识、创新机制建设等方面还存在不足，影响了整体发展的创新力和竞争力。

为进一步加强机制与能力建设，重庆可以尝试推进以下措施。

第一，强化创新意识培养：党组织应加强对党员干部的创新意识培训，通过组织学习、研讨交流等形式，使党员干部深刻认识到创新的重要性，激发他们的创新热情和动力。同时，鼓励党员干部敢于突破传统思维，勇于尝试新方法、新途径。

第二，完善创新机制建设：建立健全激励创新、容错纠错机制，为党员干部创新提供保障。具体措施可以包括设立创新基金、开展创新项目竞赛、表彰创新成果等。同时，优化决策流程，简化审批程序，降低创新成本，为党员干部提供更加宽松的创新环境。

第三，促进创新成果转化应用：党组织应加强对创新成果的推广和应用，将创新成果转化为实际工作的动力和效能。通过建立创新成果库、开展成果展示交流等方式，促进创新成果的分享和推广。同时，加强与企业、科研机构的合作，将创新成果转化为经济社会发展的实际成效。

通过上述措施，重庆可以不断增强党组织的创新能力，为建设现代化新重庆提供坚强的组织保障和源源不断的创新动力。

---

[1] 四川省直机关工委课题组：《关于强化机关党组织政治功能和组织功能　更好服务四川现代化建设的实践与思考》，《机关党建研究》2023年第11期。

四 政策执行层面

在推进双城经济圈建设、构建现代化产业体系、加快民主政治建设市域实践、推进生态文明建设等方面，需要将学习成果转化为抓发展的实际成效，确保党的二十大精神在重庆大地落地生根、开花结果。

为解决上述问题，首先，重庆需要切实解决协调性与一致性的挑战。譬如，在推进双城经济圈建设时，重庆需要与成都等周边城市协调发展，形成互补优势。然而，不同地区的发展策略、资源分配和利益诉求可能存在差异，这就要求政策执行时能够有效协调各方利益，确保政策的一致性和协调性，避免出现地方保护主义和政策碎片化的问题。

其次，重庆面临产业转型升级的挑战。在构建现代化产业体系的过程中，重庆需要促进传统产业的升级和新兴产业的发展，实现产业结构的优化。这就要求政策执行不仅要注重短期经济效益，还要考虑长期的可持续发展，同时应对产业转型过程中可能出现的就业、环境等问题。

再次，重庆需要积极应对民主政治建设的实践挑战。重庆市加快民主政治建设市域的实践，要求政策执行过程中更加注重民意反馈和公众参与。然而，在实际操作中，如何平衡政府决策的效率和公众参与的广泛性、如何确保民意能够真实有效地反映在政策制定和执行中，仍然是亟待解决的重大问题。

最后，重庆还需要处理好生态文明建设的长期性挑战等问题。在推进生态文明建设方面，重庆面临着如何在经济发展和环境保护之间找到平衡点的挑战。政策执行需要考虑到生态文明建设的长期性和复杂性，如何在短期经济利益和长期生态效益之间做出合理抉择，确保可持续发展，是政策执行过程中需要面对的困境。

综上可见，重庆在政策执行层面面临的挑战困境涉及协调性、产业转型、民主政治实践和生态文明建设等多个方面，需要综合考虑各种因素，平衡不同利益，以确保政策的有效实施和可持续发展。为解决上述问题，重庆市可以尝试以下政策选项。

第一，建立生态补偿机制：制定并实施生态补偿政策，鼓励和支持企业与个人参与生态保护和恢复。通过经济手段激励社会各方面积极参与生态文明建设，如对于在生态保护区内实施绿色生产和生活方式的企业和居民给予税收减免或财政补贴等。

第二，推进绿色低碳发展：制定绿色发展规划，推动产业结构调整和转型升级，发展循环经济和绿色能源。加强对新能源汽车、节能环保设备等绿色产业的支持，同时加大对高污染、高耗能企业的环保监管力度，促进产业向绿色低碳方向转型。

第三，加强生态环境监管和保护：建立健全生态环境监测体系，加强对重点区域和行业的环境监管，确保环境法规和标准得到有效执行。加大对违法排污行为的处罚力度，提高环境违法成本，促使企业自觉遵守环保法律法规。同时，加强生态保护区的建设和管理，保护生物多样性，维护生态平衡。

通过这些政策建议的实施，重庆市可以在经济发展和环境保护之间找到更好的平衡点，实现生态文明建设的长期可持续发展。

综上所述，重庆不仅是最早擘画、最先践行"南向通道"4省市之一，也是五年来带头、牵头落实推进《西部陆海新通道总体规划》国家大战略的核心单位。本书已经在文献研究和实地调研的基础上，针对当前重庆打造中西部国际交往中心城市所面临的实际困难和挑战提出有针对性的政策建议，以期提升重庆的国际影响力、交际能力，使其真正成为西部陆海新通道建设的排头兵与桥头堡。

附　录

中西部重点城市 2022 年、2023 年国际交往大事记

第一节　重庆国际交往大事记

2022 年：

1. 国务委员兼外长王毅与缅甸外长温纳貌伦共同为缅甸驻重庆总领事馆揭牌

4 月 1 日，国务委员兼外长王毅在安徽屯溪会见来华访问的缅甸外长温纳貌伦，并共同为缅甸驻重庆总领事馆揭牌。近年来，重庆与缅甸经贸合作日趋紧密，人员交往日益频繁。重庆市将积极配合缅甸驻重庆总领事馆择时举行开馆仪式。

2. 胡衡华视频会见蒙古国乌兰巴托市市长苏米亚巴扎尔，重庆市与乌兰巴托市签署建立友好城市关系谅解备忘录

5 月 12 日，市委副书记、市长胡衡华通过视频方式，会见了蒙古国乌兰巴托市市长苏米亚巴扎尔，并共同签署两市建立友好城市关系谅解备忘录。

3. 重庆线上参加中德友城论坛，共话友好合作

2022 年是中德建交 50 周年。为深化中德友城交流，6 月 15 日下午，中国人民对外友好协会以线上方式举办以"绿色与数字化——中德友城互利合作新动能"为主题的中德友城论坛，设"绿色合作"和"数字化合作"平行分论坛。中国人民对外友好协会会长林松添、中国驻德国大使吴恳、德国驻华使馆临时代办吕帆等出席论坛并致辞。市人大常委会

副主任莫恭明、德国杜塞尔多夫市市长史蒂芬·凯勒分别在"数字化合作"分论坛上视频致辞。

4. 中国（重庆）—老挝重点合作项目签约及揭牌仪式举行

7月5日，中国（重庆）—老挝重点合作项目签约及揭牌仪式在雾都宾馆举行。现场签约重点合作项目4个，涉及经贸物流、地方友好、职业教育、项目管理等领域，并为陆海新通道运营老挝有限公司、陆海新通道（中老）职业教育研究院揭牌。老挝驻华大使坎葆·恩塔万，市委常委、市政府常务副市长陆克华出席活动。老挝农林部副部长纪高·辛纳翁线上出席活动。

5. 缅甸驻重庆总领事馆正式开馆

7月12日，缅甸驻重庆总领事馆开馆仪式在渝举行，市政府副市长但彦铮、外交部领事司副司长魏晓东，缅甸驻华大使苗丹佩出席开馆仪式并致辞。

6. 西部陆海新通道铁海联运班列累计开行突破2万列

8月29日，随着一趟班列从广西钦州港站开出，驶向重庆团结村站，西部陆海新通道铁海联运班列累计开行总量达到2万列。其中，重庆开行铁海联运班列6400多列，占比超三成。

7. 重庆与巴布亚新几内亚莫罗贝省签订建立友好省市关系谅解备忘录

重庆与巴布亚新几内亚莫罗贝省签订建立友好省市关系谅解备忘录，推进双方在经济、教育、文化、农业、旅游、技术援助等方面的友好合作。

8. 中国（重庆）—白俄罗斯经贸投资论坛成功举行

为深入贯彻落实中白两国元首达成的系列共识，促进重庆与白俄罗斯在经贸、投资等领域合作，深化中白地方合作，11月15日，由重庆市政府外办和白俄罗斯驻重庆总领事馆联合主办的中国（重庆）—白俄罗斯经贸投资论坛以线上形式成功举行。

2023年：

1. 萨尔瓦多驻华大使阿尔多·阿尔瓦雷斯访渝

2月1—3日，萨尔瓦多驻华大使阿尔多·阿尔瓦雷斯率团来渝访问。

本次来访是其任驻华大使后第二次访渝。2月2日下午，张国智副市长会见了阿尔瓦雷斯一行。张国智代表市政府欢迎阿尔瓦雷斯来渝访问，并简要介绍了重庆经济社会发展最新情况。张国智表示，2022年重庆与萨尔瓦多的贸易实现了高速增长，双方合作潜力巨大，前景广阔。重庆愿进一步深化与萨尔瓦多各领域合作，提升经贸合作水平，增进人文交流，加强教育合作，努力为推动中萨关系长期健康稳定发展贡献力量。阿尔瓦雷斯表示，萨尔瓦多的地形和重庆十分相似，每次来到重庆都让他想起家乡。近年来中国实现飞速发展，重庆更是中国新特大城市的"未来"，希望重庆成为萨尔瓦多在华重要合作伙伴。2023年是萨中建交5周年，愿以此为契机，推动萨尔瓦多与重庆在经贸投资、人文、教育等领域合作，为两国关系发展做出更大贡献。

2. 胡衡华会见蒙古国乌兰巴托市市长苏米亚巴扎尔一行

2月12日，市委副书记、市长胡衡华会见了来渝访问的蒙古国乌兰巴托市市长苏米亚巴扎尔一行。胡衡华说，重庆是中国中西部地区唯一的直辖市，是西部大开发的重要战略支点，处在"一带一路"和长江经济带的联结点上，在国家区域发展和对外开放格局中具有独特而重要的作用。当前，重庆正深入贯彻党的二十大精神，大力实施成渝地区双城经济圈建设"一号工程"，加快建设国家重要先进制造业中心、西部金融中心、国际消费中心城市、国际性综合交通枢纽城市，在新时代新征程全面建设社会主义现代化新重庆。希望双方深化在农产品、新能源汽车、轨道交通、基础设施建设等方面的经贸合作，扩大教育、文旅、国际会议活动等方面交流交往，实现互利共赢。苏米亚巴扎尔表示，愿持续加强与重庆的友好交往，拓展经贸、投资、文旅等领域合作，欢迎重庆企业来乌兰巴托投资兴业，欢迎重庆人民来美丽的蒙古国做客。

3. 袁家军、胡衡华会见中国欧盟商会主席伍德克

2月16日，市委书记袁家军，市委副书记、市长胡衡华会见了中国欧盟商会主席、巴斯夫集团全球副总裁伍德克一行。袁家军、胡衡华代表市委、市政府对伍德克一行表示欢迎，介绍了重庆经济社会发展情况。袁家军说，重庆是中国中西部地区唯一的直辖市，是国家重要的中心城市。党中央赋予重庆推动成渝地区双城经济圈建设、西部陆海新通

道建设等一系列重大战略使命，推动中国式现代化将带来前所未有的发展机遇。我们正全面学习贯彻党的二十大精神，努力在新时代新征程上全面建设社会主义现代化新重庆。推动产业高质量发展是建设新重庆的重要支撑。重庆产业基础坚实，正加快推动智能制造、数字经济、生物技术、绿色低碳等领域产业发展，这为企业在渝发展创造了广阔空间、带来了新的机遇。欧盟是重庆重要的贸易伙伴和投资来源地，深化互利合作符合双方利益，是企业界的共同呼声。希望中国欧盟商会继续发挥优势，推动更多欧盟企业来渝投资兴业，在智能网联汽车、绿色能源、数字化建设等方面深化合作，共谋未来发展、共享合作机遇。重庆将着力营造市场化、法治化、国际化营商环境，为企业在渝发展提供优质服务。伍德克感谢重庆对欧盟商会一行的周到安排和对欧洲企业在渝发展的大力支持。他说，重庆是中国西部重镇，发展势头好、潜力大，愿持续深化交流沟通，推动务实合作，共享新重庆建设带来的新机遇。巴斯夫集团全球副总裁杨诺文、西门子交通大中华区首席执行官莫德、中国欧盟商会副主席代开乐、哈金森工业橡胶制品（苏州）公司亚洲业务发展副总裁林明仁、德勤华永会计师事务所中国西区税务领导合伙人汤卫东等先后发言，表示十分看好重庆未来发展，愿在数字经济、新材料新能源、智能交通、基础设施建设等领域进一步推进与重庆的合作。

4. 缅甸独立节招待会在渝举行

2月23日，缅甸驻重庆总领事馆在渝中区环球金融中心举办缅甸独立节招待会。重庆市人大常委会副主任赵世庆应邀出席招待会并致辞。

5. 胡衡华会见南非驻华大使谢胜文

3月23日，市委副书记、市长胡衡华会见了来访的南非驻华大使谢胜文一行。胡衡华代表市委、市政府欢迎谢胜文来渝访问。他说，去年，习近平主席会见拉马福萨总统，为中南关系发展指明了方向。重庆愿积极落实两国领导人重要共识，为推动中南全面战略伙伴关系取得更大发展作出贡献。当前，重庆正全面贯彻落实党的二十大精神，认真落实习近平主席对重庆的重要指示要求，加快成渝地区双城经济圈建设、陆海新通道建设等国家战略实施，全面建设社会主义现代化新重庆。南非是重庆在非洲最重要的合作伙伴之一，我们愿与南非一道，进一步加强经贸往来，密切人文交流，拓展机械制造、新能源汽车、数字经济、农业、旅游、教育、地方友好等方面合作。欢迎大使先生和南非政商团体来渝出席智博会、西洽会等，共商合作，共谋发展。谢胜文感谢重庆的盛情接待。他说，重庆是中国西部地区重要经济中心和开放门户，我们对重庆发展取得的巨大成就感到由衷敬佩。南非愿进一步加强与重庆的经贸合作和人文交流，真诚欢迎重庆企业来南非投资兴业，共同书写双方合作新篇章。

6. 袁家军主持召开重庆市积极融入"一带一路"加快建设内陆开放高地领导小组会议

3月24日上午，重庆市积极融入"一带一路"加快建设内陆开放高地领导小组会议举行。市委书记、领导小组组长袁家军主持会议并讲话。他强调，要认真学习贯彻党的二十大精神，深入贯彻习近平总书记关于对外开放的重要论述，积极服务和融入新发展格局，以成渝地区双城经济圈建设为引领，以西部陆海新通道建设为支撑，以全面深化改革为动力，构建目标体系和工作体系，层层压实责任、分解目标任务，高起点推进开放通道建设、高水平提升开放平台能级、高质量发展开放型经济、高标准营造一流营商环境，建设"一带一路"、长江经济带、西部陆海新通道联动发展的战略枢纽，构建内陆开放高地"四梁八柱"，切实提升重庆对外开放竞争力。

7. 袁家军主持召开六届市委外事工作委员会第一次会议，强调要深学笃行习近平外交思想，努力在新重庆建设中展现外事新作为

3月31日下午，市委书记、市委外事工作委员会主任袁家军主持召开六届市委外事工作委员会第一次会议。袁家军强调，要深入学习贯彻党的二十大精神，深学笃行习近平外交思想，服务国家总体外交，服务国家重大战略，服务开放型经济发展，加快建设中西部国际交往中心，坚持谋深做实、久久为功，不断提升重庆吸引力、影响力、关注度、美誉度，努力在现代化新重庆建设中展现外事新作为，更好助力加快建设内陆开放高地。

8. "驻华使节地方行"活动走进重庆，为高质量共建陆海新通道献计助力

4月5—6日，由外交部组织的"驻华使节地方行"活动走进重庆。

来自泰国、新加坡、东帝汶、蒙古国、孟加拉国等16个国家的30多位驻华使节和外交官，围绕"高质量共建陆海新通道"主题实地访问考察，开展国际商务对接，共促务实项目合作。

9. 2023年重庆市外事工作会议召开

4月20日下午，2023年全市外事工作会议召开。会议的主要任务是学习贯彻党的二十大精神，深入学习习近平新时代中国特色社会主义思想和习近平外交思想，传达贯彻六届市委外事工作委员会第一次会议精神，通报2022年全市外事工作情况，安排布置2023年全市外事工作，表彰全市外事工作先进集体和先进个人。市政府副市长张国智出席会议并讲话，市政府副秘书长汪夔万主持会议。市政府外办主任王雯做全市外事工作报告。会议指出，2022年，按照市委、市政府统一部署和要求，全市外事系统深入学习宣传贯彻党的二十大精神和习近平外交思想，认真落实党中央对外工作部署，全力服务国家总体外交，全面推进中西部国际交往中心建设，推动全市经济社会发展取得积极成效。会议强调，2023年全市外事工作要围绕"三服务一中心"打造具有重庆辨识度的标志性成果。一是要服务国家总体外交。积极承办更多外交外事活动，推动"办好一个会、搞活一座城"。实施对上合组织国家扶贫培训等项目，推动构建人类命运共同体。二是要服务国家重大战略，举办2023年川渝地区—湄公河国家地方合作论坛、2023陆海新通道国际合作论坛等重要活动，服务保障高质量共建"一带一路"、西部陆海新通道建设和中新互联互通项目建设，推进成渝地区外事资源共建共享。三是要服务开放型经济发展，大力"请进来""走出去"，推动经贸、科技、文化、教育、旅游等各领域务实合作，推动外事外资外经外贸联动发展。四是要加快建设中西部国际交往中心，打造外国领事机构集聚区，培育打造一批特色交流合作平台，建设彭水乡村振兴国际合作示范点。建设国际人才社区，争取澜湄旅游城市合作联盟总部落户重庆，吸引外国贸促机构、商协会、境外非政府组织来渝设立办事机构，加快建设西部国际传播中心，启动建设重庆外交外事历史陈列馆。推动渝港澳合作走深走实。切实做好涉外领域安全工作。会议要求，全市外事系统要按照"学思想、强党性、重实践、建新功"的总要求，扎实开展学习贯彻习近平新时代中国特色社会主义思想主题教育，深入学习习近平外交思想，重点把握好习近平总书记对地方外事工作的重要论述。要严守外事纪律规矩，牢固树立"外事无小事"理念，严格外事工作程序。要创新外事工作理念方法，选树一批对外开放试点和先进典型，培养一批具有重庆辨识度、全国影响力的外事工作品牌，推动外事工作数字变革、整体智治。要加强外事干部队伍建设，加快提升外事干部队伍政治素质、专业能力和实践本领。

10. 2023 年荷兰国王日庆祝招待会在渝举行

4 月 27 日，2023 年荷兰国王日庆祝招待会在渝中区举行，市政协副主席王昱应邀出席招待会并致辞，市政府外办副主任李明全，渝中区委常委、副区长邓光怀，外国驻渝总领事馆官员等出席招待会。

11. 白俄罗斯驻华大使尤里·先科成功访渝

5 月 5—7 日，白俄罗斯驻华大使尤里·先科应邀来渝访问。5 月 6 日，市委副书记、市长胡衡华会见了尤里·先科。胡衡华代表市委、市政府，对尤里·先科大使长期以来支持并推动重庆与白俄罗斯友好交流合作表示感谢。他说，今年 3 月，习近平主席同卢卡申科总统举行会谈，为中白全天候全面战略伙伴关系发展指明了方向。重庆与白俄罗斯友谊深厚。近年来，双方积极落实两国领导人重要共识，不断深化全方位友好交流合作，为推动中白关系在高水平上健康稳定发展作出了地方贡献。我们愿与白俄罗斯一道，进一步深化经贸协作，共同推动农产品、交通物流、机械制造、电子信息、汽车及其零部件、新能源、教育、医疗、文旅等领域务实合作，加强人员往来和地方友好交往。

12. 胡衡华视频会见乌兹别克斯坦塔什干州州长米尔扎耶夫

5 月 15 日，市委副书记、市长胡衡华通过视频会见了乌兹别克斯坦塔什干州州长米尔扎耶夫。塔什干州副州长巴巴让诺夫，副市长张国智参加。胡衡华说，应习近平主席邀请，米尔济约耶夫总统将于近日对中国进行国事访问，这必将为中乌两国关系发展注入新的动力。去年，重庆市与塔什干州正式建立友好市州关系。我们愿与塔什干州一道，进一步拓展中欧班列运输合作，做大做强中亚跨境公路班车，深化机械制造、有色冶金、能源化工、建筑材料、纺织、日用品、文旅、医疗、教育等领域合作，扩大汽摩、电子、农业机械等领域贸易，加强人文交流和人员往来，努力打造中乌两国地方友好务实合作的新亮点。欢迎塔什干州代表团来渝参加智博会、"一带一路"科技交流大会等，共商合作、共谋发展。米尔扎耶夫介绍了塔什干州丰富的自然资源、良好的工业基础和巨大的发展潜力。他说，近年来，我们不断加强与重庆合作，取得了明显成效。愿进一步拓展双方在贸易投资、工业园区、能源矿产、文化旅游等领域的合作空间，欢迎更多重庆企业来塔什干州投资兴业，推动双方友好合作迈上新台阶。

13. 2023"一带一路"陆海联动发展论坛17—18日在渝举行

2023年是共建"一带一路"倡议提出十周年，为深入解读"一带一路"倡议、全球发展倡议、全球安全倡议、全球文明倡议主要精神，共同研讨培育发展新动能、构建发展共同体的方法和路径，由中联部发起成立的"一带一路"智库合作联盟和重庆市政府共同主办，中联部当代世界研究中心和重庆市政府外办具体承办的2023"一带一路"陆海联动发展论坛将于5月17—18日在重庆举办。

14. 2023"一带一路"陆海联动发展论坛在重庆开幕，袁家军出席开幕式并致辞

5月17日上午，2023"一带一路"陆海联动发展论坛开幕式在重庆举行，中共中央政治局委员、重庆市委书记袁家军出席开幕式并致辞。论坛由"一带一路"智库合作联盟和重庆市人民政府主办，中共中央对外联络部当代世界研究中心和重庆市人民政府外事办公室承办。来自"一带一路"合作伙伴国家的政党政要、智库学者、工商界人士，汇聚山城重庆，共谋发展大计，共享发展机遇，共创陆海联动发展新未来。老挝人民革命党中央书记处书记、国会副主席顺通·赛雅佳，印尼专业集团党专家委员会主席、前国会议长阿贡·拉克索诺，中共中央对外联络部副部长郭业洲致辞，印尼国会议员戴夫·拉克索诺，老挝驻华大使坎葆·恩塔万出席，重庆市委副书记、市长胡衡华主持，市政协主席唐方裕，中国社会科学院"一带一路"国际智库专家委员会主席赵白鸽，重庆市委副书记李明清，市领导罗蔺、赵世庆、张国智出席。

15. 袁家军、胡衡华会见老挝人民革命党中央书记处书记、国会副主席顺通·赛雅佳

5月17日上午，中共中央政治局委员、重庆市委书记袁家军会见老挝人民革命党中央书记处书记、国会副主席顺通·赛雅佳一行。袁家军、

胡衡华代表市委、市政府欢迎顺通·赛雅佳一行来渝参加2023"一带一路"陆海联动发展论坛、第五届西洽会暨2023陆海新通道国际合作论坛，感谢老挝对本次活动的重视和支持。袁家军说，去年11月，习近平总书记同来访的通伦总书记就共建高标准高质量高水平的中老命运共同体达成重要共识，实现两国关系新的跃升，为推动中老合作提供了根本遵循。重庆是中国中西部地区唯一的直辖市，在国家区域发展和对外开放格局中具有独特而重要的作用。当前，我们正全面贯彻党的二十大精神，全力推动成渝地区双城经济圈建设，依托陆海新通道打造内陆开放高地，构建现代化产业体系，建设国家重要先进制造业中心、西部金融中心、国际消费中心城市、国际性综合交通枢纽城市。重庆与老挝合作基础坚实、人员交往密切，未来合作空间巨大。我们愿与老方一道，贯彻落实两党两国最高领导人达成的重要共识，以此访为新起点，共建共享陆海新通道，持续提升经贸合作水平，深化拓展人文交流合作，在更高层次、更高水平上开启双方合作新篇章。顺通·赛雅佳感谢中共中央对外联络部和重庆市的盛情邀请与热情接待，对重庆跨越式发展取得的成就表示祝贺，并介绍了老挝经济社会发展情况。她表示，老中两国始终心意相通、真诚相交，"一带一路"倡议框架下的老中合作意义重大。老挝与重庆通过陆海新通道和老中铁路加强各领域交流合作，取得明显成效。老方愿与重庆进一步夯实合作基础，在政治、经济、产业、投资、文化、教育、农产品贸易等领域广泛开展务实合作，切实造福两地人民，推动老中命运共同体关系不断发扬光大。

16. 在"一带一路"陆海联动发展中抢机遇、赢未来

5月17日，由"一带一路"智库合作联盟和重庆市人民政府主办，中联部当代世界研究中心和市政府外办承办的2023"一带一路"陆海联动发展论坛在重庆开幕。中外代表200余人出席全体会议。8位国内外知名智库专家、高校和企业代表在全体会议上做主旨演讲，共同探讨构建全球互联互通伙伴关系和推动陆海联动发展的方法和路径。

17. 袁家军、胡衡华会见欧盟国家驻华使节团

5月25日，市委书记袁家军，市委副书记、市长胡衡华会见了由欧盟驻华代表团团长、大使庹尧诲率领的欧盟国家驻华使节团。瑞典、芬兰、爱尔兰、意大利、奥地利、比利时、克罗地亚、塞浦路斯、丹麦、

法国、德国、拉脱维亚、马耳他、葡萄牙、罗马尼亚、斯洛伐克、西班牙17位欧盟成员国驻华大使，市领导罗蔺、张国智参加。袁家军、胡衡华代表市委、市政府向欧盟国家驻华使节团来渝访问表示欢迎，感谢各位使节关注重庆、推动与重庆的交流合作。袁家军说，今年是中欧建立全面战略伙伴关系20周年。中欧双方领导人就增进战略互信、深化务实合作等达成重要共识。重庆将积极践行习近平主席发出的全球发展倡议、全球安全倡议和全球文明倡议，落实双方领导人重要共识，为推动中欧关系发展、构建人类命运共同体贡献地方力量。重庆是中国中西部地区唯一的直辖市，历史底蕴深厚，城市山水环绕，生态环境优美，发展欣欣向荣。我们把高水平对外开放作为新重庆建设的重要抓手，积极推进中欧班列等开放通道建设，提升开放平台能级，发展开放型经济，加快建设内陆开放高地，更好在中国西部地区带头开放、带动开放。重庆与欧盟国家交往密切，合作成果丰硕。愿进一步增进交流沟通，在经贸、科技、人文等方面深化合作，实现互利共赢、共同发展。我们将积极支持欧盟各国在渝开展交流活动，积极为欧盟国家企业在渝发展提供优质服务。庹尧诲感谢重庆对欧盟使节团一行的热情接待和周到安排。瑞典驻华大使宋莲、芬兰驻华大使孟蓝、爱尔兰驻华大使安黛文、意大利驻华大使安博思分别发言。大家说，地方交流是促进中欧合作的重要渠道。重庆是一座在经济、工业、科技、交通等领域都非常重要的枢纽城市，欧盟各成员国高度重视和看好重庆未来发展。使节团愿积极推动与重庆的地方合作，建立完善沟通机制，持续推动与重庆在经贸、科技、教育、文化等各领域交流合作，特别是促进双方青年交流交往，不断增进了解，推动双方合作迈上新台阶、取得新成效。

18. 袁家军、胡衡华会见老挝人革党中央总书记、国家主席通伦

6月19日下午，中共中央政治局委员、重庆市委书记袁家军会见老挝人革党中央总书记、国家主席通伦一行。袁家军、胡衡华代表市委、市政府欢迎通伦总书记率团来渝。袁家军说，中老是山同脉、水同源的社会主义友好邻邦，有着"同志加兄弟"般的友好情谊。中方将同老方一道认真落实习近平总书记与通伦总书记达成的重要共识，共同构建高标准、高质量、高水平的中老命运共同体。重庆是中国最大的直辖市，在国家区域发展和对外开放格局中具有独特而重要的作用。当

前，重庆积极推动成渝地区双城经济圈建设，着力构建现代化产业体系，打造国家先进制造业中心，以产业集聚带动人口集聚和城市发展，以大城市带动山区库区高质量发展，巩固拓展脱贫攻坚成果助力乡村振兴。加快建设西部陆海新通道，充分发挥中老铁路黄金线路作用，积极发展跨境公路班车重庆至老挝陆运线，不断推动重庆与老挝及东盟各国在经贸、教育和人文交往等领域的合作取得显著成效。通伦总书记此访为深化重庆与老挝交流合作带来重大机遇，希望在共商共建共享西部陆海新通道、贸易往来、教育培训、展会等方面深化合作，深度融入中老经济走廊建设，为推动中老命运共同体建设贡献重庆力量。通伦感谢重庆的热情接待和周到安排。通伦表示，老中关系正处于历史最好时期，老方愿同中方一道，秉持"好邻居、好朋友、好同志、好伙伴"精神，共同推动老中全面战略合作伙伴关系、老中命运共同体不断向更深层次发展。他说，重庆是一座英雄之城。在中共中央领导下，重庆现代化建设不断取得新的成就，令人印象深刻。希望通过此访，加强与重庆的合作交流，借鉴在减贫、制造业发展、内陆开放等领域经验，更好推动老挝国家发展。更好发挥老中铁路作用，在农产品贸易、交通物流、旅游、教育培训等方面深化务实合作，欢迎更多重庆企业到老挝投资兴业。

19. 美中航空遗产基金会代表团访渝

11月1—2日，应中国人民对外友好协会邀请，美中航空遗产基金会主席格林，飞虎队老兵莫耶、麦克马伦一行30余人来渝参访。

20. 重庆再添友城，与老挝占巴塞省建立友好城市关系

11月22日，重庆市与老挝占巴塞省签署建立友好城市关系协议书。根据平等互利的原则，双方将在贸易投资、物流交通、文化旅游、农业、教育、卫生等方面开展多种形式的交流与合作，进一步增进中老两国人民的了解与友谊，巩固并发展两地友好合作，促进共同繁荣发展。

21. 重庆国际人才交流大会隆重开幕：才聚新重庆　共创新未来

12月16日上午，重庆国际人才交流大会隆重开幕。市委书记袁家军致辞并宣布开幕，全国人大常委会副委员长、民盟中央主席、欧美同学会会长丁仲礼出席开幕式并致辞。

第二节　成都国际交往大事记

2022年：

1. 王凤朝会见新加坡驻华大使吕德耀

1月10日，市委副书记、市长王凤朝在蓉会见了新加坡驻华大使吕德耀一行。王凤朝欢迎吕德耀率新加坡驻华馆长团来蓉访问，并从公园城市建设、对外开放通道、公共交通、金融科技、产城结合等多个领域介绍了成都经济发展和社会治理情况。他表示，成都正积极抢抓成渝地区双城经济圈建设、西部陆海新通道建设等战略机遇，与重庆共建西部金融中心、科技中心，加快建设践行新发展理念的公园城市示范区。期待成都与新加坡积极开展交流互鉴，加强在经贸、科技、人文、城市治理等领域的合作，携手推动世界城市文明发展。

吕德耀简要介绍了新加坡最新经济社会情况。他表示，《区域全面经济伙伴关系协定》（RCEP）的正式生效将极大推动中国与东盟国家的合作，数字经济、绿色经济将成为中新合作重要领域。成都是中国西部地区的中心城市，新加坡在东南亚地区也极具影响力，双方未来可在经贸金融、城市规划、绿色发展、社会治理等领域分享经验，加强合作，共同建设美好城市。

2. 林楠会见卢旺达驻华大使詹姆斯·基莫尼奥

1月13日，成都市副市长林楠在蓉会见了卢旺达驻华大使詹姆斯·基莫尼奥一行。林楠欢迎基莫尼奥来蓉访问，简要介绍成都经济社会发展最新情况，表示希望使馆协助推动成都与友好合作关系城市基加利的往来交流，欢迎卢旺达商务经贸机构企业与成都方进行线上对接，加强成都与卢旺达在经贸、人文、教育等领域的务实合作。

基莫尼奥高度赞扬中国共产党和中国政府在改革开放和国际合作方面做出的不懈努力和取得的巨大成就，表示希望挖掘成都与卢旺达的合作潜力，探讨双方在商贸、旅游、高等教育等领域的交流合作，欢迎成都企业到卢旺达考察投资。

3. "蓉港合作·对话成都医学城"成功举行

1月20日，市政府港澳办携手香港贸易发展局成都办事处在温江举办"蓉港合作·对话成都医学城"活动。

4. 2022 成都—在俄友城线上工作交流会成功举行

为进一步深化成都与俄罗斯地方政府务实合作，1月25日，成都—在俄友城线上工作交流会成功举行，此系成都首次邀请在俄6个友城政府外事部门通过线上视频会议形式进行云端对话。

5. "彩灯迎新春 烟火夜成都"外国领团活动成功举办

为充分呈现成都城市休闲文化特色，展示老成都、蜀都味、国际范儿的城市生活美学魅力和国际化社区"夜经济"活力，2月11日，四川省外事办公室、成都市外事办公室共同了举办了"彩灯迎新春 烟火夜成都"外国领团活动，邀请外国驻成都总领事及配偶、领馆官员代表深度探访"烟火里的幸福成都"市井生活百态和百姓幸福美好生活，感受美丽宜居公园城市的魅力。

6. 天府双塔亮灯，为中墨建交50周年献礼

中国与墨西哥于1972年2月14日建立外交关系。今年适逢中墨建交50周年，为体现两国友城之间的友好情谊，中国人民对外友好协会和墨西哥驻华大使馆共同发起组织15对中墨友好城市于2月14日同时举行庆祝建交亮灯仪式。

7. 2021年度成都建设践行新发展理念的公园城市示范区改革创新奖隆重举行

2月15日，在元宵佳节之际，2021年度成都市建设幸福美好生活十大工程突出贡献奖、建设践行新发展理念的公园城市示范区改革创新奖表彰颁奖典礼暨全市社区"爱成都·迎大运"、未来公园社区建设启动仪式活动在成都高新区交子公园隆重举行。

8. 西班牙驻成都总领事馆正式开馆

3月25日，西班牙驻成都总领事馆开馆仪式在成都举行。省委常委、副省长李云泽在开馆仪式上致辞，并与西班牙首任驻成都总领事洛佩兹（Eduardo Lopez Busquets）共同为总领事馆揭牌。西班牙驻华大使德斯卡亚（Rafael Dezcallar de Mazarredo）视频出席仪式并致辞。省政府副秘书长滕中平、省外事办主任崔志伟、副市长林楠、市政府外办主任姜斌，以及省商务厅、省文化和旅游厅、成都高新区管委会、四川航空和四川大学等单位相关负责人参加活动。

9. 市政府港澳办出席"川港合作·发现彭州"活动

3月25日，在省港澳办、市港澳办、市投促局的支持下，彭州市与香港特别行政区政府驻成都经济贸易办事处、四川省香港商会会员企业成都冠城集团、第一太平戴维斯、戴德梁行、仲量联行、四川英华莱恩文化发展有限公司，香港卫视等港企代表共同举办"川港合作·发现彭州"活动。

10. 成都参加泰国曼谷外事发展战略重新定位与五年外事战略计划研讨会

3月31日，由泰国曼谷市国际事务办公室主办的曼谷外事发展战略重新定位与五年外事战略计划研讨会在线上举行。市政府外办副主任欧玉松出席并发言。

11. 2022成都·欧洲文化季在蓉启幕

4月22日，由成都市人民政府外事办公室主办的"2022成都·欧洲文化季"在蓉正式开幕。

12. 成都为庆祝中斯建交30周年举行亮灯仪式

为庆祝中斯建交30周年，深化成都与卢布尔雅那友谊，由四川省人民对外友好协会、成都市人民政府外事办公室共同主办，成都高新区管委会承办的"庆祝中国和斯洛文尼亚建交30周年亮灯仪式"于5月10日晚8时在成都金融城天府双塔举行。

13. "蓉欧产业对话"中国（成都）—欧洲城市市长酒业论坛在蓉举行

5月11日，由成都市人民政府外事办公室、邛崃市人民政府主办的"蓉欧产业对话"2022年首场活动——"中国（成都）—欧洲城市市长酒业论坛"在成都举行。市人大常委会党组副书记、副主任苟正礼出席并致辞。

14. 2022"梦想在前方，祖国在心中"成都市领事保护宣传活动正式启动

6月17日，在外交部领事司指导下，由成都市人民政府外事办公室主办，四川师范大学和成都市广播电视台协办的2022"梦想在前方，祖国在心中"成都市领事保护宣传活动在四川师范大学举行启动仪式。外交部领事司副司长张洋，市政府外办主任姜斌、副主任吴志娟，以及来

自四川师范大学、西南交通大学、西南财经大学、成都理工大学、成都石室中学、成都树德中学、成都市锦江区嘉祥外国语高级中学、成都金苹果锦城第一中学、天府中学、成都市青少年宫 10 所在蓉学校和单位的相关负责人及师生代表参加。

15. 中泰（四川）生态农业产业园落户都江堰市

7 月 28 日，中泰（四川）生态农业产业园在都江堰正式开园。作为 2022 年川渝地区与澜湄地区合作的首发项目，将更好地服务中国与湄公河国家友好合作和助力西部开放发展新高地建设。

16. 成都成功当选世界城地组织世界理事会和执行局成员城市

10 月 10—14 日，世界城市和地方政府联合组织（UCLG）第七届换届大会在韩国大田举行。成都工作组在线参会，经积极争取，成都成功连任该组织 2022—2025 届世界理事会和执行局成员城市。

17. 首条"蓉欧非"铁海多式联运线路开通

10 月 15 日，"蓉欧非"铁海多式联运首发仪式在成都青白江举行。"蓉欧非"铁海联运线路是首条连接成都与非洲多式联运线路，也是中国第一条利用中欧班列和海运连通非洲的贸易和物流通道。首发货物将搭乘中欧班列（成都）途经德国汉堡，再经汉堡港海运运输至非洲摩洛哥卡萨布兰卡港，全程运输时效预计 35 天。

18. 成都出席第五届东北亚市长论坛

12 月 8 日，由蒙古国首都乌兰巴托主办的第五届东北亚市长论坛成功举行。本次论坛主题为"大都市分散和减少交通拥堵的策略：解决方案和融资机会"。共有来自中国、俄罗斯、韩国、日本、蒙古国五个国家的 23 个省市、驻蒙使馆及国际组织等 90 余位嘉宾及专家线上、线下出席了会议。

19. 成都出席第二届澜湄国家历史文化名城对话会

12 月 14 日，由中国人民对外友好协会主办的第二届澜湄国家历史文化名城对话会成功举行。本次活动主题为"合作共赢　共同发展"。中国人民对外友好协会副会长李希奎、泰国驻华大使阿塔育·习萨目等致辞。共有来自中国、缅甸、老挝、泰国、柬埔寨、越南六个国家的 15 个地区（机构）及河南省、四川省人民对外友好协会代表等出席了线上会议。

20. 阿根廷获批在成都设立总领事馆

12月22日，中国政府与阿根廷共和国就阿根廷在成都设立领事机构达成协议，同意阿根廷在成都设立总领事馆，领区范围为四川省、重庆市、贵州省、云南省和陕西省。这是阿根廷继上海、广州之后在中国内地设立的第三家总领事馆。

2023年：

1. 2023中国—东盟青年交流周在蓉启幕

3月14日，由成都市人民政府与国际组织"中国—东盟中心"共同主办，成都市人民政府外事办公室与成都大学承办的"2023中国—东盟青年交流周"在蓉正式开幕。

2. "2023成都·欧洲文化季"在蓉启幕

5月18日，由成都市人民政府外事办公室主办的"2023成都·欧洲文化季"以一场别开生面的音乐会拉开序幕。

3. 成都市与塔吉克斯坦首都杜尚别市建立友好合作关系

中国—中亚峰会5月18—19日在陕西省西安市举行。峰会期间，5月18日，在两国元首现场见证下，成都市与塔吉克斯坦首都杜尚别市完成建立友好合作关系相关协议签署，将继续携手谱写两市交流新篇章，为两国人民友好做出更大贡献。

4. 第三十一届世界大学生夏季运动会在成都隆重开幕，习近平出席开幕式并宣布本届大运会开幕

7月28日晚，共享大运盛会，共谱青春华章。第三十一届世界大学生夏季运动会在四川省成都市隆重开幕。国家主席习近平出席开幕式并宣布本届大运会开幕。

5. 成都市与乌兹别克斯坦费尔干纳州建立友好合作关系

9月6日，成都市与乌兹别克斯坦费尔干纳州签署建立友好合作关系谅解备忘录。市委副书记、市长王凤朝与费尔干纳州州长博扎罗夫代表双方签约，并就共同促进两地各领域友好合作达成共识。乌兹别克斯坦驻华大使阿尔济约耶夫、市政协副主席吴凯参加了签署仪式。

第三节　西安国际交往大事记

2022 年：

1. 汉语为桥，共筑未来——西安—世界城地组织亚太区中文培训项目顺利开班

4 月 8 日，由世界城地组织亚太区、西安市外办与西安开放大学联合主办的世界城地组织亚太区中文培训项目正式开班。本次培训以"汉语为桥，共筑未来"为主题，依托西安市优质教育和文化资源，为全球中文爱好者搭建进一步走进中文世界、感受中华文化魅力的平台和合作交流、互学互鉴的桥梁，为推动构建人类命运共同体贡献西安力量。截至目前，已有 171 名来自英国、俄罗斯、泰国、韩国、菲律宾、印度尼西亚等 14 个国家的 20 座城市的政府公务员、教师及企业人员注册参加。

2. 中格建交 30 年，西安与库塔伊西结缘

5 月 6 日，西安市与格鲁吉亚库塔伊西市举办发展友好城市关系意向书线上签约仪式，西安市市长李明远、库塔伊西市市长约瑟夫·哈哈莱什维利代表两市签约并致辞。格鲁吉亚驻华大使阿尔赤·卡岚第亚出席并主持签约仪式，库塔伊西市对外关系与国际项目部主任莎尔娜·胡卡、西安市政府办公厅主任王建东、市外办主任强盛参加仪式。

3. 西安与波哥大友谊再续新篇——两市举办文物考古领域线上交流活动

5 月 17 日，由西安市外办和波哥大市政府外事部门牵头组织的西安与波哥大文物考古领域经验交流视频会议圆满举行。波哥大是西安市 63 个友好交流城市中交往活跃的城市之一。此次会议，西安市文物局及波哥大市政府文娱体育部协调两市知名专家学者及专业人士开展主题交流。共有来自文物、考古、文化、外事领域的行政人员、专家、学者 20 余人参会，哥伦比亚驻华大使馆派员在线参会。

4. 西安首次承办：2022 年世界城地组织亚太区第一次执行局会议开幕

2022 年 6 月 10 日上午 9 时 30 分，由中国人民对外友好协会、西安

市人民政府、世界城地组织亚太区联合举办的世界城地组织亚太区执行局会议以线上线下结合的方式在西安召开。这是西安市首次承办世界城地组织机制性会议。本届执行局会议的主题是"共建强劲、绿色、健康的未来城市"。共有来自中国、韩国、菲律宾、印度尼西亚、尼泊尔、新西兰等17个国家70个会员城市的120多位地方和区域领导人参会。

5. 地方政府"慧"聚西安 落实全球发展倡议——世界城地组织亚太区执行局会议全体大会顺利召开

6月10日上午，2022年世界城地组织亚太区执行局会议全体大会以线上线下相结合的形式在西安举办。全国对外友协、世界城地组织亚太区领导人和会员城市代表共120余人线上参会；西安市领导，陕西省外办领导，西安市各区县、开发区代表和相关领域专家学者约50人线下参会。6月10日下午，世界城地组织亚太区旅游委员会第一届会员大会在西安顺利召开。此次会议以线上线下相结合的形式举办，全国对外友协、文化和旅游部、世界城地组织亚太区的领导和代表，以及旅游委员会会员城市代表等来自8个国家48个城市的81名嘉宾相聚云端；西安市领导，陕西省友协领导，西安市各区县、开发区代表及相关领域专家学者约50位嘉宾齐聚线下，见证组织发展迈入崭新阶段，共话未来合作发展新蓝图。

6. 西安国际友城的精彩联动：走读西安——发现不一YOUNG古城之美主题沙龙活动成功举办

6月22日晚，由西安市委宣传部、西安市政府新闻办主办，西安市委外办协办，新华社新闻信息中心、大明宫国家遗址公园承办的"走读西安——发现不一YOUNG古城之美"主题沙龙在西安大明宫丹凤门遗址博物馆成功举办。西安市国际友城日本奈良、意大利庞贝、比利时布鲁塞尔、巴基斯坦拉合尔等通过线上视频方式参与活动。

7. 21国外媒记者西安行：2022"一带一路"媒体合作论坛外媒记者团参访西安

8月9日，人民日报社、陕西省委、省政府主办，陕西省委宣传部承办的2022"一带一路"媒体合作论坛在西安成功举办。8月10日，由来自欧亚、阿拉伯、拉美和加勒比新闻交流中心的21个国家26名记者组成的参访团深入国际港务区中国铁路西安局有限公司、西安铁路职业技术学院、爱菊集团等地，实地感受西安市积极融入"一带一路"建设的新实践、新成就、新经验。

8. 西安浐灞生态区暨西安领事馆区投资环境推介会召开

8月13日，西安浐灞生态区暨西安领事馆区投资环境推介会召开，现场签约项目涉及医疗卫生、现代商贸、文化旅游和数字经济等多个产业类别，共签约重点招商项目14个，总投资138.5亿元。本次活动由陕西省人民政府外事办公室、西安市商务局、西安市投资合作局指导，西安市人民政府外事办公室、西安浐灞生态区管理委员会主办，活动邀请到柬埔寨、泰国、马来西亚驻西安总领事，韩国驻西安副总领事，以及香港特别行政区政府驻陕西联络处代表参加。推介会向参会的企业代表和涉外机构推介了西安领事馆区、区域投资环境及重点产业，并举行了重点项目集中签约、电商产业园揭牌暨首批电商企业入园仪式。

9. 在西安遇见世界：西安国际友城展亮相第六届丝博会

8月14—18日，西安国际友城展在第六届丝博会框架下于西安国际会展中心国际馆举办。

10. 西安市受邀参加第十三届中国伊朗两国友协年会暨中伊友好省市对话会

8月23日，由中国人民对外友好协会、中国伊朗友好协会、伊朗中国友好协会主办的第十三届中国伊朗两国友协年会暨中伊友好省市对话会在线上召开。本次会议以"合作共赢　共同发展——面向未来的中伊全面战略伙伴关系"为主题，下设人文交流与民心相通、友城合作与共同发展两个议题，旨在促进中伊民间交流与友城合作。

11. 六国青年共话未来：中国—中亚民间友好论坛教育和青年交流分论坛成功举办

9月27日，中国—中亚民间友好论坛教育和青年交流分论坛在西安国际会议中心成功举办。该论坛由中国人民对外友好协会和陕西省人民政府主办、西安市人民政府承办。来自境内外代表约50人以线上或线下方式参会。外交部欧亚司参赞张卫、塔吉克斯坦驻华大使馆公使衔参赞乌马丽永·古丽其热、全国妇联联络部一级巡视员赵红菊、中国民间组织国际交流促进会二级巡视员王琳以及西安市政府、陕西省人民对外友好协会、陕西省教育厅等单位领导，长安大学、西北大学、西安石油大学、西安外国语大学和陕西中医药大学等高校领导出席。还有20余名留学陕西的中亚留学生代表以及在中亚留学的中国留学生代表参加了论坛。

12. 再次连任：第18届世界历史都市联盟会议召开，西安市连任副主席城市

11月14—16日，第18届世界历史都市联盟会议以"线上+线下"形式在韩国安东市召开，西安市作为联盟副主席城市受邀线上参会。14日举办"历史都市再生实践"主题圆桌会，中国西安市、都江堰市，韩国安东市、庆州市，伊朗德黑兰市、希腊科林斯市参会。

13. 分享治理经验：西安市参加第三届中拉地方政府合作论坛

11月18日，由中国人民对外友好协会主办的第三届中拉地方政府合作论坛以线上形式举办。拉美及加勒比国家驻华使节与地方政府负责人、国内部分省市代表在线参会交流。

14. "云上"共议：西安市参加第11届东亚地方政府会议

11月23—25日，第11届东亚地方政府会议以线上线下相结合的形式在印度尼西亚西爪哇省召开。来自中、日、韩、印尼、马来西亚、越南、菲律宾等国32个地方政府共襄盛举、深化交流，西安市受邀线上参会。

2023年：

1. 西安—阿斯塔纳国际航线首航仪式举行，叶牛平出席并致辞

4月21日，西安—阿斯塔纳国际航线首航仪式在西安举行。省政府副省长、西安市代市长叶牛平出席仪式并致辞。

2. 元首见证：西安的中亚新朋友——西安市与哈萨克斯坦奇姆肯特市建立友好城市关系

中国—中亚峰会于5月18—19日在西安市举行。本次峰会是今年中国首场重大主场外交活动，也是中国同中亚五国建交31年来，六国元首首次以实体形式举办峰会，在中国同中亚国家关系发展史上具有里程碑意义。

3. 庆祝共建"一带一路"倡议 10 周年暨中柬建交 65 周年纪念活动成功举办

11 月 17 日，庆祝共建"一带一路"倡议 10 周年暨中柬建交 65 周年纪念活动在西安浐灞丝路国际文化艺术中心举行。

第四节　郑州国际交往大事记

2022 年：

1. 郑州市与国际友城里士满市参加《上海公报》发表 50 周年纪念大会

2 月 28 日，中国人民对外友好协会、中国人民外交学会和上海市人民政府共同在《上海公报》发表地上海锦江饭店举办了《上海公报》发表 50 周年纪念大会，中共中央政治局委员、上海市委书记李强出席大会开幕式并致辞，国务委员兼外长王毅向大会发表视频讲话，中国人民对外友好协会会长林松添、中国驻美国大使秦刚及美国前国务卿基辛格等出席开幕式并致辞。

2. 郑州市轨道交通导向标识系统译写标准立项工作推进会召开

为完善地方标准体系，发挥地方标准在促进郑州公共场所外语标识建设中的规范、引领和支撑作用，3 月 10 日，市委外办、市市场监管局联合召开了郑州市轨道交通导向标识系统译写标准立项工作推进会，对市轨道交通导向标识系统译写标准进行立项申请的必要性、可行性以及实施步骤进行交流探讨。译写标准的起草方郑州航空工业管理学院、郑州地铁集团有限公司参加会议。

3. 郑州市当选世界城地组织亚太区 21 世纪海上合作委员会理事会成员单位

5 月 17 日，由中国人民对外友好协会和福州市人民政府共同主办的，世界城地组织亚太区 21 世纪海上合作委员会第二次全体会员大会暨"智慧海洋"主题论坛在线上召开。大会通过了委员会《章程》（修订版），选举产生了新一届委员会主席、联合主席和秘书长，成立了委员会理事会。郑州市被推选为理事会成员单位，市政府外办主任潘新红应邀参会并作为理事会成员单位代表发言，表示愿以此为契机，发挥郑州"四条丝绸之路"优势,加强与东盟各国、各会员城市、沿海城市的务实合作,实现互利共赢、共同发展。

4. 郑州市参加世界城地组织亚太区 2022 年执行局会议

世界城市和地方政府联合组织亚太区 2022 年执行局会议于 6 月 9—10 日以视频方式成功召开。本次会议由中国人民对外友好协会和西安市共同举办,主题是"共建强劲、绿色、健康的未来城市"。会议期间,分别举行了亚太区各委员会会议、全体会议、执行局法定会议等,取得了丰硕成果。郑州市是亚太区联合主席城市和亚太区理事会、执行局成员。

5. 郑州市参加中韩建交 30 周年纪念暨 2022 大韩民国国庆招待会

2022 年是中韩建交 30 周年和中韩文化交流年,应大韩民国驻武汉总领事馆邀请,郑州市政府外办三级调研员、市友协会长崔萍代表郑州市参加了 8 月 24 日晚在武汉举办的"中韩建交 30 周年纪念暨 2022 大韩民国国庆招待会"。

6. 郑州市及友城萨马拉市应邀参加 2022 金砖国家友好城市暨地方政府合作论坛

9 月 20 日下午,由中国人民对外友好协会、中国国际友好城市联合会、福建省人民政府共同主办的 2022 金砖国家友好城市暨地方政府合作论坛成功举行。本次论坛共有来自金砖五国 123 个省市政府、8 个友好组织代表、有关国家驻华使节及各界代表等约 250 人以线上或线下方式参会。论坛围绕"团结合作 共同发展"主题进行深入探讨,为携手应对全球挑战、共创金砖合作美好未来建言献策,彰显了金砖国家的团结合作,向世界发出了维护和平稳定、促进共同发展的积极信号。

7. 2022 年第五届中国—中亚民间友好论坛举行

9 月 27 日下午,由中国人民对外友好协会、陕西省人民政府共同主办的 2022 年第五届中国—中亚民间友好论坛以线上线下方式成功举行,共有来自中国和中亚五国 22 个省市政府、8 个友好组织代表、有关国家驻华使节及各界代表等约 300 人参会。论坛围绕"赓续传统友谊,深化民间合作"主题,致力于赓续传统友谊,不断深化中国与中亚国家民间友好关系,推动构建更加紧密的中国—中亚命运共同体。

8. 郑州市参加 2022 年世界城地组织亚太区理事会会议

2022 年 10 月 10 日,世界城地组织亚太区理事会会议在韩国大田市以线上线下相结合的方式成功举行，郑州市以视频方式参会。

2023年：

1. 郑州市援助巴基斯坦友城物资启运

2月11日，郑州市援助巴基斯坦友城价值20万元人民币的清真食品从郑州天方集团启运。

2. 中美大豆产品应用价值链创新中心落地郑州

4月12日，中美大豆产品应用价值链创新中心揭牌仪式在郑州举行。省委副书记周霁、美国大豆出口协会董事会秘书多恩·希艾尔、中国驻美国使馆公使井泉、美国驻华大使馆公使衔农业参赞罗伯特·汉森、美国驻武汉总领事蓝如瑾、河南工业大学党委书记刘志军出席活动并先后致辞。

第五节　武汉国际交往大事记

2022年：

1. 武汉与英国友城曼彻斯特共同举办"海绵城市数字化"线上研讨会

为进一步加强中英地方政府在气候变化领域的交流与合作，2月22日，武汉市与英国驻汉总领馆、英国友城曼彻斯特市议会共同举办"武汉—曼彻斯特海绵城市数字化线上研讨会"。来自武汉市、英国曼彻斯特市以及波兰、西班牙、法国、意大利、克罗地亚等国地方政府部门、高校和机构代表30余人，围绕海绵城市建设，充分交流研讨，互学互鉴，希望共同促进人与自然和谐共生，大力发展城市绿色生态。

2. "湖北—挪威西福尔泰勒玛克郡绿色共建友好合作视频会议"成功举办

为贯彻落实中国与挪威两国领导人关于绿色发展的倡议，推动湖北（武汉）生态和环境领域国际交流合作，3月1日，武汉外办配合省委外办，成功举办"湖北—挪威西福尔泰勒玛克郡绿色共建友好合作视频会议"。

3. 武汉曼城"氢"力合作　中英交往再续新篇——中英氢能合作论坛成功举办

4月28日，为纪念中英建立大使级外交关系50周年，中英氢能合作论坛（UK-China Hydrogen Energy Cooperation Forum）在武汉和英国曼彻斯特以视频连线方式隆重启幕。

4. 武汉市线上出席"一带一路"地方合作委员会议讲述绿色发展故事

6月9日下午，"一带一路"地方合作委员会2022年度会议暨"城市低碳发展故事"专题会议在线召开。世界城市和地方政府联合组织亚太区主席阿肖克·拜安居、中国人民对外友好协会副会长鄢东以视频方式出席会议并致辞。世界城地组织亚太区秘书长博纳蒂娅·坦德拉德威、"一带一路"地方合作委员会秘书长金恒、C40中国传播与战略合作高级经理周爽等出席会议。市人民对外友好协会专职副会长王祥胜、市园林和林业局总工程师郑忠明代表武汉市出席会议并发言。

5. 中国—墨西哥工商界对话会在汉举行

为庆祝中国和墨西哥建交50周年，积极探讨中墨务实合作前景，推动两国地方经贸关系发展，6月23日上午，由中联部中国经济联络中心、湖北省委外办和中国墨西哥商会共同主办的"中国—墨西哥工商界对话会"以视频会议方式成功举行。中联部副部长沈蓓莉、湖北省委副书记李荣灿、墨西哥众议院墨中议会友好小组主席严迪克儿·波列文斯基、墨西哥下加利福尼亚州州长阿维拉线上出席会议并致辞。

6. 百城共画同心圆　友城合作新时代——长江中游城市群国际友城合作论坛成功召开

为推动长江中游城市群一体化国际合作，服务长江经济带发展，6月29日下午，长江中游城市群国际友城合作论坛以线上方式召开。围绕论坛主题"共建新格局，共享新机遇，共创新未来"，来自20个国家近百个中外城市的政府部门代表展开云端交流，共同启动"长江中游城市群国际友城互联平台"，并发布《长江中游城市群国际友城合作倡议书》。

7. 第27届国际中韩武术文化交流大会开赛

8月6日，2022年第27届国际中韩武术文化交流大会成功举办。来自武汉的三支青少年队伍，和来自黑龙江大庆以及武汉友城清州的武术爱好者，共聚云端，切磋技艺。

8. 庆祝中韩建交 30 周年暨韩国国庆招待会在汉举行

今年是中韩建交 30 周年，8 月 24 日晚，韩国驻武汉总领事馆在汉举办"中韩建交 30 周年暨 2022 大韩民国国庆招待会"。

9. "纪念中新建交 50 周年暨路易·艾黎诞辰 125 周年"湖北—新西兰周在武汉市开幕

为纪念中国—新西兰建交 50 周年以及新西兰国际友人路易·艾黎诞辰 125 周年，11 月 14 日，"湖北—新西兰周"系列活动在武汉市举办。湖北省人民政府副省长赵海山出席开幕式，外交部、中国人民对外友好协会、湖北省与新西兰友城相关城市领导、新西兰驻华大使、中国驻新西兰克赖斯特彻奇总领事等，分别以线上线下相结合的形式参加活动。

10. 武汉市线上出席中国—阿根廷中部省份交流合作推介会

为庆祝中国与阿根廷建交 50 周年暨"中国—阿根廷友好合作年"，12 月 15 日上午，湖北省、湖南省、江西省与阿根廷中部的科尔多瓦、圣菲、河间三省以视频连线的方式共同举办中国—阿根廷中部省份交流合作推介会。中国驻阿根廷大使馆公参孙怡、阿根廷中部三省轮值主席、科尔多瓦省政府区域一体化厅厅长豪尔赫·蒙托亚、湖北省外办主任章笑梅、湖南省外办副主任杨琦、江西省外办副主任李雨强、武汉市外办主任段晓明以及阿根廷中部三省、阿根廷驻华大使馆相关代表线上出席会议。会上，中国、阿根廷中部省份分别介绍了各自的经济、社会发展情况，并共同签署了《中国—阿根廷中部省份友好交流与合作倡议书》。

2023 年：

1. 第十二届中国国际服务外包交易博览会在汉举行

3 月 21—23 日，第十二届中国国际服务外包交易博览会在汉举行。大会围绕"数字新机遇 外包新未来"主题，共举办 14 场活动，全方位、多层次、立体化展示中国服务外包发展成就。相关高校及服务外包企业共同发布服务外包产业促进大学生就业倡议。

2. 南南合作机构聚首江城，热议落实全球发展倡议

3月22日，"南南合作与全球发展倡议研讨会暨中国南南合作网第二十七届年会"在汉成功举办，中国国际投资促进会、联合国南南合作办公室、联合国工业发展组织、中国国际经济技术交流中心、中国南南合作网成员单位及相关合作伙伴出席会议。会上，参会嘉宾共同分享南南合作成果、交流全球发展倡议及有效开展以技术转移为主要内容的服务贸易等议题，探讨如何广泛深入地参与南南合作，以实际行动践行全球发展倡议。

3. 第七届中俄蒙三国旅游部长会议暨"万里茶道"文化旅游推广活动在汉举行

10月10日，第七届中俄蒙三国旅游部长会议在汉举行，中国文化和旅游部副部长杜江、俄罗斯联邦经济发展部副部长瓦赫鲁科夫、蒙古国自然环境与旅游部副部长钢巴特尔以及中俄蒙三国旅游部门和相关协会代表出席会议。三方共同签署了《第七届中俄蒙三国旅游部长会议纪要》《中俄蒙建设和推进"万里茶道"跨境旅游线路联合行动方案》。

第六节 南宁国际交往大事记

2022年：

1. 借"南宁渠道"东风，让桂品走进东盟

3月28日，马来西亚、泰国、越南三国驻南宁总领事首次"触网"直播，开展"总领事三月三线上直播带货活动"，不仅向国内受众分享了"东盟好物"，还向东南亚国家群众推介广西名优特产。本次活动旨在发挥"南宁渠道"优势，抢抓RCEP生效机遇，促进"买东盟满足国内，买国内服务东盟"，助力南宁市建设国际消费中心城市。

2. 中国南宁至老挝万象国际货运新通道成功开辟，广西首趟中老国际货运列车从南宁出发

4月2日上午11时，南宁国际铁路港，一声清脆的鸣笛声划破天空，伴随着"可以开行"指令的下达，广西首趟中老铁路（中国南宁—老挝万象）国际货运列车在人们期盼的目光中缓缓开出。车上装载着南宁企业自主生产的工业制品，将经过3天旅程后抵达老挝首都万象，并由中

国外运老挝公司提供海外服务，从老挝万象南站直接配送至万象市赛色塔县索诺村。这标志着中国南宁至老挝万象的国际货运新通道成功开辟。

3. 助力对外开放，促进广泛合作——南宁市 RCEP 商协会联络机制成立

2022 年 3 月 31 日，南宁市 RCEP 商协会联络机制成立，旨在建立南宁市同 RCEP 成员国商协会沟通联系渠道，通过统筹整合各部门以及 RCEP 成员国商协会信息渠道、平台资源和人脉资源，持续深化拓展南宁市与 RCEP 成员国在贸易、服务、投资等领域的交流与合作，推动南宁市开放型经济健康快速发展，更好地融入国内国际双循环。

4. 从南宁国际铁路港开往哈萨克斯坦阿拉木图，广西首趟白糖中欧班列"甜蜜"出发

5 月 15 日，搭载 2600 吨白糖的中欧班列从南宁国际铁路港驶出，途经阿拉山口出境前往哈萨克斯坦阿拉木图。这是广西发出的首趟整列食品出口中欧班列，标志着跨境运输整车出口货物再添新品类。

5. 南宁—印度尼西亚雅加达货运航线开通

7 月 6 日，由广西九天航空服务有限公司运营，马来西亚瑞亚航空执飞的一架 B767-200F 全货机满载货物从南宁机场顺利起飞，前往印度尼西亚首都雅加达，标志着南宁—雅加达货运航线正式开通。这是南宁与印度尼西亚之间的第一条航空货运航线，也是南宁与东盟国家之间的第 12 条航空货运航线。该航线开通后，南宁吴圩机场国际航空货运航线基本覆盖了东盟主要国家。

6. 第十二届泛北部湾经济合作暨 2022 北部湾国际门户港合作论坛 7 月 8 日在南宁举行

2022 北部湾国际门户港合作论坛 7 月 8 日在南宁举行，论坛以线上线下相结合的会议形式召开，围绕"共享 RCEP 新机遇，共建陆海新通道，共赢泛北新未来"主题展开讨论；围绕抢抓 RCEP 生效实施机遇、国际门户港等主题，发布系列合作、重大项目建设成果等。

7. 中国—东盟矿业合作论坛暨推介展示会于 7 月 20—22 日在南宁举办。

8. 第 3 届中国—东盟大法官论坛在南宁举行

7 月 20 日，以"共建 21 世纪海上丝绸之路　建设高水平司法合作平

台"为主题的第 3 届中国—东盟大法官论坛在南宁举行。

9. 南宁市与越南北江市签署建立友好城市关系意向书

8 月 24 日,南宁市与越南北江市举行跨境产业链合作视频会晤暨建立友好城市关系意向书签署仪式。

10. 2022 中国—东盟视听传播论坛在南宁举办

9 月 7 日,第四届中国—东盟视听周系列活动之一的 2022 中国—东盟视听传播论坛在南宁举办。本次论坛由国家广播电视总局、柬埔寨新闻部、自治区人民政府主办,自治区广播电视局、经济日报社新闻发展中心承办。

11. "健康丝绸之路"建设暨第四届中国—东盟卫生合作论坛于 9 月 14—16 日在南宁召开。

12. 9 月 16—18 日,第 19 届东博会期间,首届中国—东盟和平利用核技术论坛在南宁举办。

13. 广西南宁机场新增四条东盟客运航线

春秋航空市场总监王志刚于 11 月 17 日在南宁介绍,看中南宁市临近东盟的优势,该公司本月加大在南宁的运力投放,新开南宁飞吉隆坡、金边、曼谷、新加坡 4 条境外航线,覆盖马来西亚、柬埔寨、泰国等东南亚主要目的地国家。

14. 中国—东盟建筑业合作与发展论坛、2022 中国—东盟建筑业暨高品质人居环境博览会于 11 月 25—27 日在南宁国际会展中心举办。

15. 中国—东盟建筑业合作与发展论坛、2022 中国—东盟建筑业暨高品质人居环境博览会在南宁开幕

11 月 25 日,以"共享 RCEP 新机遇,共创建筑行业新未来"为主题的中国—东盟建筑业合作与发展论坛、2022 中国—东盟建筑业暨高品质人居环境博览会在南宁开幕。

16. 中国—东盟双碳城市发展论坛在南宁举行 多家企业签下合作协议总额超 100 亿元

在碳达峰碳中和的"双碳"目标下,如何通过技术创新、政策创新、制度创新,科学系统破解城市发展难题?11 月 25 日,2022 中国—东盟"双碳"城市发展论坛在南宁举办。区内外专家学者围绕"'双碳'城市协同创新,共推 RCEP 合作共赢"主题建言献策。

17. RCEP 国际博览中心在南宁挂牌

12月8日，RCEP 国际博览中心在中国—东盟特色商品汇聚中心挂牌。中国—东盟博览会秘书处负责人表示，设立 RCEP 国际博览中心，是中国—东盟博览会升级发展的创新之举，也是将东博会平台功能从服务"10+1"向服务 RCEP 拓展的重要举措。

18. 中国—东盟应急管理合作论坛在南宁举行

为落实习近平主席在中国—东盟建立对话关系30周年纪念峰会上发表的重要讲话精神，落实中国—东盟灾害管理部长级会议有关共识，中国—东盟应急管理合作论坛将于12月9日在南宁举行。

19. 第十三届中国—东盟智库战略对话论坛在南宁举行

12月15日，第十三届中国—东盟智库战略对话论坛在广西南宁线上线下举行。200余名中外嘉宾参加本届论坛，围绕 RCEP 背景下的中国—东盟合作新机遇新未来的各项议题，分享智慧、建言献策、凝聚共识。

20. 2022 中国—东盟多式联运发展论坛在南宁举行

12月20日，2022 中国—东盟多式联运发展论坛在南宁举行。论坛以"共建中国—东盟多式联运联盟，助力陆海新通道高质量发展"为主题，以期在中国和东盟之间乃至 RCEP 框架下，依托陆海新通道建设，畅通国际多式联运标准规则和信息交互，搭建机制化开放性市场化合作平台。

2023 年：

1. 第18届中国—东盟文化论坛在南宁举行

6月19日，由中国文化和旅游部、广西壮族自治区人民政府共同主办的第18届中国—东盟文化论坛在广西南宁举行。来自中国和东盟国家以及相关国际机构的嘉宾就"智慧图书馆建设助推全民阅读""图书馆古籍的修复、保护与阅读推广""深化与拓展中国—东盟国际图书馆及图书出版合作"等议题展开深入交流，共谋图书馆与图书出版领域深度合作新愿景。

2. 首届中国—东盟人工智能合作论坛在南宁举行

7月13日下午，由中国科技部、广西壮族自治区人民政府联合主办的首届中国—东盟人工智能合作论坛在南宁举行。论坛以"科技向善 智惠东盟"为主题，聚焦人工智能技术和产业，共话发展前景，把握未来趋势，助力中国与东盟国家人工智能领域的交流合作迈上新台阶。

3. 中国—东盟跨境供应链创新发展论坛在南宁举行

8月10日，第20届中国—东盟商务与投资峰会框架下的中国—东盟跨境供应链创新发展论坛在南宁举行。本次论坛以"新格局，新机遇，新模式"为主题，围绕中国和东盟跨境供应链产业链、多式联运、通关便利化、金融及数字化赋能等热点议题展开探讨交流，共同助力中国—东盟跨境供应链建设。

4. 第20届中国—东盟博览会签约项目总投资额超4800亿元

第20届中国—东盟博览会签约仪式9月17日在广西南宁举行。本届东博会共组织签订投资合作项目470个，总投资额4873亿元，其中制造业投资占比超过65%，活动场次、项目数量、投资总额和制造业投资占比均创历届新高。

第七节　昆明国际交往大事记

2022年：

1. 昆明安宁市与老挝勐赛县、五华区与越南沙巴市建立友好交流城市关系

3月28日，安宁市与老挝乌多姆赛省勐赛县以交换签方式正式签署了发展友好城市关系意向书；8月8日，五华区区长与越南老街省沙巴市人委会主席王征国以线上视频形式签署发展友好城市关系意向书。昆明县区国际"朋友圈"不断提质扩容，助力推动昆明市面向东南亚的友城交流与合作进一步走深走实。

2. 《中华人民共和国昆明市与哥伦比亚共和国亚美尼亚市发展友城关系意向书》线上签署仪式

3月30日，举行了哥伦比亚驻华使馆、中国驻哥伦比亚使馆、昆明市、亚美尼亚市以及哥伦比亚外交部官员参加的《昆明市与亚美尼亚市签署发展友城关系意向书》线上签署仪式。（该意向书由两市市长于2021年10月28日完成邮签）

3. 举办庆祝中日邦交正常化50周年系列活动

4月至10月，配合全国友协，以"友好城市　共享未来"为主题，

与藤泽市开展青少年线上交流系列活动，包括开展 Vlog 短视频征集活动，组织昆明市西南联大研究院附属中学和藤泽市多所院校学生代表开展线上视频交流会等。同时，推动日本友城藤泽市六会中学与昆明长春小学以音乐会友为主题，通过制作并交换视频，开展交流。

4. 第十一届中国—南亚国际文化论坛

2022 年在昆明市成功举办第十一届中国—南亚国际文化论坛系列活动。4 月 28 日，以"凝聚发展合力，共筑和平愿景"为主题举办"青年沙龙"活动，中国人民对外友好协会会长林松添、云南省人大常委会副主任罗红江、巴基斯坦驻华大使莫因·哈克、斯里兰卡驻华大使馆临时代办尤格纳丹出席并致辞。12 月 6 日，以"文明多样性和东方智慧"为主题举办"人文智库对话会"，全国对外友协副会长李希奎、云南省副省长王浩、巴基斯坦驻华大使莫因·哈克、中国驻孟加拉国大使李极明、斯里兰卡中国社会文化合作协会主席阿贝·萨克拉，就"文明多样性和东方智慧"发表致辞。

5. 世界城地组织各项活动和会议

6 月 10 日，昆明市受邀线上出席 2022 年世界城地组织第一次执行局会议，副市长赵波代表昆明市政府介绍"绿色发展"的经验做法。10 月 10—14 日，在韩国大田市召开的世界城地组织世界理事大会上，昆明市当选 2023—2025 年世界城地组织世界理事会成员，世界城地组织已成为开展城市外交、发展地方政府多边合作领域的重要尝试和平台。

6. 开展昆明市对老突发公共卫生事件应急管理与新冠诊疗培训项目

7 月 5—8 日，结合老挝国内疫情实际，组织万象市和琅勃拉邦市卫生健康相关部门负责人，以线上形式开展"昆明友城云课堂——突发公共卫生事件应急管理与新冠诊疗培训班"，加强公共卫生领域经验交流和分享。万象市和琅勃拉邦市的 31 名卫生健康系统负责人及一线专业技术人员、当地防疫一线工作人员参加培训。

7. 德国迪岑巴赫市昆明市历史文化标识揭幕仪式

7 月 26 日，中国驻法兰克福总领事孙从彬赴德国迪岑巴赫市出席其举办的友城昆明市历史文化标识揭幕仪式。迪岑巴赫市市长朗格、市议会议长瓦克·赫普、市国际关系协会主席舒特克及两市友城关系德方发起人克恩等各界代表共 30 余人出席活动。

8. 昆明市人民对外友好协会第一届理事会成立大会

8月5日，在昆明会堂成功举办召开昆明市人民对外友好协会第一届理事会成立大会，在全省16个州市中率先成立理事会。中共昆明市委常委、副市长安恩法，云南省人民对外友好协会专职副会长王宇出席大会并讲话。中共昆明市委一级巡视员李建阳出席会议。77家理事单位代表出席大会，选举市友协会长、副会长，选举产生8家副会长单位和9家常务理事单位，审议通过《昆明市人民对外友好协会章程》。

9. "胡志明主席遗产与新时代中国—越南关系"国际学术研讨会暨中国云南省昆明市五华区与越南老街省沙巴市缔结友好城市关系意向书签字仪式

8月8日，"胡志明主席遗产与新时代中国—越南关系"国际学术研讨会暨中国云南省昆明市五华区与越南老街省沙巴市缔结友好城市关系意向书签字仪式在翠湖宾馆举行，会议以视频连线及线上线下相结合的方式，分别在中国云南昆明和越南老街两个主会场同时进行。中共昆明市委常委、副市长安恩法，云南省人民对外友好协会专职副会长王宇，云南省文化和旅游厅副厅长杨德聪等领导在昆明会场参加活动。越南驻昆总领事阮忠孝、越南外交部文化外交与联合国教科文组织司副司长范氏清平、越南文化体育旅游部国际合作局亚太处处长欧越兴、越南老街省文化体育厅厅长丁明河等越方领导分别在线上线下参加活动。通过本次线上线下工作会议的成功举办，中越双方加强了沟通交流，深化了合作共识，取得了丰硕成果。

10. 日本企业云南行昆明推介会

8月17日，与中联部经济联络中心、云南省外办、中国日本商会共同举办日本企业云南行昆明推介会，34位来自新材料、先进装备制造、生物医药等领域的在华日企代表受邀参会，切实践行了"外事+招商"模式，让更多外国企业看见昆明、走进昆明，增强对昆投资意愿。

11. 苏黎世中国园"中国日"暨昆明—苏黎世缔结友好城市关系40周年纪念活动举办

2022年是昆明市与瑞士苏黎世建立友好城市关系40周年。9月11日，由中国驻苏黎世旅游办事处主办、苏黎世学联协办，在中国驻苏黎世兼驻列支敦士登公国总领事馆、昆明市人民政府、苏黎世市园林局等机构的大力支持下，昆明市国际友好城市瑞士苏黎世市在昆明市1993年捐建的中国园里举办了苏黎世中国园"中国日"暨昆明—苏黎世缔结友好城市关系40周年纪念活动，为昆明与苏黎世缔结友好城市40周年再添华彩。

12. 昆明市与乌兹别克斯坦布哈拉市建立友好城市关系

9月13日，报经中国人民对外友好协会批准，昆明市市长刘佳晨与布哈拉市长贾莫尔·诺西罗夫通过线下换签方式正式签署了《中华人民共和国和乌兹别克斯坦共和国布哈拉市建立友好城市关系协议书》，实现了昆明市在中亚地区友好城市零的突破，根据结好协议书，双方将在经贸、文化、体育、减贫培训和青年交流等领域加强互利合作，促进共同发展。

13. 外交部领导赴昆调研

11月21日，外交部部长助理吴江浩及边海司一行赴磨憨调研边境管理、口岸运行、疫情防控及外事管理情况。吴江浩部长助理对昆明托管磨憨以来的工作成效给予充分肯定，强调昆明要加快推进重点项目建设，务实开展对老重点领域合作，外交部将加大对磨憨口岸建设支持力度。

14. 配合省友协开展中老边民大联欢活动

12月，围绕中老铁路运营一周年，按照省市活动方案，开展以"七彩云南·万象更新"为主题的2022中老边民大联欢活动，编排昆明市文艺联欢视频，启动"昆明市对老挝磨丁友好村寨减贫示范培训班"项目。

15. "昆明青年创新创业—上海合作组织青年职业教育创新创业课程"上线

12月27日，上合组织国家减贫与发展培训班（昆明）开班仪式以线上方式在云南省昆明市举办。上合秘书处副秘书长詹内什·凯恩、国家乡村振兴局督查专员李越、上海合作组织睦邻友好合作委员会秘书长郑薇、中国国际青年交流中心副主任贾铁松，以及吉尔吉斯共和国驻华大使阿克提列克·穆萨耶娃、乌兹别克斯坦驻华使馆临时代办乌柏都拉耶夫·努尔金致辞等中外嘉宾出席活动并致辞，来自塔吉克斯坦劳动、移民和人口就业部薪资管理与生活条件局主任梅里·梅赫里丁诺夫娜·卡里莫娃作为学员代表发言。昆明市副市长张勤勉致辞并宣布"绿色发展国际合作昆明行动"上合组织国家减贫与发展培训班（昆明）正式开班。

16. 第三届中国（昆明）南亚东南亚语言服务论坛第一阶段研讨会举办

12月30日，第三届中国（昆明）南亚东南亚语言服务论坛暨中国翻译协会翻译服务委员会年会在云南省昆明市举办。论坛由中国外文局翻译院指导，昆明市人民政府主办，昆明市人民政府外事办公室、中国翻译协会翻译服务委员会、LBDA语言大数据联盟联合承办，邀请外国驻昆总领事馆、政府商务职能部门、RCEP研究机构、高等院校、在昆商协会机构、在昆企业、中国译协翻译服务委员会会员企业等代表参会，围绕RCEP生效与新发展格局构建背景下语言服务生态建设与行业发展机遇及挑战开展研讨，共商RCEP背景下面向南亚东南亚的语言服务发展大计。

17. 昆明市政府国际版门户网站

2022年持续提升打造昆明市政府国际版门户网站，自2021年9月上线至2022年12月，网站总浏览量达84万次，2022年1月，网站获"2021年度最具影响力外文版政府网站"。网站上线以来，已成为昆明加强国际传播能力、展示对外城市形象的重要窗口。

2023年：

1. 昆明市领导会见瑞中协会代表团一行，携手推动昆苏友谊再上台阶

6月17日，杨皕代表昆明市委、市政府以及全市各族人民，对代表团的到来表示欢迎。她说，苏黎世和昆明作为国际友城交流合作的成功范例，两市的友好关系发展得到两国政府的高度肯定和关注。昆明十分重视与苏黎世的友城关系，希望双方通过此次会见，加深了解，达成共识，携手推动友好交往再上台阶。

2. 7月5日，助推昆明医疗器械产业延链、补链、强链！医疗器械巡回展七国总领事馆推介会举办。

3. 上合组织国家青年文旅与创新创业交流活动举办

11月16—19日，上合组织国家青年文旅与创新创业交流活动在昆明举办。本次活动由上合组织秘书处、外交部欧亚司指导，云南省文化和旅游厅、云南省教育厅、云南省人民政府外事办公室支持，昆明学院、中国—上合组织青年交流中心主办。来自中国、俄罗斯、哈萨克斯坦等

12个国家19名驻华大使馆的青年外交官,来自乌兹别克斯坦、巴基斯坦、也门等国的50名青年代表,以及文旅融合、创新创业领域的专家学者参加活动。

第八节　呼和浩特国际交往大事记

2022年：

1. 市外事办参加沿黄九省（区）对外友协国际青少年交流机制联席会议

6月23日上午,市外事办以线上形式应邀参加沿黄九省（区）对外友协国际青少年交流机制联席会议。会议由山东省委外办、省对外友协组织召开,全国对外友协及山西、内蒙古、河南、四川、陕西、甘肃、青海、宁夏沿黄八省（区）和各地区下辖市级对外友协领导及相关工作人员参加会议。

2. 市外事办开展公共场所外语标识标牌规范化建设工作

8月26日,为进一步优化首府营商环境,助力呼和浩特市创建全国文明城市,市外事办充分发挥外事职能作用,积极开展全市公共场所外语标识标牌规范化建设工作。

3. 泰国驻华大使来呼和浩特市开展友好交流访问

9月4—6日,应自治区党委外事办邀请,泰国驻华大使阿塔育·习萨目率团访问呼和浩特市,开展友好交流。访呼期间,代表团参观考察了内蒙古博物院、正大鸿业食品加工厂、伊利全球智能制造产业园等地,召开了泰国—内蒙古商务投资推介会。

4. 呼和浩特市出席第五届东北亚市长论坛

12月8日,第五届东北亚市长论坛以视频连线方式在蒙古国乌兰巴托市举办,蒙古国首都行政长官兼乌兰巴托市长苏米亚巴扎尔致开幕词。来自蒙古国、中国、韩国、日本、俄罗斯等国家的22个城市及世界银行、国际移民组织等20多个国际组织参会。

5. 呼和浩特市与冈崎市缔结国际友城35周年纪念活动举行

12月19日,"携手共进　未来可期"中国呼和浩特市与日本国冈崎市缔结国际友城35周年纪念活动以视频方式举行。

2023 年：

1. 呼和浩特市人民政府外事办公室赴蒙古国驻呼总领事馆参加白月节活动

2 月 22 日，市外事办四级调研员欧阳煜一行应邀赴蒙古国驻呼总领事馆参加蒙古国传统节日——白月节活动。

2. 蒙古国乌兰巴托市市政代表团访呼

3 月 16 日，呼和浩特市政府党组成员、副市长徐守冀会见乌兰巴托市政府办公厅主任兼市政管理厅厅长米·巴雅尔一行。

3. 12 月 7 日，深耕中蒙友谊 共绘友城蓝图——中国呼和浩特市与蒙古国中央省签署建立友好城市关系意向书。

第九节　贵阳国际交往大事记

2022 年：

1. 贵阳市与新西兰北帕默斯顿市举行商务洽谈视频会议

2022 年是中国与新西兰建交 50 周年，也是贵阳市与新西兰北帕默斯顿市建立友好城市关系 30 周年，为进一步巩固和深化两市友谊及务实合作，抢抓 RCEP 协定生效机遇，3 月 22 日，贵阳市与新西兰北帕默斯顿市有关部门举行视频会议，双方就贸易、投资、先进制造、农业、大数据等方面深入交换意见，并达成相关共识。

2. 2022 贵州—韩国经贸促进交流会举行——贵阳市企业参加洽谈

今年是中韩建交 30 周年，为深化黔韩经贸交流合作，5 月 31 日，由大韩贸易投资振兴公社重庆代表处、贵州省外事办公室主办，贵州省商务厅、贵州省贸促会、贵阳市外事办公室协办。此次活动吸引了 30 家贵州企业、57 家韩国消费品企业参与。贵州名特产品、化工产品企业及经销商、进出口相关企业还同韩国企业及贸易公司开展一对一洽谈。由贵阳市外事办公室会同有关市级部门和开发区组织的 10 家贵阳企业参加了此次交流活动。

3. 贵阳市与北帕默斯顿市缔结友好城市关系 30 周年纪念大会举行

8 月 17 日，贵阳市与北帕默斯顿市缔结友好城市关系 30 周年纪念大会通过视频连线举行。贵阳市人民政府市长马宁宇、北帕默斯顿市市长格兰特·史密斯讲话。

4. 第十一届酒博会酒业发展高峰论坛暨中国（贵阳）国际酒博城启动仪式在贵阳举行

11月9日，第十一届中国（贵州）国际酒类博览会酒业发展高峰论坛暨中国（贵阳）国际酒博城启动仪式在贵阳举行。省委常委、市委书记、贵安新区党工委书记胡忠雄宣布启动。

5. 贵阳市与白俄罗斯维捷布斯克市签署建立友好城市关系意向书

11月15日，贵阳市与白俄罗斯维捷布斯克市通过视频连线方式，签署建立友好城市关系意向书。

2023年：

1. 贵阳市友好交往城市积极参与2023中国—东盟教育交流周活动

2023中国—东盟教育交流周于9月2日落下帷幕，贵阳市外事办充分发挥国际友城桥梁作用，积极帮助省内高校邀请友好交往城市高校代表深度参与此次活动，泰国普吉宋卡王子大学、老挝沙湾拿吉农林学院、沙湾拿吉健康医学院等率团来筑参访交流、签署合作协议，活动取得了一定成效。

2. 贵阳市与乌拉圭里韦拉市建立正式国际友好城市关系

10月，贵阳与乌拉圭里韦拉市签署了《中华人民共和国贵州省贵阳市和乌拉圭东岸共和国里韦拉省里韦拉市建立友好城市关系协议书》，两市正式结为友好城市。

3. 贵阳市与老挝巴色市举行经贸合作座谈会

11月29日，贵阳市与老挝巴色市经贸合作座谈会在贵阳召开，来自两市的贸易、农业、投资等领域的6家企业围绕开展二手车、农产品、水果等进出口贸易，加强农业投资、农产品生产技术合作等方面深入交流，探索初步合作意向。

第十节　乌鲁木齐国际交往大事记

2022年：

1. "新疆是个好地方"黎巴嫩专场视频交流会召开

3月17日，"新疆是个好地方"黎巴嫩专场视频交流会在乌鲁木齐和贝鲁特同步举行。新疆知识分子和干部群众代表通过视频连线分享亲身经历,用繁荣发展和人民安居乐业的事实,驳斥美西方反华势力编造所谓涉疆"强迫劳动""宗教压迫""种族灭绝"等谎言谬论。

2. "新疆是个好地方"约旦专场视频交流会举行

6月29日,"新疆是个好地方"视频交流会在乌鲁木齐和约旦首都安曼同步举行。本次视频交流会由新疆维吾尔自治区人民政府和中国驻约旦大使馆共同举办。约旦相关机构、外交与侨民部、经济社会委员会、媒体智库以及约旦高校的师生代表等各界人士应邀参会。

3. 第七届中国—亚欧博览会在乌鲁木齐举办

9月19—22日,第七届中国—亚欧博览会在新疆乌鲁木齐成功举办,主题为"共商、共建、共享 合作向未来",由商务部、外交部、中国贸促会、新疆维吾尔自治区人民政府等共同主办。9月20日下午,第七届中国—亚欧博览会"加快推进丝绸之路经济带核心区建设推介会暨乌鲁木齐市重点项目签约仪式"以线上直播的方式举行,乌鲁木齐市各区县相关领导与企业家们在线签订了62个重点项目,签约金额达1536.55亿元。这62个重点项目涉及装备制造、新材料、光电、风电、纺织服装、生物医药、商贸物流、房地产、农牧养殖等多个领域。投资项目中投资方为500强企业的有8家,涉及项目9个,投资总额为362.22亿元。

2023年:

1. 新疆维吾尔自治区举行专题发布会,介绍世界知名伊斯兰宗教人士、学者访疆情况

1月8—11日,世界穆斯林社区理事会主席阿里率世界知名伊斯兰宗教人士和学者代表团应邀赴新疆维吾尔自治区访问,来自阿联酋、埃及、沙特阿拉伯、印度尼西亚、巴林、波黑、塞尔维亚等14个国家的30多名宗教人士和学者参团。访疆期间,代表团参访乌鲁木齐、阿勒泰、喀什,参观了反恐和去极端化斗争主题展、清真寺、经学院等,参加乡村振兴和脱贫攻坚交流会。代表团在乌鲁木齐参观了新疆的反恐和去极端化斗争主题展以及洋行清真寺、国际陆港区。新疆维吾尔自治区1月13日在京举行专题新闻发布会介绍代表团访疆相关情况时表示,代表团成员参访后普遍认为,新疆在反恐和去极端化方面取得了显著成效,他们对新

疆落实宗教信仰自由政策表示高度认可。

2. 乌鲁木齐国际航空枢纽建设论坛举行

7月6—7日，首届乌鲁木齐国际航空枢纽建设论坛在新疆国际会展中心举行。论坛围绕深入贯彻习近平总书记关于高质量发展的重要论述，完整准确全面贯彻新发展理念，积极服务和融入新发展格局，锚定新疆发展战略定位，研究谋划加快建设乌鲁木齐国际航空枢纽，更好发挥民航在高质量共建"一带一路"中的战略作用。来自国内外航空领域的500多位嘉宾共聚一堂，共商新疆民航业开放合作发展，共创"空中丝路"美好前景，助力新疆经济社会高质量发展迈上新台阶。2024年7月，第二届乌鲁木齐国际航空枢纽建设论坛继续召开。

3. 第六届中国新疆国际民族舞蹈节在乌鲁木齐开幕

7月20日晚，由文化和旅游部、国务院新闻办公室和自治区人民政府共同主办的第六届中国新疆国际民族舞蹈节在新疆人民会堂开幕。开幕式后，中外嘉宾和2000余名各族观众一同观看了大型历史题材舞剧《张骞》。该剧以张骞出使西域的历程为蓝本，通过《授节》《守节》《传节》《使节》四幕，演绎了张骞传奇的"凿空之旅"，充分展现了我国各民族交往交流交融的历史事实，深情讴歌了中华民族根植于心的爱国主义精神和深沉厚重的家国情怀。本届舞蹈节以"舞动梦想 和美丝路"为主题，至8月5日结束，历时17天。活动汇集了国内外28台优秀剧（节）目，将陆续呈现60场精彩演出，涵盖芭蕾舞剧、歌舞剧、歌舞晚会等多种艺术形式。舞蹈节还将开展"璀璨丝路 和合共生"时尚秀、新疆"丝绸之路"街舞展演、新疆舞蹈创作交流会、"一起来跳新疆舞"广场舞展演等系列配套活动。

4. 2023（中国）亚欧商品贸易博览会开幕，天山论坛同步举行

8月17日，2023（中国）亚欧商品贸易博览会开幕式暨天山论坛在新疆国际会展中心举行。本届商博会是在"一带一路"倡议提出10周年之际，新疆举办的一次重要商贸盛会，来自40个国家和地区、7个国际组织的嘉宾参展参会。吉尔吉斯斯坦总理阿·扎帕罗夫、哈萨克斯坦副总理兼贸易和一体化部部长谢·茹曼加林出席开幕式并在论坛上发表演讲。天山论坛作为博览会的一部分，是高层对话的平台，用于探讨和促进区域经济合作与发展。自治区党委书记马兴瑞致辞并宣布博览会开幕。

5. 中国（新疆）—吉尔吉斯斯坦商贸推介会在乌鲁木齐举行

8月19日，中国（新疆）—吉尔吉斯斯坦商贸推介会在乌鲁木齐举行，双方政府机构、商协会、企业家等开展推介交流，共谋合作、共促发展、共创未来，推动全方位务实合作不断走向深入。吉尔吉斯斯坦总理阿·扎帕罗夫，自治区党委书记马兴瑞出席会议并致辞。吉尔吉斯斯坦国家投资署、经济和商务部、能源部、农业部，中国新疆维吾尔自治区贸促会、农业农村厅相关负责人围绕优势产业、投资环境等做了推介。吉尔吉斯斯坦有关部门、商协会、企业、高校，同有关中方企业、自治区地州和高校等签署了29个项目合作协议，签约金额约10亿美元。双方企业围绕商贸物流、能源、农业、金融等行业领域进行了交流对接。

6. 马来西亚媒体学者代表团来疆参访

9月19—23日，马来西亚媒体学者代表团一行参访新疆乌鲁木齐市、昌吉回族自治州和吐鲁番市，走进工厂、巴扎、景区等地，边走边看，亲身感受新疆社会稳定、经济发展、民生改善、宗教和睦、文化繁荣的真实情况。

主要参考文献

［阿根廷］丝奇雅·沙森：《世界经济中的城市》（第五版），周振华等译，格致出版社 2020 年版。

《第四届中国西部国际投资贸易洽谈会圆满落幕》，《人民日报》2022 年 7 月 27 日第 16 版。

李牧原：《重庆方略助推西部陆海新通道建设拾级而上》，《集装箱化》2020 年第 4 期。

李锡奎：《地缘政治经济危机下俄罗斯国际物流通道的重构》，《俄罗斯东欧中亚研究》2023 年第 6 期。

李扬、黄康：《浅析金融支持重庆陆海新通道建设》，《现代经济信息》2020 年第 10 期。

廖双：《重庆外贸企业参与西部陆海新通道建设的现状、问题及对策》，《西部学刊》2024 年第 1 期。

刘丁睿：《西部陆海新通道智库联盟副秘书长宋国华：打造国际智库品牌 服务重庆全面融入共建"一带一路"》，《重庆与世界》2023 年第 12 期。

罗宁：《西安中欧班列发展建议》，《大陆桥视野》2020 年第 6 期。

《2023 年俄罗斯通胀率达 7.42%》，国家外汇管理局，2024 年 1 月 16 日，https：//www.safe.gov.cn/heilongjiang/2024/0116/2272.html。

《2022 年蒙古国国民经济运行情况》，2023 年 2 月 2 日，中华人民共和国商务部，http：//mn.mofcom.gov.cn/article/jmxw/202302/20230203382052.shtml。

《2022 年重庆进出口简况》，中华人民共和国重庆海关，2023 年 1 月 19 日，http：//jinan.customs.gov.cn/chongqing_customs/515860/515862/

515864/4812362/index. html。

齐超:《中欧班列(西安)开行实践与对策》,《铁道货运》2020年第6期。

秦娟:《中国(重庆)跨境电子商务综合试验区的机遇与挑战》,《时代金融》2017年第12期。

邱海峰、姜峰、宋爽:《重庆沙坪坝,开放通道在这里延伸》,《人民日报》(海外版)2023年12月26日第10版。

邱海平:《新发展理念是习近平经济思想的主要内容》,《前沿》2023年第4期。

冉春艳:《基于长江经济带与国际通道的重庆多式联运发展问题及对策》,《广西质量监督导报》2019年第1期。

孙国栋:《重庆—新加坡集装箱多式联运路径选择研究》,《铁道货运》2022年第5期。

《2022中国—东盟教育交流周——〈全球数字化转型背景下职业教育共建共享研讨会〉》,重庆市教育国际交流协会,2022年8月25日,http://www.cqeaie.org/article/268。

Chen Dongli et al. , "Spatial Suitability Evaluation of an Arid City Based on the Perspective of Major Function Oriented Zoning: A Case Study of Urumqi City in Xinjiang, China", *Sustainability*, Vol. 10, No. 9, August 2018.

David A. McDonald, *World City Syndrome: Neoliberalism and Inequality in Cape Town*, 1st Edition, Routledge, 2007.

David Bassens and Michiel van Meeteren, "World Cities under Conditions of Financialized Globalization: Towards an Augmented World city Hypothesis", *Progress in Human Geography*, Vol. 39, No. 6, 2015, pp. 752 – 775.

Hu Yiyi, He Yi, and Li Yanlin, "Urban Spatial Development Based on Multi-source Data Analysis: A Case Study of Xianyang City's Integration into Xi'an International Metropolis", *Sustainability*, Vol. 14, No. 7, March 2022.

Kim K. , "From Culturalisation to Individuation: The Role of Urban Spaces in Shaping Intergroup Contacts and Symbolic Boundary Perceptions", *Journal of ethnic and migration studies*, Vol. 49, No. 8, 2023, pp. 2014 – 2033.

Li Yunfen, Wang Hao, Yang Shuai, "Research on Kunming Smart City Development Based on TOPSIS Model", *IOP Conference Series: Earth and Environmental Science*, Vol. 440, No. 4, 2020.

Ma Haitao, "Evolutionary Networks of Interurban Technological Collaboration across Chinese City-Regions", *Regional Studies, Regional Science*, Vol. 9, No. 2, 2022, pp. 457–460.

Martin Hemmert et al., "The Distinctiveness and Diversity of Entrepreneurial Ecosystems in China, Japan, and South Korea: An Exploratory Analysis", *Asian Business & Management*, Vol. 18, No. 1, 2019, pp. 211–247.

Peter Kearns, "Harnessing the Internet for International Exchanges on Learning Cities: The PIE Experience 2011–2013", *Journal of Adult and Continuing Education*, Vol. 20, No. 2, 2014, pp. 56–66.

Sammie Powers et al., "Exploring the Conditions that Promote Intergroup Contact at Urban Parks", *Journal of Leisure Research*, Vol. 53, No. 3, 2021, pp. 426–449.

Saskia Sassen, *The Global City: New York, London, Tokyo*, Princeton University Press, 1991.

Sui Hongguang et al., "The Impact of International Transportation Interconnection on the Quality of Urban Economic Growth", *Frontiers in Environmental Science*, Vol. 10, No. 1, June 2022, Artical920323.

Wang Bin et al., "Spatio-Temporal Characteristics of Green Development Cooperation Network among Belt and Road Initiative Regions and Countries", *Sustainability*, Vol. 13, No. 20, October 2021.

Wang Meimei, Yang Yongchun, and Guo Tao, "Measurement of Urban-Rural Integration Level in Suburbs and Exurbs of Big Cities Based on Land-Use Change in Inland China: Chengdu", *Land*, Vol. 10, No. 5, May 2021.

Wen Hu et al., "Inter-and Intra-city Networks: How Networks Are Shaping China's Film Industry", *Regional Studies*, Vol. 55, No. 3, 2021, pp. 533–545.

Xiao Zhixiang et al., "Urbanization in an Underdeveloped City—Nanning, China and its Impact on a Heavy Rainfall Event in July", *Earth and Space Science*, Vol. 7, No. 4, April 2020.

Yuching Lee et al., "Sustainable Development Assessment of Cultural and Creative Industries in Casino Cities: A Case Study of Macao", *Sustainability*, Vol. 14, No. 8, April 2022.

Zhang Mengzhu, Wen Tianzu, "The Rise of Chengdu between Geopolitics and Geoeconomics: City – Regional Development under the Belt and Road Initiatives and Beyond", *Transactions of the Institute of British Geographers*, Vol. 47, No. 2, March 2022.